공유와 실천이 있는 학교 만들기

AI로 수업하기

| 장경원 · 경혜영 · 김희정 · 이종미 · 고희정 공저 |

Appreciative Inquiry [긍정 탐색]

학지사

AI로 학생중심 수업하기
머 리 말

긍정 탐색(Appreciative Inquiry: AI)은 개인과 조직의 강점과 성공 경험을 토대로 발전 방안을 계획하고 실천하는 방법론으로 기업에서 시작되었다. 긍정 탐색은 강점과 성공 경험을 찾는 발견하기(Discovery), 이를 토대로 이상적인 미래 모습을 상상하는 꿈꾸기(Dream), 이상적인 모습을 구현하기 위한 계획을 수립하는 설계하기(Design), 그리고 계획의 실천을 다짐하고 실행의 첫발을 내딛는 다짐하기(Destiny)의 절차에 따라 진행되며, 참여하는 사람들은 서로에게 질문하고, 답변하고, 경청하고, 논의하고, 격려한다.

긍정 탐색은 저자들을 포함하여 여러 교사와 교육자들에게 생소한 개념이다. 그러나 저자들은 여러 경험을 통해 긍정 탐색에서 이루어지는 다양한 활동은 학생 중심의 교육, 학생의 꿈과 끼를 키우는 교육, 소통하는 인재를 키우는 교육처럼 현재 우리가 지향하는 교육의 모습을 구현할 수 있는 중요한 방법론이 될 것이라는 확신을 하게 되었다. 더욱 좋은 교육 경험을 제공할 수 있다면 기꺼이 다른 영역의 개념과 방법론을 교육 현장에 적용해 보는 시도와 노력이 필요하지 않을까?

한 회사가 있었다(학교라고 생각해도 좋다). 이 회사는 매출도 우수하고 직원들에 대한 복지도 좋아서 구성원들은 회사에 대해 매우 만족하고 있었다. 어느 날 이 회사 사장은 이런 생각을 했다. '지금도 좋은 회사이지만, 어떻게 하면 더 좋은 회사를 만들 수 있을까?' 여러 날 고민하던 사장은 회사 내에서 가장 똑똑하고 유능한 직원 다섯 명을 선발하여 '회사의 문제점 찾기' 미션을 제시하였다.

"여러분, 저는 우리 회사를 더 좋은 회사로 만들고 싶습니다. 그래서 여러 가지 방법을 생각했는데, 우리 회사의 문제점을 찾아서 해결한다면 보다 좋은 회사가 될 것으로 생각합니다."

이에 대해 직원들은 다음과 같이 이야기하였다. "사장님, 우리 회사는 좋은 회사입니다. 해결할 문제점은 없습니다. 아마 다른 직원들도 그렇게 생각하고 있을 겁니다." 사장은 대답하였다.

"네, 물론 좋은 회사입니다. 그렇지만 문제점이 없을 수는 없습니다. 찾아봅시다. 여러분이 문제점들을 찾으면, 제가 그 문제를 해결하여 더 좋은 회사를 만들겠습니다."

사장에게 중요한 미션을 전달받은 다섯 명의 직원들은 그 시간 이후로 다른 직원들을 만나 이렇게 질문하였다.

"○○○ 씨, 우리 회사의 문제점이 무엇이라고 생각하세요?"

질문을 받은 직원은 "문제점이 없지요."라고 대답했다. 문제점을 찾아야 하는 직원들은 다시 질문했다.

"아주 작은 문제라도 좋습니다. 잘 생각해 보세요. 어떤 문제가 있을까요?"

대답하길 재촉하자 다음과 같이 답변하였다. "없는 것 같은데……. 그런데도 꼭 이야기해야 한다면, 어제 구내식당에서 밥 먹을 때 보니, 물컵에 고춧가루 한 개가 묻어 있었어요."

답변을 들은 직원은 매우 반가워하며 내용을 잘 기록하였다. 그리고 또 다른 직원을 만나 같은 질문을 하였다.

"○○○ 씨, 우리 회사의 문제점이 무엇이라고 생각하세요?"

질문을 받은 직원들은 처음에는 문제점이 없다고 이야기했지만, 작은 문제점이라도 답변해 달라는 부탁에 사소한 문제라도 찾아내어 답변하였다. 사장으로부터

'회사의 문제점 찾기' 미션을 받은 다섯 명의 직원은 열심히 회사의 문제점들을 수집하였다. 그리고 일 년 후, 이 회사는 부도가 났다. 사장은 더 좋은 회사를 만들기 위해 회사의 작은 문제라도 찾아내려고 했다. 그러나 모든 직원이 회사의 문제점에 집중하면서, 회사에 대한 긍정적인 태도는 흔적도 없이 사라졌고, 이 회사는 정말 문제가 많은 회사가 되었고 결국 문을 닫게 된 것이다.

앞의 이야기는 약간의 각색이 있었지만, 실화를 바탕으로 하였다. 우리는 일반적으로 더 좋은 학교, 더 좋은 수업, 더 훌륭한 학생을 지향하면서 학교, 수업, 학생이 가진 문제점이나 결핍에 초점을 맞춘다. 앞서 소개한 회사의 사장처럼 문제점과 결핍사항을 제거하면 이상적인 상태에 도달할 수 있다는 것이 전통적인 문제해결 방식이기 때문이다. 그런데 우리의 과거 경험을 되짚어 보면 문제점이나 결핍사항을 해결한다고 해서 더 좋은 학교, 수업, 학생이 되는 것은 아니라는 것을 알 수 있다. 오히려 우리 학교, 내 수업, 우리 학생들만이 가진 강점과 성공 사례를 찾아 거기서부터 출발했을 때 기분 좋은 변화를 이끌어 낸 경우가 많다.

저자들은 여러 교사를 대상으로 수업 컨설팅을 할 때, 긍정 탐색을 알기 전에는 수업과 교사가 가진 문제점에 주목하였다. 그래서 교사의 목소리, 자세, 수업내용과 구조, 자료, 학생들과의 상호작용에 어떤 문제가 있는지 찾아 알려 주고, 그 문제를 어떻게 해결할 것인지 제시하였다. 컨설팅을 받은 교사들은 어떤 마음이었을까? 자신의 부족한 점을 알게 되어 고마운 마음이 들었을까? 물론 많은 교사가 컨설팅을 통해 자신의 수업을 점검하고 개선 전략을 도출할 수 있다는 점에 고마워했다. 저자들 역시 도움을 주었다는 생각에 보람을 느꼈다. 그러나 많은 교사가 수업 컨설팅에 대한 부담감을 가진 것을 보면 부담감과 불편함이 공존한다는 것을 알 수 있다.

저자들은 긍정 탐색을 알고 난 후 '수업의 달인'이라는 주제로 수업 컨설팅 프로그램을 개발, 운영하였다. 프로그램에 참여한 교사들은 서로의 성공적인 수업 경험에 대해 질문하고 답변하였고, 다른 교사의 성공 경험으로부터 다양한 수업 전략과 방법을 학습하고, 수업 계획을 수립하였다. 이 프로그램에서 다루어진 내용은 이전의 수업 컨설팅에서 다룬 내용과 유사하다. 차이가 있다면 참여한 교사들의 마음이다. 교사들은 부담감과 불편함이 아니라 뿌듯함, 존경과 감사, 그리고 자신감을 느끼게 되었다고 이야기하였다. 그리고 이 프로그램을 통해 저자들은 모든 교사는 자신만의 강점과 성공 수업 경험이 있다는 것을 알게 되었다. 이후에도 저자들은 많은 교사, 학생, 학부모, 그리고 일반 직장인들을 대상으로 긍정 탐색 프로그램을 개발·운영하였고, 그러한 경험 속에서 긍정 탐색이 교사들뿐만 아니라 학생들을 위한 의미 있는 교수·학습방법이 될 수 있다고 확신하였다. 이 책은 그러한 확신에 대한 산출물로, 여러 교사가 수업에서부터 학급운영에 이르기까지 교육의 방법론으로 긍정 탐색을 활용할 수 있도록 긍정 탐색에 대해 주요 특성과 사례를 소개하기 위한 것이다.

이 책은 크게 네 부분으로 구성되어 있다. 제1부에서는 긍정 탐색에 대해 구체적으로 소개한다. 제2부에서는 긍정 탐색을 이용한 교과 수업 사례를, 제3부에서는 긍정 탐색을 이용한 창의적 체험 활동 프로그램 사례를, 그리고 제4부에서는 학급경영 사례를 소개한다. 지면의 제한으로 모든 교과와 주제를 충분히 다루지는 못했지만, 가능한 한 다양한 학교급과 교과목에서 긍정 탐색을 활용할 수 있는 사례를 제시하려고 노력하였다. 부족하지만 이 책이 학생들의 참여가 있는 수업, 학생들 간의 의미 있는 상호작용과 성장을 위해 노력하는 여러 교사에게 도움을 줄 수 있길 희망한다. 또한, 수업, 특별활동, 그리고 학교생활 전반에서 학생들이 자신의 강점과 즐거운 경험을 찾고 공유하여 불행한 학교생활, 판에 박힌 학교생활, 입시를 위한 학교생활이 아니라 즐겁고, 다양하고, 자신의 꿈과 끼를 찾는 학교생활이 되길 소망해 본다.

2018년 3월
경기대학교 교정에서
저자 일동

AI로 학생중심 수업하기

차 례

제1부

AI 이해하기

제2부

AI로 교과 수업하기

제3부

AI로 창의적 체험 활동하기

제4부

AI로 학급 경영하기

제1부

AI 이해하기

"AI가 뭔지 아세요?" 몇 년 전까지만 해도 이 질문에 대해 많은 사람이 조류 인플루엔자(Avian Influenza)를 이야기했다. 최근에는 인공지능(Artificial Intelligence)을 말하는 사람들이 많다. 인간과 기계의 바둑 대결로 관심을 끌었던 알파고는 인공지능의 대표적인 예다. 물론 두 가지 모두 AI가 맞지만, 우리가 함께 공부할 AI(Appreciative Inquiry)는 긍정 탐색이라 불리는 개인과 조직 개발 방법론이다. AI에는 다양한 매력과 능력이 담겨 있다. 사람들이 가지고 있는 즐겁고 긍정적인 경험과 기억으로부터 변화의 에너지를 찾는 것이기 때문이다. 제1부에서는 AI가 무엇이며, 어떠한 과정으로 진행되는지 소개한다. 또한 학교에서 AI를 활용하는 방법과 전략도 안내한다.

제1장

긍정 탐색(AI)에 대한 이해

"교사 또는 학생의 입장에서 지금까지 경험한 수업 중 가장 즐거웠던 수업을 떠올려 보세요. 그리고 그 수업에 대해 자세히 설명해 보세요. 그 수업은 당신의 삶 속에서 어떤 가치를 갖고 있나요?" 이런 질문을 받았을 때 어떤 느낌이 드는가?

긍정적인 질문은 긍정적인 정서를 불러일으켜 상대방이 자신감 있는 사고와 행동을 하도록 이끌어 준다. AI(긍정 탐색, Appreciative Inquiry)는 긍정적인 질문을 통해 학생들이 서로 토의하고 학습하며 상호작용하게 한다. 이 장에서는 개인과 조직을 개발하는 방법 중 하나인 긍정 탐색의 개념과 주요 특성을 소개할 것이다.

1. 긍정 탐색이란

'긍정 탐색'이란 개인과 조직 개발의 원리이자 방법론으로, 사람과 조직 그리고 이들을 둘러싼 환경 내에 존재하는 긍정 요소들을 찾아 이를 발전시켜 궁극적으로 개인과 조직을 개발하는 것이다(Cooperrider & Whitney, 2005). A와 I는 각각 다음의 의미를 갖는다. 먼저 'Appreciative(칭찬하는, 감사하는)'는 개인과 조직이 가지고 있는 과거와 현재의 강점, 성공 경험, 잠재력을 인정한다는 것이고, 'Inquiry(탐구, 질문)'는 탐구하고 발견하는 행위 또는 질문하는 것, 열린 마음으로 가능성을 발견하는 것이라는 의미를 갖는다(Cooperrider & Whitney, 2005). 따라서 AI는 말 그대로 개인과 조직이 가지고 있는 강점과 긍정적인 면을 찾아, 이를 토대로 개인과 조직의 변화와 발전을 이끌어 내는 것이다.

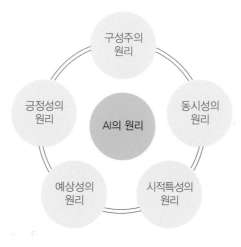

[그림 1-1] 긍정 탐색의 다섯 가지 원리

AI는 비교적 최근에 소개된 개념으로, 기존의 여러 이론들이 AI를 형성하는 데 도움을 주었다. Cooperrider와 Whitney(2005)는 다음의 다섯 가지를 AI를 구성하는 주요 원리로 소개하였다. 첫째, 구성주의의 원리다. 구성주의의 원리는 구성주의에서 강조하는 것처럼 우리가 경험한 것에 의미를 부여할 때 그것이 의미 있는 지식으로 구성된다는 것이다. 우리는 삶 속에서 다양한 경험을 하지만 그러한 경험에 어떤 의미를 부여하는가는 개인의 몫이다. 물론 그 과정에서 교사, 부모, 친구처럼 주변에 있는 사람들이 좋은 질문을 하고 함께 논의하면서 의미 구성의 과정에 도움을 제공하기도 한다. 둘째, 동시성의 원리다. 동시성의 원리는 우리가 생각하고 이야기하고 발견하고 학습하는 과정에서 동시에 변화가 일어난다는 것이다. 부정적으로 생각하고 이야기하는 과정에서 좌절을 경험하고, 긍정적으로 생각하고 이야기하는 과정에서 희망을 갖고 실천계획을 수립하게 된다. 이처럼 무엇을 생각하고 이야기할 때 변화와 성장이 시작되기 때문에, 긍정적인 결과를 원한다면 긍정적인 생각과 질문을 하는 것이 중요하다. 셋째, 시적 특성의 원리다. 시적 특성의 원리는 인간을 이야기책으로 보는 관점이다. 모든 사람과 조직은 끝없이 펼쳐 놓을 수 있는 다양한 이야기를 가지고 있다. 대부분의 사람은 누군가에게 자신이나 주변의 이야기를 들려주는 과정에서 즐거움과 성찰을 경험한다. 따라서 이야기를 찾아내는 것만으로도 개인과 조직의 발전을 위한 중요한 자료가 된다. 넷째, 예상성의 원리다. 예상성의 원리는 미래에 대한 긍정적 이미지가 긍정적인 행동을 유발한다는 원리다. 지난 2002년 월드컵에서 우리 모두를 뭉클하게 했던 '꿈은 이루어진다'는 응원문구를 기억할 것이다. 이 응원에 힘입어 한국 대표팀은 4강 신화를 이루어 냈다. 미래에 대한 이미지는 현재 시점에서 해야 할 행동을 이끌어 준다. 다섯째, 긍정성의 원리다. 긍정성의 원리는 희망, 열정, 동료애, 강력한 목적의식, 의미 있는 것을 함께 만들어 가는 기쁨 등과 같은 긍정적인 정서와 사회적 유대감이 변화를 만드는 에너지원이 된다는 것이다. 이러한 다섯 가지의 원리는 유기적으로 연계되어 각각의 원리가 주장하는 바를 지지하는 상보적인 관계를 가지고 있다.

〈표 1-1〉 **긍정 탐색의 기본 원리**

기본 원리	주요 내용
구성주의의 원리	사람은 자신의 경험으로부터 지식과 의미를 구성해 낸다. 또한 한 사람이 제시한 아이디어가 대화를 통해 다른 사람들의 지식, 지혜, 경험과 통합되면서 구체적이고 짜임새 있는 계획으로 발전하고 공유되어 변화를 이끌어 낼 수 있다.
동시성의 원리	질문하고 대답하는 과정에서 변화가 일어날 수 있으므로, 긍정적인 경험을 탐색하는 것과 변화는 별개의 사건이 아니라 동시에 일어난다.
시적 특성의 원리	우리의 삶과 생활은 다른 사람들에게 들려줄 많은 이야기를 갖고 있다. 이러한 이야기들이 모여 가족, 마을, 학교, 회사와 같은 조직의 이야기로 종합·재구성된다.
예상성의 원리	미래에 대한 긍정적인 이미지는 사람들의 현재 행동방식 및 성과에 영향을 주며, 현재의 경험과 생각을 공유하는 것은 미래의 이미지 창출에 영향을 준다.
긍정성의 원리	긍정성은 변화를 위한 꿈, 에너지, 목적의식, 자발적 참여를 이끌어 낸다.

AI의 기본 원리에도 포함되어 있지만, AI가 발전하는 데 가장 큰 영향을 준 이론은 긍정심리학(positive psychology)과 사회적 구성주의(social constructionism)다(Conklin, 2009). 긍정심리학의 강조점은 삶에서 고쳐야 하는 문제점이 아니라 가장 좋은 것, 즉 장점을 찾아 우리의 삶 속에서 행복, 안녕 그리고 만족감에 집중하는 것이다. 사회적 구성주의의 강조점은 사회적 관계를 맺고 있는 개인은 누구나 잠재력과 경험을 가지고 있다는 가정하에서 다른 사람들과의 활발한 상호 협력적 대화를 통해 학습과 지식의 재창조가 일어난다는 것이다. 따라서 개인과 조직이 발전하고 성장하기 위해서는 다른 사람들과의 대화를 통해 서로의 강점과 긍정적인 경험을 찾고 공유해야 한다.

[그림 1-2] AI 접근 방법과 문제해결중심 접근 비교

　　그러나 일반적으로 우리는 발전과 변화를 원할 때 현재 가지고 있는 단점과 부족한 점에 집중한다. "내가 제일 못하는 일이 무엇이지? 내가 제일 못하는 과목이 무엇이지? 나에게 부족한 역량이 무엇이지? 우리 학교의 교육과정에서 담지 못하고 있는 것이 무엇이지? 우리 가족의 문제점이 무엇이지?" 이러한 질문들은 기본적으로 개인이나 조직을 부족한 존재라 가정한다. 그리고 무엇이 문제인지, 문제의 원인은 무엇이며, 무엇이 우리의 목표에 장애가 되는지에 관심을 둔다. 이와 달리 AI에

서는 성공 경험, 가치, 강점이 무엇이며, 그러한 성공과 강점은 무엇에서 비롯되었고, 우리가 진정으로 원하는 것이 무엇인지에 관심을 둔다.

혹자는 AI가 문제점에 집중하지 않기 때문에 해결해야 할 문제를 덮어 둔다고 비판한다. 그러나 AI는 해결해야 할 문제를 덮어 두는 것이 아니라, 문제점보다는 강점과 성공 경험에 집중하여 이를 토대로 변화와 발전을 모색하는 것이다. AI는 개인과 조직의 발전과 변화를 지향하면서, 개인이나 조직의 잘못된 것에 대한 진단과 비판 대신 장점을 발견하고 꿈을 꾸고 설계한 후 이를 실천해 나가는 방식으로 운영된다. 성공적인 변화와 발전을 고민하고 실천하는 과정은 해결해야 할 문제점을 찾는 것보다 훨씬 즐겁고 가슴 뛰는 일이기 때문이다.

〈표 1-2〉는 AI 접근 방법과 문제해결 중심 접근 방법을 비교한 것이다. 문제해결 중심 접근 방법은 전통적으로 개인과 조직이 변화를 원할 때 취해 왔던 관점이다. 이러한 접근 방법에서는 '개인과 조직은 해결되어야 할 문제'라는 가정하에 대부분 '문제'에 초점을 두어 원인을 분석한 후 문제를 해결한다. 또한 이 방법은 지속적으로 사람들에게 문제의 원인이 무엇이었는지 탐색하도록 요구한다. 그 결과 새로운 비전을 생각하기보다는 과거의 잘못된 것을 고치는 데 중점을 두어 사람들이 부정적인 것에 생각을 집중하게 하는 경우가 많다. 반면, AI 접근 방법은 '개인과 조직은 밝혀져야 할 신비'라는 가정하에 사람들을 가능성을 지닌 존재로 인식하고 개인과 조직이 갖고 있는 강점과 잠재력을 찾아 개발하게 한다.

〈표 1-2〉 AI 접근 방법과 문제해결 중심 접근 방법 비교

구분	AI 접근 방법	문제해결 중심 접근 방법
초점	비전, 꿈, 희망, 강점, 가치	문제점, 결함, 약점
관심사항	• 어떠한 강점과 성공 경험을 가지고 있는가? • 성공 경험과 강점은 무엇에서 비롯되는가? • 우리가 진정으로 원하는 것은 무엇인가?	• 문제점과 약점은 무엇인가? • 문제점과 약점의 원인은 무엇인가? • 목표 달성의 장애 요인은 무엇인가?

프로세스	발견하기(Discovery) ↓ 꿈꾸기(Dream) ↓ 설계하기(Design) ↓ 다짐하기(Destiny)	문제 인식 ↓ 원인 분석 ↓ 해결안 도출 ↓ 실행 계획 도출
주요 특징	• 미래의 새로운 가능성 추구 • 질문과 가능성 중심 • 모든 사람이 긍정적 · 도전적으로 참여	• 주요 쟁점의 분할 및 세분화 • 실행 가능성 중심 • 소수의 전문가 그룹 중심
결과	꿈을 실현하기 위한 계획(설계)	문제 해결을 위한 최적의 해결안

2. 긍정 주제와 4D 프로세스

AI를 운영하기 위해서는 먼저 AI를 통해 이루고자 하는 목적에 맞는 주제, 즉 긍정 주제(Positive Core)를 선정해야 한다. 긍정 주제를 선정하는 과정에서 개인이나 조직이 지향하는 미래 이미지의 방향과 과정을 설정할 수 있다. 따라서 긍정 주제를 선정할 때는 개인이나 조직이 학습하고 탐구하고자 하는 것이 무엇인지 스스로 찾아보고 선택하는 것이 바람직하다. 이때 주제 선정의 기준과 선택의 자율성 등도 고려해야 한다. 즉, 긍정 주제 선택 방식, 선택과정에 참여할 사람의 범위, 긍정 주제의 적절성 평가, 긍정 주제 공유 방법 등도 생각해 보아야 한다.

일반적으로 긍정 주제를 선정할 때는 두 가지 방법 중 하나를 선택한다. 첫 번째 방법은 하향식(top-down) 방법으로 현재 개인이나 조직이 갖고 있는 구체적인 이슈에서 긍정 주제를 선정한다. 예를 들어, 기업의 비전, 학교의 건학 이념, 인재상 등이 긍정 주제로 사용되는 경우다. 두 번째 방법은 상향식(bottom-up) 방법으로 AI에 참여한 구성원들이 대화와 논의의 과정에서 자율적으로 도출한 주제 중 긍정 주제를 선정하는 것이다. 예를 들어, 새롭게 형성된 조직, 새로운 학급, 좋은 수업을 하기 위

해 모인 교사들이 참여하는 AI에서 자신들이 원하는 것을 긍정 주제로 선정하는 경
우다. 물론 반드시 두 방법 중 한 가지를 선택해야 하는 것은 아니며, 두 방법을 병행
할 수도 있다. 그러나 어떤 경우이든 긍정 주제는 AI에 참여한 사람들이 충분히 공감
할 수 있어야 한다. 선정된 긍정 주제는 AI 프로그램 활동들의 내용을 결정하는 중요
한 방향이 되기 때문이다.

　AI를 실행하는 맥락에 따라 다르겠지만, 일반적으로 〈표 1-3〉과 같은 주제들이
긍정 주제로 많이 활용된다(장경원, 2014a; Cooperrider & Whitney, 2005). 절대적인
것은 아니지만 기업에서 많이 사용하는 긍정 주제가 기업의 이윤과 성장에 초점이
맞추어져 있다면, 학교에서 많이 사용하는 긍정 주제는 사람들의 행복과 성장에 초
점이 맞추어져 있다. AI에서 다루는 긍정 주제는 개수에 제한이 없지만 원활한 운영
을 위해서 일반적으로 3~5개 정도를 선정한다. 예를 들어, '즐거운 우리 반 만들기'

〈표 1-3〉 **기업과 학교에서 주로 사용하는 긍정 주제**

기업		학교		
• 성취	• 중요한 전통	• 긍정	• 자기정체성	• 창의성
• 전략적 기회	• 살아 있는 가치	• 꿈	• 자존감	• 좋은 선생님
• 제품의 강점	• 긍정적 미래 비전	• 존경심	• 적극성	• 좋은 친구
• 기술적 자산	• 사회적 자본	• 건강	• 책임감	• 소통
• 획기적인 혁신	• 공유된 정신	• 건강한 몸과 마음	• 탐구심	• 이해
• 숭고한 사고	• 내재한 지식	• 바른 인성	• 학습 동기	• 즐거운 학교
• 최고의 경영 사례	• 제휴 및 파트너십	• 바른 생활습관	• 협동	• 자율 활동
• 긍정적 정서	• 전략적 우위	• 배려	• 실천	• 체육 활동
• 조직의 지혜	• 관계적 자원	• 봉사 정신	• 좋은 환경	• 야외 활동
• 핵심 역량	• 재정적 자산	• 성실	• 좋은 수업	• 참여
• 가능성에 대한 비전	• 고객 충성도	• 공동체 의식	• 재미있는 수업	• 놀이
• 리더십 역량		• 솔직/정직	• 진로/진학	• 식사
• 제품 유통 경로		• 원만한 대인관계	• 열정	• 자유 시간
		• 타인 존중	• 공부하는 분위기	• 좋은 성적
		• 리더십	• 좋은 프로그램	• 상/칭찬
		• 목표 의식	• 자기개발	

라는 AI 프로그램을 운영할 때는 '서로 존중하기, 긍정적 마인드 갖기, 서로 배려하기, 다 함께 친하게 지내기'라는 4개의 긍정 주제를 중심으로 AI 프로그램을 운영할 수 있다.

긍정 주제를 선정한 이후에는 4D 프로세스를 진행한다. 4D 프로세스는 AI의 강조점이 반영된 진행 과정으로 발견하기(Discovery), 꿈꾸기(Dream), 설계하기(Design), 다짐하기(Destiny)로 구성된다(Cooperrider & Whitney, 2005; Whitney & Trosten-Bloom, 2010). 이 단계를 4D 프로세스라 부르는 것은 각 단계가 모두 D로 시작하기 때문이다(Cooperrider & Whitney, 2005; Whitney & Trosten-Bloom, 2010). 4D 프로세스를 구성하는 각 단계의 주요 특성은 다음과 같다.

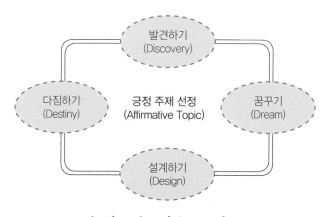

[그림 1-3] AI의 4D 프로세스

출처: Cooperrider & Whitney (2005).

1) 발견하기

발견하기(Discovery) 단계의 핵심 과제는 긍정 주제와 관련된 개인과 조직의 긍정 경험과 역량을 발굴하는 것이다. AI에 참여한 사람들은 많은 사람과 대화하고, 대화 과정에서 학습하며, 그 과정에서 발견되는 최고의 경험과 사례에서 영감을 얻는다. 또한 가치를 발견하는 자신의 능력에 대해서도 만족감을 갖게 된다. 따라서 발견하기 단계가 성공적으로 이루어지기 위해서는 최고의 경험과 사례를 발굴하는 대화 과정이 성공적이어야 한다. 이 대화의 성공 여부는 주고 받는 '긍정 질문'에 달렸다. 긍정 질문을 주고 받는 과정에서 찾은 긍정 경험과 이야기는 다음 단계를 위해 구성원 모두가 충분히 공유한다.

2) 꿈꾸기

꿈꾸기(Dream) 단계는 발견하기 단계에서 찾은 긍정 경험과 이야기들을 바탕으로 보다 발전적인 미래상이 무엇인지 함께 고민하고 상상하고 이를 공동의 이미지로 발전시키는 단계다. 이 단계에서는 발견하기 단계에서 얻은 이야기와 아이디어를 적극 활용한다. 사람들은 이 과정에서 공동의 미래에 대한 꿈, 희망, 비전에 대해 이야기하고 이를 공유하여 구체화한다.

3) 설계하기

설계하기(Design) 단계는 꿈꾸기 단계에서 꿈꾸었던 이상적인 미래의 모습을 구현하기 위한 구체적인 실천 방안을 설계하는 단계다. 참여자들은 모든 전략과 프로세스를 동원할 수 있도록 아이디어를 제시하고 공유하여 실천 가능한 전략을 수립한다.

4) 다짐하기

다짐하기(Destiny) 단계는 마지막 단계로 구체화한 미래의 이상적인 모습을 실현하기 위해 현재 무엇을 해야 하는지 찾아서 다짐하고, 실천을 위한 첫발을 내딛는 단계다. 즉, 꿈꾸기와 설계하기 단계에서 만들어진 계획을 실천하기 위한 구체적인 행동 계획을 세우고 이를 실행함으로써 참여자들에게 학습 효과를 지속시키는 것이 이 단계의 목적이다.

4D 프로세스에 포함되지는 않았지만, 4D 프로세스가 끝나면 일정 시간이 지난 후 실천 과정에 대해 점검하고 공유할 수 있는 성찰의 시간을 갖는 것이 바람직하다. 성찰이란 행동하거나 학습한 것에 대해 다시 깊이 생각하는 과정이다. 우리는 성찰을 통해 자신의 경험으로부터 학습이 이루어진 부분을 확인할 수 있고 성찰 대상에 대한 새로운 면을 볼 수 있다.

또한 AI가 지향하는 철학을 충분히 경험하기 위해서는 4D 프로세스를 모두 경험하는 것이 바람직하지만, AI를 운영하는 목적과 필요 그리고 상황에 따라 일부 단계만 선택하여 활용하기도 한다.

 AI 진행자를 위한 4D 프로세스 진행 Tip

• **발견하기(Discovery)**

발견하기 단계를 운영할 때는 대화가 원활하게 이루어질 수 있도록 사전에 '인터뷰 질문지'를 준비한다. 이때 이루어지는 인터뷰를 가치 발견 인터뷰(Appreciative Interview)라 한다. 가치 발견 인터뷰 질문지는 긍정 주제를 중심으로 질문을 구성한다.

그러나 4D 프로세스 시작 직전에 참여자들이 함께 긍정 주제를 도출하는 경우라면, 완성된 질문지를 준비할 수 없으므로 괄호( )나 밑줄__ 등을 포함한 질문지를 준비한다. 참여자들이 함께 도출한 긍정 주제를 빈칸에 채워 질문지를 완성하여 활용하게 한다.

• **꿈꾸기(Dream)**

AI의 진행자는 AI 과정에 참여한 사람들이 미래의 모습을 구체적으로 상상하고 표현할 수 있도록 격려하고 돕는다. 사람들의 생각과 의견을 반영한 미래의 모습은 그림 그리기, 스토리텔링, 퍼포먼스 등의 창의적인 방식으로 표현하며, 결과물은 벽에 붙이는 등 참여한 사람들이 모두 공유할 수 있도록 한 후 함께 이야기한다.

❗ 꿈꾸기 활동 가이드라인

- 발견하기 단계에서 도출한 성공 사례와 이야기들을 공유할 수 있는 시간을 갖는다.
- 미래의 모습을 창의적으로 상상하는 데 도움이 되는 이야기 또는 질문을 제시한다.
- 팀 단위로 구성원들의 생각과 의견을 공유할 수 있게 한다.
  - 참여자 개인별로 발견하기 단계에서 도출한 이야기를 참고하되 창의적으로 이미지를 상상하여 이야기하기
  - 팀별 공유하기
  - 통합된 미래 이미지(verbal picture of desired future) 도출하기
  - 창의적으로 통합된 미래 이미지 묘사하기(그림 그리기, 스토리텔링, 만화, 광고, 신문 기사, 노래, 시 창작, 퍼포먼스 등 다양한 기법 활용)
- 모든 팀이 모여 팀별로 구성한 미래 이미지를 공유한다.
- 팀원들이 상상한 미래의 모습 속에 어떤 기회 요소가 있는지 논의한다.

• 설계하기(Design)

　진행자는 모든 사람이 실천 가능한 방안을 설계하기 위한 아이디어를 내고 서로 공유하는 데 도움을 줄 수 있는 질문을 한다.

　질문들은 참여자들이 제시한 아이디어를 확장하고 설계 요소별로 이상적인 미래의 모습을 구체화하도록 한다.

❗ 설계하기 단계에서 제시하는 질문들

- 꿈을 실현하기 위해 관련된 변화의 주제를 잘 선정하고 있는가?
- 꿈을 실현하는 데 필요한 전략은 무엇인가?
- 꿈을 실현하기 위한 전략 중 누락된 것이 있다면 무엇인가?
- 목표, 활동 계획에 일관성이 있는가?
- 활동을 수행하기 위한 주체는 누구인가?
- 목표와 활동은 유기적으로 연계되어 있는가? 그렇지 않다면 어떻게 보완할 수 있는가?

• 다짐하기(Destiny)

　팀들이 서로 협력하여 개인별, 팀별 목표 선언문과 제안문을 작성하고 발표하여 전체 참여자들이 서로 공유할 수 있도록 한다. 목표 선언문과 제안문 안에는 과거와 현재의 핵심 가치와 참여자들이 바라는 미래의 모습에 대한 이미지를 동시에 담는다. 제

안문 내용은 모든 사람이 바라는 이상적인 미래의 모습을 위해 도전하고 참여할 수 있는 실천 과제를 긍정적인 언어로 표현하는 것이 좋다.

다짐하기 단계 활동을 진행할 때는 참여자들이 다짐한 내용을 실천으로 연결할 수 있도록 구체화하는 것이 중요하다. 따라서 다음과 같은 사항을 염두에 두고 참여자들을 격려하고 도와주는 것이 필요하다.

❗ 다짐하기 단계에서 고려해야 할 사항

- 참여자들의 역할과 책임은 명확하게 제시되었는가?
- 참여자들이 실행 계획에 따라 잘 추진되고 있는지 스스로 모니터링할 수 있는가?
- 참여자들이 계획을 실천하는 데 영향을 주는 변수는 무엇인가?
- 참여자들의 참여와 노력에 대한 보상은 어떻게 이루어지는가?
- 지속적인 변화와 학습을 위한 기반이 조성되어 있는가?
- 참여자들이 변화를 즐기고 있는가?

출처: 유준희(2010a, 2010b, 2010c, 2010d).

3. 긍정 질문

AI가 추구하는 '긍정성에 바탕을 둔 발전과 변화'를 이끌어 나가는 구체적인 전략이자 방법론은 '긍정 질문'이다. AI에서는 긍정 질문을 통해 이야기를 발굴하고, 상상하고, 혁신하며, 변화를 이끌어 낸다. 긍정 질문은 상대방에게 대화를 위한 편안함을 주고 마음의 문을 열게 한다. 사람들은 자신의 삶 속에서 가장 좋았던 경험 등에 대해 질문하면 자신의 긍정 경험을 기억해 내고 그 대화에 더욱 몰입하게 된다. 물론 우리의 삶이 늘 긍정적인 것만은 아니라서 문제점과 부정적인 것에 대해서도 이야기하지만 AI에서는 의도적으로 긍정적으로 생각하고 질문하려고 노력한다. 〈표 1-4〉는 긍정 질문을 할 때 참고할 가이드라인이다.

〈표 1-4〉 긍정 질문 가이드라인

- 편안하고 자유롭게 이야기할 수 있는 허용적 분위기를 조성한다.
- 질문의 의도와 목적을 설명한다.
- 긍정 주제와 관련된 경험을 떠올릴 수 있는 질문으로 시작한다.
- 긍정적인 단어와 표현을 사용하여 질문한다.
- "편안하게 답변하세요."라고 안내한다.
- 필요한 경우, 응답자가 의미 있는 경험을 떠올릴 수 있도록 추가 질문을 한다.
- 인터뷰 대상자가 자신의 이야기를 구체적으로 이야기하도록 격려한다.
- 답변을 위한 충분한 시간을 주고 다른 질문으로 곧바로 넘어가려는 조급함을 보이지 않는다.
- 불필요한 주변 이야기보다는 주제에 초점을 맞출 수 있도록 돕는다.
- 응답자의 경험, 감정, 생각을 경청하고, 답하기 싫어하거나 민감하게 반응하는 부분에 대해서는 답변을 강요하지 않는다.
- 부정적인 코멘트를 하거나 문제점에 집중할 경우, 긍정적인 관점으로 전환할 수 있도록 돕는다.
- 답변이 가지고 있는 가치를 인정하고 수용한다.

　　AI에서 사용하는 긍정 질문은 일반적으로 시작(Opening) 질문, 주제 질문, 마무리(Closing) 질문으로 구성된다. 첫째, 시작 질문은 참여자의 사고와 감성을 긍정 주제로 유도하는 질문들이다. 즉, 긍정 주제와 관련된 처음 가졌던 꿈과 희망, 최고의 순간, 가치를 떠올리게 하는 질문이다. "처음 교사가 되었을 때 가졌던 꿈을 떠올려 보세요." "학생들이 모두 반짝이는 눈으로 나를 바라보았던 수업을 떠올려 보세요."와 같은 질문이다. 둘째, 주제 질문은 긍정 주제와 관련된 경험을 떠올리게 하는 질문이다. 예를 들어, AI에서 다루는 긍정 주제 중 하나가 '소통'인 경우 "학생들과 소통이 잘 이루어졌던 수업을 소개해 주세요. 그때 어떤 일이 있었나요? 어떤 느낌이 들었나요?"와 같이 질문한다. 셋째, 마무리 질문은 참여자들이 갈망하는 미래의 모습에 관한 질문이다. "학생과 교사 모두에게 감동을 주는 수업을 하려면 앞으로 어떻게 해야 할까요?"와 같은 질문이다.

〈표 1-5〉 **긍정 질문 구성의 예시**

구분		긍정 질문
시작 질문	처음 가졌던 꿈과 희망	처음 교사가 되었을 때 가졌던 꿈을 떠올려 보세요.
	최고의 순간 경험	학생들이 모두 반짝이는 눈으로 나를 바라보았던 수업을 떠올려 보세요.
	가치	훌륭한 교사로 성장하기 위해서 가장 가치 있게 생각하는 것은 무엇인가요?
주제 질문	긍정 주제와 관련된 경험에 대한 질문들 -광범위한 주제 정의 -과거 최고의 경험 -경험의 가치	학생들과 소통이 잘 이루어졌던 수업을 소개해 주세요. 그때 어떤 일이 있었나요? 또 어떤 느낌이 들었나요?
마무리 질문	이상적인 미래 모습	가장 만족할 수 있는 보람 있는 수업은 어떤 모습일까요? 학생과 교사 모두에게 감동을 주는 수업을 하려면 앞으로 어떻게 해야 할까요?

4. 학교에서의 긍정 탐색

AI는 주로 기업에서 개인과 조직의 변화·혁신 방법으로 활용되었지만, 학교에서도 다양한 목적으로 활용되고 있다. 최근 학교에서 운영된 AI 프로그램은 신규 교사를 대상으로 하는 '협력적인 학급 운영을 위한 워크숍', 초등학생 대상 '즐거운 우리 반 만들기' 프로그램, 학교 교직원 전체를 대상으로 한 '학교 혁신과 변화' 프로그램, 초등학교 학부모 대상 '참여형 학부모 교육' 등이 있다. AI로 진행된 프로그램에 참여한 학생, 교사, 학부모들은 서로의 성공 사례를 공유하면서 다양한 정보를 얻고, 자신을 성찰할 수 있어서 좋았다고 평가하였다(장경원, 2012a; 장경원, 2014a; 장경원, 이종미, 2014).

학교에서 AI를 활용한 사례를 목적에 따라 정리하면 〈표 1-6〉과 같이 네 가지 정도로 나눌 수 있다. 즉, 이상적인 교육 모습 도출, 교육개혁 전략 수립 등 조직 개발 전략, 수업 사례 연구, 학문 연구, 요구 분석 등을 위한 연구방법론 그리고 리더십, 수업역량 개발 등을 위한 교육 프로그램이다.

〈표 1-6〉 **학교에서 AI를 활용한 사례**

목적	연구	내용
이상적 모습 도출	Yballe & O'connor(2000)	AI를 활용하여 바람직한 교육의 모습을 도출함
	Conklin(2009)	AI를 활용하여 바람직한 대학 수업의 모습을 도출함
	장경원(2014)	AI를 활용하여 좋은 대학 수업의 모습을 도출함
조직 개발	Martin(2010)	AI를 활용하여 교사, 행정가, 학부모가 학교개혁에 어떻게 참여할 것인가를 도출함
	Miller(2011)	AI를 활용하여 학교 구성원(교장, 상담가, 교사, 학생)이 학교 생활에서의 긍정 경험을 도출하여 이를 통해 보다 좋은 교수 학습이 이루어질 수 있는 과정을 제시함
	이상훈(2011)	간디대안학교의 비전을 수립하기 위해 학생, 학부모, 교사가 참여하는 1박 2일의 AI 프로그램을 진행함
	김희정(2014)	AI를 활용하여 구성원들이 학교의 비전과 경험을 공유하여 학교 혁신과 변화를 위한 토대를 마련함
	김희정, 장경원(2015)	AI를 활용한 학교(교사, 학교장, 학교 조직 문화) 변화 사례를 제시함
연구 방법 으로 활용	Clarke, Egan, Fletcher, & Ryan(2006)	AI를 활용하여 과학 교사들이 그들 수업에 대한 사례연구를 수행하도록 함
	Repede(2009)	간호학에서 건강과 치유의 생태학적 관점에서 학문 연구의 방법으로 AI를 활용함
	Norum(2009)	AI를 프로그램 개발을 위한 요구 분석 및 설계 방법으로 제안함
	이종미(2014)	AI를 수업 컨설팅 모형 개발을 위한 방법론으로 활용함
	이종미, 장경원(2015)	AI를 활용하여 교사들이 원하는 수업 컨설팅의 절차와 방법을 도출함

교육 프로 그램 으로 활용	Preziosi & Gooden(2002)	AI를 활용한 5일간의 리더십 훈련 프로그램으로 최고의 상태에 대한 경험을 발견하여 이를 토대로 미래를 계획하게 함
	Moody, Horton- Deutsch, & Pesut(2007)	간호대학에서 교수자들의 리더십을 개선하기 위해 AI를 활용함. 참여 교수자들은 간호대학 전체의 가치를 공유하고 효율적으로 의사소통하게 되었다고 보고함
	Luckcock(2007)	AI를 수업 역량 개발 방법으로 활용하였는데, AI에서 강조하는 긍정 질문들을 활용하여 수업 역량을 개발하고자 함
	장경원(2012)	AI를 교사들의 수업역량 향상을 위한 프로그램으로 개발하고 이에 대한 운영 결과를 제시함
	장경원(2014)	초·중·고등학생을 위한 AI 프로그램을 개발함
	장경원, 이종미(2014)	'자녀와 행복하게 대화하기'라는 주제로 학부모들을 위한 AI 프로그램을 개발·운영함
	정은진(2015)	특성화고등학교 학생들을 위한 진로 프로그램을 AI 프로그램으로 개발·운영함
	장경원, 곽윤정(2016)	AI를 활용하여 성인을 위한 인성 교육 프로그램을 개발·운영함

〈표 1-6〉처럼 긍정 탐색은 학교의 다양한 분야에서 활용할 수 있다. 이 중에서 학교 교육과정 운영 시 AI의 4D프로세스를 활용한 수업 방법에 대한 구체적인 지도 방법을 알 수 있도록 AI 진행에 필요한 기법과 교과 및 창의적 체험 활동 수업 사례 등을 제2장부터 제10장에서 제시하였다.

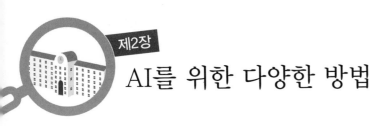

제2장
AI를 위한 다양한 방법

AI의 핵심 활동은 질문과 대화다. 여러 사람이 모여 성공 경험을 공유하고 그 경험으로부터 미래를 꿈꾸는 등의 다양한 소통을 한다. 따라서 AI가 원활하게 이루어지기 위해서는 AI에 참여한 사람이 자신의 경험과 생각을 잘 이야기하고, 다른 사람의 경험과 생각을 잘 듣고 이해하고 정리할 수 있는 방법을 활용하는 것이 필요하다. AI의 4D 프로세스 운영을 위한 정해진 방법은 없지만 다루는 주제가 무엇이고, 활용 가능한 시간이 어느 정도인지에 따라 적절한 방법을 선택해야 할 것이다. 여기서는 AI의 4D 프로세스인 발견하기, 꿈꾸기, 설계하기, 다짐하기 각 단계에서 활용할 수 있는 몇 가지 방법을 소개한다. 소개된 방법들은 AI 진행 과정에서뿐만 아니라 학습자들의 참여를 이끌어 내는 수업을 진행할 때도 유용하게 사용할 수 있다.

1. 명목집단법

AI 프로그램에서는 참가한 구성원들의 경험과 생각을 이끌어 내는 것이 가장 중요하다. 따라서 이를 위한 구체적인 전략이 필요한데, 명목집단법(Nominal Group Technique: NGT)은 구성원들의 생각과 의견을 효과적으로 도출할 수 있다. 명목집단법은 집단 구성원으로부터 아이디어나 정보를 모으는 구조화된 절차로, 집단에 속한 모든 구성원이 다른 구성원의 영향을 받지 않고 자신의 아이디어를 표현하는 방법이다. 일반적인 토의나 회의에서는 종종 일부 구성원이 토의를 주도하고 대부분의 참가자는 침묵을 지키는 상황이 발생한다. 명목집단법을 실시할 경우 구성원 모두가 아이디어를 제시하고, 이들이 제시한 아이디어를 쉽게 정리할 수 있다. 명목집단법은 다음의 순서로 활용할 수 있다(최정임, 장경원, 2015).

첫째, 사회자가 토의 주제가 무엇인지 명확히 설명하고, 해당 주제에 대한 각자의 생각을 메모하도록 안내한다. 작성할 아이디어의 개수는 개인이 정할 수도 있고 사회자가 제안할 수도 있다. 일반적으로 토의 또는 프로그램을 원활하게 진행하고자 할 때는 작성할 아이디어 개수를 3~5개 정도로 정해 주는 것이 효율적이다. 이때 구성원들이 아이디어를 생각해서 적을 수 있도록 3분 내외의 시간을 주며, 이 시간에는 서로 상의하거나 떠들지 않도록 안내한다.

둘째, 구성원들은 사회자가 안내한 주제에 대한 자신의 의견이나 아이디어를 각자 포스트잇에 적는다. 아이디어를 작성할 때는 옆 사람과 상의하지 않고 자신의 의견을 표현하며, 가독성과 이동성을 높일 수 있도록 다음의 사항을 따른다.

- 포스트잇 한 장에 한 가지의 개념, 단어, 아이디어만 적는다.
- 모두가 볼 수 있도록 네임펜, 칼라펜 등을 사용하여 굵은 글씨로 적는다.
- 모두가 잘 읽을 수 있도록 정자체로 크게 적는다.
- 도출된 의견을 팀별, 주제별로 구분할 필요가 있을 때는 포스트잇 색깔을 구분하여 사용한다.

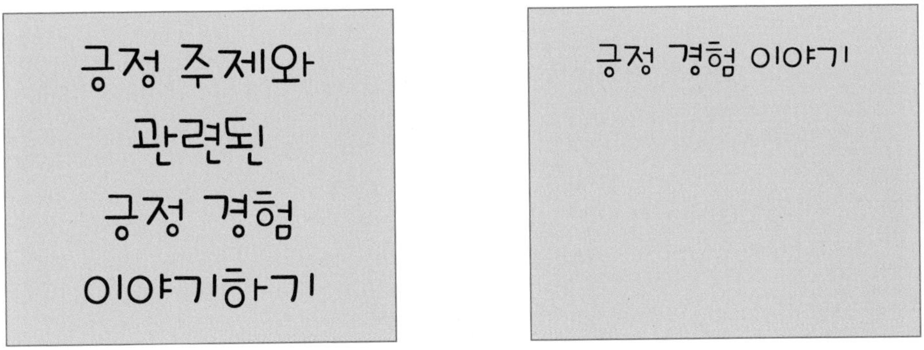

긍정 주제와 관련된 긍정 경험 이야기하기

긍정 경험 이야기

[그림 2-1] 바람직한 작성 예시(왼쪽)와 바람직하지 않은 작성 예시(오른쪽)

셋째, 각 의견이 적힌 포스트잇을 직접 벽이나 큰 종이에 붙인다. 이때 특정 의견이 누구의 것인지 밝히지 않는다.

넷째, 비슷한 내용들을 분류한다. 이때 사회자 또는 팀 리더는 나열된 아이디어 중 뜻을 이해하기 어려운 것은 제안자가 설명할 수 있도록 기회를 제공한다. 기록된 모든 의견을 공유하고 논의한다.

다섯째, 필요한 경우 제안된 아이디어들의 우선순위를 묻는 투표를 하여 최종적으로 많은 지지를 받은 아이디어를 선택한다. 투표 시 다음의 사항을 따른다.

- 팀원들은 가장 바람직한 아이디어가 적힌 포스트잇에 스티커를 붙이거나 도형을 그려 투표를 한다.
- 한 사람에게 제공되는 적정 투표수는 상황을 고려하여 사회자가 제안하거나 '제시된 전체 아이디어 수/3'개를 적정 투표수로 정한다.

[그림 2-2] 명목집단법 후 의견을 붙이고, 다른 사람의 의견을 읽어 보는 모습

　명목집단법을 이용하면 〈표 2-1〉과 같은 효과가 있다. 이 방법을 명목집단법이라 부르는 것은 작업하는 동안 명목상으로는 집단이지만 실제로는 다른 사람과 이야기하지 않고 개인적으로 작업하고 있기 때문이다. 1975년 명목집단법을 처음 제안했을 때는 3×5cm의 크기로 종이를 잘라 사용했지만, 현재는 포스트잇을 활용한다.

〈표 2-1〉 **명목집단법의 효과**

- 더 많은 아이디어를 촉진할 수 있다.
- 모든 구성원이 균등한 발언 기회를 가질 수 있다.
- 지위에 의한 동의 압력이나 경쟁적 분위기를 감소시킬 수 있다.
- 해당 주제에 대한 구성원들의 활발한 논의를 유도할 수 있다.
- 아이디어에 대한 우선순위를 민주적으로 정할 수 있다.

출처: CDC (Ed.). (2006).

1) 긍정 주제 도출을 위한 명목집단법

AI에서 명목집단법은 다양하게 활용될 수 있는데, 우선 긍정 주제를 도출할 때 매우 유용하다. 긍정 주제는 AI 프로그램을 개발하는 과정에서 미리 선정할 수도 있고, AI에 참여하는 구성원들의 의견을 수렴하여 결정할 수도 있다. 예를 들어, '왕따 없는 학급 만들기'라는 AI 프로그램을 개발할 때, 사전에 여러 문헌 및 교사와 학생들의 의견을 반영하여 긍정 주제를 선정하거나 프로그램 내에서 참여한 학생들의 의견을 모아 긍정 주제를 결정할 수 있다. 이 경우 명목집단법은 다음과 같이 활용할 수 있다.

 '왕따 없는 학급 만들기!' 프로그램의 긍정 주제 선정 과정에서

> 이 학급의 학생 수는 36명으로, 6명이 한 모둠으로 구성되어 모두 6모둠이다. 36명의 의견을 한꺼번에 정리하려면 시간이 많이 소요되므로, 각자 의견을 제시한 후 팀별로 의견을 한 번에 정리하고, 전체 의견을 정리하는 방식으로 명목집단법을 활용하였다.

선생님: 여러분, 우리가 오늘 함께할 주제는 '왕따 없는 학급 만들기'입니다. '왕따 없는 학급'을 만들기 위해 많은 이야기를 할 거예요. 우선 저와 여러분의 이야기가 효율적으로 이루어질 수 있도록 중요한 키워드를 정해 봅시다. AI 프로그램에서는 이러한 키워드를 긍정 주제라고 해요. 우선 우리 스스로 '왕따 없는 학급'에 대한 긍정 주제를 정해 볼게요.

학생들: 네.

선생님: 자, 그럼 여러분에게 질문할게요. '왕따 없는 학급'은 어떤 모습인가요? 또 '왕따 없는 학급'은 어떤 특성을 가지고 있나요? 여러분이 생각하기에 '왕따 없는 학급'의 특성이나 모습을 각자 가지고 있는 포스트잇에 자유롭게 적어 보겠습니다. 각자 세 가지를 적어 주세요. 작성할 때는 한 장에 한 개의 아이디어를 적는 겁니다.

학생들: (어떤 것을 적을지 생각해 본 후 네임펜을 이용하여 포스트잇 한 장에 한 개의 아이디어를 적는 방식으로 모두 세 개의 아이디어를 적는다.)

선생님: (학생들이 자신의 생각을 작성하는 동안 학생들 사이로 이동하면서, 질문을 이해하지 못했거나 자신의 생각을 적지 못하는 학생들이 있는지 살펴본다. 그런 학생이 있을 때는 찾아가서 질문과 작성 방법을 다시 안내한다.)

선생님: 자, 다들 작성한 것 같습니다. 이제 우리 반 전체의 의견을 모아서 정리할 텐데요. 우리 인원이 많으니, 우선 모둠별로 의견을 정리해 보겠습니다. 자~ 각자 작성한 포스트잇을 모둠별로 책상 위에 모아 보세요.

학생들: (모둠별로 자신들이 작성한 포스트잇을 가운데에 모아 놓는다.)

선생님: 여섯 명이니까 모두 18개의 포스트잇이 모였지요? 100% 똑같이 쓰인 것은 겹쳐 놓아도 좋아요.

학생들: (동일한 내용이 적힌 포스트잇을 겹쳐 놓는다.)

선생님: 겹쳐지지 않은 포스트잇을 보면서 서로 적힌 내용이 어떤 의미인지 질문해 주세요. 질문과 답변이 끝나면 책상 위에 있는 스티커를 이용해서 보다 좋은 내용이라 생각되는 것에 투표하겠습니다. 각자 스티커를 5개씩 붙여 주세요.

학생들: (포스트잇에 작성된 내용을 읽어 본 후 서로 질문하고 답변한다. 그리고 좋은 의견이라 생각되는 것에 스티커를 붙인다.)

선생님: 자~ 투표가 끝났나요? 네, 잘했어요. 그럼 이제 모둠별로 표를 많이 받은 포스트잇을 5개씩 선생님에게 제출해 주세요.

학생들: 네. (답변 후 표를 많이 받은 것을 5개씩 골라 선생님에게 제출한다.)

학생들: 선생님, 동점표를 받은 것은 어떻게 해야 하나요?

선생님: 동점표를 받은 것만 재투표를 해도 좋고, 4개 혹은 6개를 제출해도 좋습니다.

학생들: 네.

선생님: (모둠별로 제출한 포스트잇을 모두 걷는다.)

❗️명목집단법으로 긍정 주제 결정하기

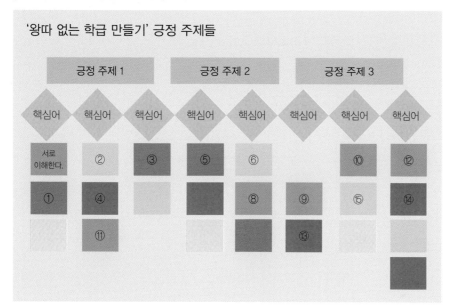

선생님: (미리 칠판에 큰 종이를 붙여 놓는다) 이제 여러분이 제출한 의견을 정리해 보 겠습니다. 비슷한 내용끼리 분류해 보면 여러분이 중요하게 생각하는 것이 무엇인지 보다 명확하게 알 수 있을 거예요.

학생들: 네.

선생님: (학생들이 제출한 포스트잇들을 보여 주며) 이 의견들을 정리할 거예요. 유사 한 내용은 아래쪽에 붙이고, 다른 내용은 옆쪽에 붙일게요. 그러면 자연스럽 게 정리가 되겠죠?

학생들: 네.

선생님: 첫 번째 의견은 '서로 이해한다.'입니다. 처음 나온 의견이니 먼저 여기에 붙 일게요. (긍정 주제를 도출하여 붙일 수 있는 공간을 고려하여 앞의 그림과 같이 각 위치에 붙인다.)

선생님: 이번 내용은 ①입니다. 이것은 어디에 붙일까요?

학생들: '서로 이해한다' 아래에요.

선생님: 네, 그게 좋겠어요. 그럼 ②는요?

학생들: 다른 내용이니까 옆에다 붙이는 게 좋겠어요.

선생님: 네, 그렇군요. (이러한 방식으로 학생들이 제출한 포스트잇을 유사한 내용끼리 분류한다.)

선생님: 여러분이 작성한 내용을 다 정리했습니다. 이번에는 우리가 분류한 내용들의 핵심어를 정해 볼게요. 먼저, 왼쪽 첫 번째 줄의 내용을 대표할 수 있는 핵심어는 무엇일까요?

학생들: ○○○라고 하면 좋겠어요.

선생님: 네, 좋은 의견이에요. (학생의 의견에 따라 포스트잇에 핵심어를 써서 붙인다.)

[중략: (학생들의 의견을 수렴하여 필요한 핵심어들을 도출한다. 이때 분류된 내용 중 합치거나 나눌 필요가 있는 경우에는 추가 작업을 한다.)]

선생님: 자, 여러분이 제출한 의견을 분류하고, 각각의 핵심어를 모두 정했습니다. 그런데 우리의 대화 방향을 정해 줄 긍정 주제로 사용하기에는 너무 많네요. 3~4개 정도로 줄이면 좋겠어요. 핵심어들을 중심으로 다시 유사한 것끼리 모일 수 있도록 자리를 바꾸면 좋겠어요. 무엇과 무엇을 바꿀까요?

학생들: 다섯 번째 있는 내용이 첫 번째 다음으로 오면 좋겠어요.

선생님: 네, 좋은 의견이에요. (학생의 의견에 따라 주요어 및 해당 내용이 적힌 포스트잇의 위치를 옮겨 정리한다.)

[중략: (학생들의 의견을 수렴하여 핵심어들의 위치를 재정리한다.)]

선생님: 모두 잘했어요. 그럼 이제 핵심어들을 2~3개씩 합쳐서 긍정 주제를 선정해 보도록 해요. 먼저 어떤 핵심어들을 합쳐 볼까요?

학생들: 처음 세 가지를 합쳐서 '긍정 주제 1'이라고 하면 좋을 것 같아요.

선생님: 네, 좋은 의견이에요. (학생의 의견에 따라 긍정 주제를 써서 붙인다.)

학생들: 네 번째와 다섯 번째 핵심어를 합쳐서 '긍정 주제 2'라고 하면 좋을 것 같아요.

선생님: 네, 그렇군요. (학생의 의견에 따라 긍정 주제를 써서 붙인다.)

학생들: 여섯 번째부터 여덟 번째 핵심어는 '긍정 주제 3'으로 하면 좋을 것 같아요.

선생님: 네, 좋아요. (학생의 의견에 따라 긍정 주제를 써서 붙인다.)

선생님: 이제 완성되었네요. '왕따 없는 학급 만들기'를 위해 우리가 경험과 의견을 이야기할 긍정 주제가 선정되었습니다. 이제 이 주제를 중심으로 4D 프로세스를 진행하겠습니다. 모두 수고했어요.

학생들: (뿌듯한 표정으로 자신들의 의견이 정리된 것을 바라본다.)

2) 4D 프로세스에서의 명목집단법

4D 프로세스를 진행할 때도 명목집단법은 학생들의 의견을 모을 수 있는 효율적인 방법이 된다. 4D 프로세스 단계별로 명목집단법 활용 전략을 정리하면 〈표2-2〉와 같다. 〈표 2-2〉에 제시된 것처럼 명목집단법을 활용할 때는 각자 포스트잇에 작성해야 할 내용과 그 내용을 공유, 선택하는 방법을 안내한다.

〈표 2-2〉 **4D 프로세스별 명목집단법 활용 전략**

4D 프로세스	명목집단법 활용 전략
발견하기 (Discovery)	발견하기 단계에서는 긍정 주제와 관련된 개인의 경험을 찾은 후 이를 팀별로 공유한다. 이때 서로 중요하게 생각하는 내용을 메모하여 공유하면 발견하기 단계의 주요 결과물을 효과적으로 정리할 수 있다. 〈예시〉 <table><tr><td>긍정 주제</td><td>주요 내용 및 강조점</td></tr><tr><td></td><td></td></tr><tr><td></td><td></td></tr><tr><td></td><td></td></tr></table>
꿈꾸기 (Dream)	꿈꾸기 단계는 가능하면 대화 내용을 시각화하는 것이 중요하므로, 그림으로 표현할 수 있는 방법이 좋다. 그러나 교육 운영상 그림으로 표현하는 등의 활동이 어려울 경우, 발견하기 단계에서 도출한 내용을 토대로 꿈꾸기에 해당하는 내용을 논의할 수 있다. 이때 명목집단법을 활용하면 긍정 주제를 도출할 때와 동일하게 참여한 사람들의 의견을 효율적으로 수렴할 수 있다.
설계하기 (Design)	설계하기 단계는 꿈꾸기 단계에서 공유한 바람직한 모습을 이루기 위해 무엇을 할 것인지 구체화하는 단계다. 이때 해야 할 일의 영역, 주체 등이 다양할 수 있으므로, 이에 대해 구분된 논의를 진행하고자 할 때 명목집단법을 활용할 수 있다.

〈예시〉

주체 ＼ 긍정 주제	긍정 주제 1	긍정 주제 2	긍정 주제 3	긍정 주제 4
학생				
교사				
학교 관리자				
학부모				

다짐하기
(Destiny)

다짐하기 단계는 설계하기 단계에서 도출된 여러 설계 전략을 실행으로 옮기기 위한 단계다. 다루어진 내용을 개별적으로 실행해야 한다면 개별적인 실행 계획서나 선언문을 작성하는 것이 좋다. 그러나 학급 등 조직 단위 내에서 실행하기 위해 역할 분담을 해야 하는 경우, 시간 계획을 세워야 하는 경우 등에는 명목집단법이 효율적이다.

〈예시〉

해야 할 일 ＼ 담당자 및 실행 시기	담당자	3월	4월	5월	6월	7월	8월
해야 할 일 1							
해야 할 일 2							
해야 할 일 3							

3) 성찰 과정에서의 명목집단법

AI의 4D 프로세스가 끝난 후에는 지금까지 수행한 과정을 되돌아보고 정리하는 것이 필요하다. 특히 교수·학습 방법으로 AI를 활용할 경우에는 교사가 긍정 주제와 관련된 주요 내용을 정리해 주어야 하는데, 이때 학생들도 자신이 알게 된 내용을 스스로 정리하는 것이 바람직하다. 또한 스스로 정리한 내용을 다른 학생들과 공유한다면 더 의미 있는 학습을 할 수 있다.

먼저 학생들에게 각자 정리하는 내용을 작성하게 한 후 이를 팀별로 공유할 때도 명목집단법이 효율적인 방법이 될 수 있다. 이때 교사가 긍정 주제에 맞게 성찰의 방향을 안내하는 것이 필요하다. 예를 들면, 배운 내용을 정리하게 할 것인지, 학급에서 실천할 사항을 작성하게 할 것인지, 학습 활동에서 실천할 사항을 작성하게 할 것인지 등의 방향을 안내하는 것이다.

〈표 2-3〉 **팀별 성찰 내용 공유**

이름	배운 것	느낀 것	건의사항(또는 실천할 사항)

2. 1:1 교차 인터뷰

인터뷰는 전통적인 질적 자료 수집 방법의 하나다. 일반적으로 인터뷰를 할 때는 대화의 기회가 다시 오지 않을 수 있다는 가정하에 무엇을 물어볼 것인지 충분히 준비하고 질문한다. 주로 AI의 발견하기 단계에서 활용하는 1:1 교차 인터뷰의 주요 특성은 다음과 같다.

1) 1:1 교차 인터뷰 진행 전략

1:1 인터뷰는 인터뷰를 하는 사람(interviewer, 질문하는 사람) 1명과 인터뷰를 받는 사람(interviewee, 대답하는 사람) 1명이 이야기하는 방식으로 진행되며, 인터뷰를 하는 사람과 인터뷰를 받는 사람을 교차하여 인터뷰 활동을 진행하는 것을 1:1 교차 인터뷰라 한다. 역할을 교차하는 방법은 다양하다. 두 사람이 서로 역할을 교차하는 것이 가장 단순한 방법이고, 질문하는 사람과 대답하는 사람의 역할과 대화 상대를 동시에 바꾸는 방법도 있다. 수업 시간 중 활용한다면 후자가 보다 역동적이고 흥미롭다. 그러나 학급 인원이 적다면 전자의 방법도 좋다. 흥미롭게 진행하기 위해 인터뷰 역할과 대상을 모두 교차하고자 한다면 〈표 2-4〉와 같은 순서로 1:1 교차 인터뷰를 진행할 수 있다.

〈표 2-4〉 1:1 교차 인터뷰 진행 순서

① 두 사람씩 짝을 지은 후 가위바위보 게임을 한다.
② 이긴 사람들이 포스트잇에 '기자'라고 쓴 후 가슴에 붙인다.

③ 기자들은 인터뷰를 위한 질문지와 필기도구를 가지고 교실 앞으로 나온다.
④ 앉아 있는 사람 중 우리 팀원이 아닌 사람에게 가서 인터뷰한다.
⑤ 인터뷰가 끝나면 '기자'라고 쓴 포스트잇을 인터뷰를 받는 사람에게 준다.
⑥ (역할과 대화 상대 바꾸기) 새로 기자가 된 사람들은 가슴에 '기자'라고 쓴 포스트잇을 붙인 후 인터뷰를 위한 질문지와 필기도구를 가지고 교실 앞으로 나온다. 이전에 인터뷰를 받았던 사람들은 자기 자리가 아니지만 그대로 앉아 있다.

⑦ 새로 기자가 된 사람들은 앉아 있는 사람 중 우리 팀원이 아닌 사람, 조금 전에 나를 인터뷰했던 사람이 아닌 새로운 사람에게 가서 인터뷰한다.
⑧ 인터뷰가 끝나면 모든 사람이 이미 수행된 인터뷰 질문지와 필기도구를 가지고 본래 자기 자리로 이동하여 앉는다.

2) 1:1 교차 인터뷰를 위한 질문지

1:1 교차 인터뷰를 수행하기 위해서는 교사가 먼저 질문지를 준비하여 학생들에게 나누어 준다. 이때 인터뷰 내용작성을 편안하게 할 수 있도록 질문지는 가능하면 A3나 B4 용지에 인쇄한다. 질문지에 포함할 질문은 긍정 주제에 대한 긍정적인 경험을 묻는 것이다. AI를 시작하기 전에 긍정 주제를 정한 경우에는 〈표 2-5〉에 제시된 것처럼 긍정 주제를 반영하여 질문을 구성하면 된다. 〈표 2-5〉에 제시한 '즐거운 우리 반' AI 프로그램의 긍정 주제는 '서로 존중하기, 친구에게 긍정적 마인드 갖기, 서로 배려하기, 다 같이 친하게 지내기'다.

〈표 2-5〉 **좋은 경험 찾기 질문지 예시 1**

'즐거운 우리 반' 좋은 경험 찾기(Best Moment Story) 질문지

기자 :   답변한 사람 :

1. 서로 존중하기	지금까지 학교를 다니면서 같은 반 친구끼리 서로 존중했던 경험을 떠올려 보세요. 그때 있었던 일을 자세하게 이야기해 주세요. 그때 어떤 기분이었나요? 그리고 그때 어떤 생각을 했나요?
답변 내용	
2. 친구에게 긍정적 마인드 갖기	지금까지 학교를 다니면서 같은 반 친구를 긍정적으로 생각했던 경험을 떠올려 보세요. 그때 있었던 일을 자세하게 이야기해 주세요. 그때 어떤 기분이었나요? 그리고 그때 어떤 생각을 했나요?
답변 내용	
3. 서로 배려하기	지금까지 학교를 다니면서 같은 반 친구끼리 서로 배려한 경험을 떠올려 보세요. 그때 있었던 일을 자세하게 이야기해 주세요. 그때 어떤 기분이었나요? 그리고 그때 어떤 생각을 했나요?

답변 내용	
4. 다 같이 친하게 지내기	지금까지 학교를 다니면서 <u>같은 반 친구들이 다 같이 친하게 지냈던 경험</u>을 떠올려 보세요. 그때 있었던 일을 자세하게 이야기해 주세요. 그때 어떤 기분이었나요? 그리고 그때 어떤 생각을 했나요?
답변 내용	

AI 프로그램에 긍정 주제를 도출하는 과정이 포함된 경우, 즉 프로그램에 참여한 구성원들의 의견을 수렴하여 긍정 주제를 선정하고 바로 4D 프로세스를 진행할 때는 이를 반영한 질문지를 준비할 수 없다. 이때는 〈표 2-6〉에 제시된 것처럼 괄호( )나 밑줄___을 활용한다. 긍정 주제를 도출한 후 해당 내용을 기입해서 활용할 수 있도록 준비한다면 인터뷰를 위한 훌륭한 질문지가 될 것이다. 단, AI를 진행하는 전체 주제와 학생들의 수준과 특성을 고려하여 질문에 사용하는 단어와 표현을 다듬는 노력이 필요하다.

〈표 2-6〉 **좋은 경험 찾기 질문지 예시 2**

좋은 경험 찾기(Best Moment Story) 질문지

기자 :   답변한 사람 :

1. ( )	지금까지 학교를 다니면서 (_____)했던 경험을 떠올려 보세요. 그때 있었던 일을 자세하게 이야기해 주세요. 그때 어떤 기분이었나요? 그리고 그때 어떤 생각을 했나요?
답변 내용	
2. ( )	지금까지 학교를 다니면서 (_____)했던 경험을 떠올려 보세요. 그때 있었던 일을 자세하게 이야기해 주세요. 그때 어떤 기분이었나요? 그리고 그때 어떤 생각을 했나요?

답변 내용	
3. (　　　)	지금까지 학교를 다니면서 (　　　　　　)했던 경험을 떠올려 보세요. 그때 있었던 일을 자세하게 이야기해 주세요. 그때 어떤 기분이었나요? 그리고 그때 어떤 생각을 했나요?
답변 내용	
4. (　　　)	지금까지 학교를 다니면서 (　　　　　　)했던 경험을 떠올려 보세요. 그때 있었던 일을 자세하게 이야기해 주세요. 그때 어떤 기분이었나요? 그리고 그때 어떤 생각을 했나요?
답변 내용	

3. 월드 카페

월드 카페(world cafe)는 1995년 Brown과 Isaacs(2005)가 제안한 대화 방식이자 조직 변화 분야의 한 운동이다. 월드 카페는 어떤 질문이나 과제에 대해 최소 12명에서 최대 1,200명의 사람들이 함께 아이디어를 도출, 공유하는 대화 방법으로 4~5명 단위로 팀을 구성하여 대화를 시작해 구성원들이 서로 교차해서 대화를 이어 나감으로써 많은 사람이 함께 대화하는 것이다(Schieffer, Isaacs, & Gyllenpalm, 2004a). 소규모의 친밀한 대화들을 연결하고 아이디어들을 교차시키면서 새로운 연결망을 만들어 내는 독특한 구조 때문에 월드 카페에서는 대집단, 종종 수백 명의 사람이 함께 창의적으로 사고할 수 있다.

Brown과 Isaacs(2005)는 월드 카페의 독특한 대화 방식이 다음과 같은 두 가지 기본 가정에 기초를 두고 있다고 하였다. 첫째, 사람들은 어떤 어려운 상황에도 대처

할 수 있는 지혜와 창의력을 이미 가지고 있다. 둘째, 대화 특히 활력 있는 대화는 이미 '행동' 단계이다. 이러한 관점은 [그림 2-3]에 제시된 것처럼 말과 행동은 별개라는 기존의 관점을 대체하는 것으로 많은 사람이 참여하여 대화에 활력이 넘치면 그 대화는 단순히 '말'이 아니라 그 단계를 넘어 이미 '행동' 단계에 있다는 것이다. 즉, 대화 전체 과정은 하나의 행동 사이클의 일부이며, 대화는 매 단계에 필수적인 핵심 과정이 된다(Brown & Isaacs, 2005).

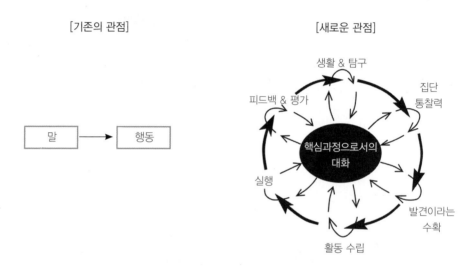

[그림 2-3] 말과 행동의 관계에 대한 관점

출처: Brown & Isaacs (2005).

월드 카페를 기획할 때는 〈표 2-7〉과 같은 일곱 가지 원칙을 고려해야 한다 (Schieffer, Isaacs, & Gyllenpalm, 2004a; Schieffer, Isaacs, & Gyllenpalm, 2004b; Tan & Brown, 2005).

〈표 2-7〉　**월드 카페의 일곱 가지 기획 원칙**

1. 환경을 설정한다.
2. 편안한 공간을 만든다.
3. 모두가 관심을 가질 만한 질문을 준비한다.
4. 모두가 기여하도록 격려한다.
5. 다양한 관점을 교류하고 연결한다.
6. 패턴, 통찰력, 심도 있는 질문을 찾기 위해 잘 듣는다.
7. 공동의 발견을 게시하고 공유한다.

출처: Brown & Isaacs (2005).

　첫째, 환경을 설정한다. 월드 카페를 기획하는 사람은 대화 절차 구성을 지원하는 것뿐만 아니라 참가자들이 내용에 집중하는 데 도움이 되는 '환경 설정자'의 역할을 해야 한다. 월드 카페에 적합한 환경을 만들기 위해서는 대화의 목적, 참가자, 변수를 고려해야 한다. 따라서 월드 카페를 통해 구체적으로 얻고자 하는 결과가 무엇이고, 누가 참가할 것이며, 대화에 영향을 줄 수 있는 변수가 어떤 것이 있는지 미리 파악하는 것이 필요하다.

　둘째, 편안한 공간을 만든다. 편안한 공간이란 진심 어린 대화를 나눌 수 있고, 서로 존중할 수 있는 환경을 말한다. 즉, 몇몇 사람만 발표할 수 있는 공간이 아니라 참여한 사람들이 모두 자신의 의견을 발표할 수 있고, 창의적이고 즐거운 대화가 가능하며, 대화 내용을 전시할 수도 있는 유연한 공간을 준비하는 것이 좋다.

　셋째, 모두가 관심을 가질 만한 질문을 준비한다. 어떤 질문을 제시하느냐에 따라 생각의 흐름이 달라진다. 〈표 2-8〉에 제시한 것처럼 질문을 어떻게 하느냐에 따라 대화의 방향이 달라질 수 있다. 좋은 질문은 흥미와 관심을 유발할 수 있고, 창의적인 대안을 찾을 수 있게 한다.

〈표 2-8〉 **질문 바꾸기**

일반적인 질문	좋은 질문
• 어떻게 하면 학교가 더 나아질 수 있을까? • 어떻게 하면 학교의 문제점들을 해결할 수 있을까?	• 좋은 학교란 어떤 학교인가? • 이런 아이디어들에 기초하여 학교의 미래를 위해 어떤 일을 하고 싶은가?
• 최고의 인력을 잃지 않으려면 어떻게 해야 할까?	• 우리의 최고 인력을 어떻게 유지할 수 있을까?
• 어떻게 하면 휴렛패커드가 세계에서 최고가 될 수 있을까? (How can HP be the best lab in the world?)	• 어떻게 하면 휴렛패커드가 세계를 위해 최고가 될 수 있을까? (How can HP be the best lab for the world?)

출처: Brown & Isaacs (2005).

넷째, 모두가 기여하도록 격려한다. 기여란 개개인의 아이디어와 통찰력을 제시하여 전체 지성이 풍부해질 수 있도록 하는 것이다. 모두가 기여할 수 있도록 하기 위한 전략에는 네 명씩 앉아 편안하게 이야기하도록 하는 것과 말하는 것뿐만 아니라 그림을 그리거나 대화 후반에 한마디씩 하게 하는 것 등이 포함된다. 월드 카페에 참여한 사람들은 적극적으로 기여할 기회를 제공받으면 단순히 참여하도록 요구받을 때보다 더 책임감을 갖게 되고, 변화를 일으킬 가능성도 많아진다.

다섯째, 다양한 관점을 교류하고 연결한다. 월드 카페는 한 테이블에서 서로의 아이디어를 구축하고 자신의 관점에서 새로운 이해를 창출한 후, 다른 테이블로 이동하여 새롭게 창출된 이해를 바탕으로 의견을 제시하고 또 다른 새로운 이해를 창출한다. 이 과정에서 사람들의 다양한 생각이 연결된다.

여섯째, 패턴, 통찰력, 심도 있는 질문을 찾기 위해 잘 듣는다. 월드 카페는 의견을 표현하거나 들을 때 말뿐만 아니라 그림을 활용한다. 그 과정에서 다른 사람의 이야기를 보다 잘 듣게 되고, 대화 내용의 중요한 특성을 파악하고, 패턴을 발견하며, 새로운 질문을 창출할 수 있다.

일곱째, 공동의 발견을 게시하고 공유한다. 월드 카페를 통해 참가자들이 그린 그림과 메모들을 벽에 붙이면 월드 카페 대화에 참석한 사람들에게 유용한 자료가 된다. 그러나 월드 카페에 참석하지 않은 사람들에게 대화의 결과물을 공유해야 할 경우에는 대화 내용을 공유할 수 있는 형태로 정리하는 것이 바람직하다.

월드 카페 진행 절차는 〈표 2-9〉와 같다.

〈표 2-9〉 월드 카페 진행 절차

절차
1. 4명이 한 테이블에 앉을 수 있도록 팀을 구성하여 배치한다.

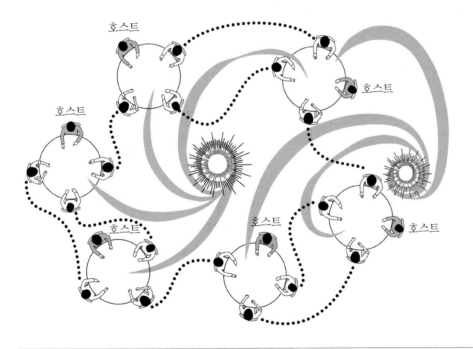

2. 각 테이블의 호스트(host)를 정한다. 호스트는 테이블의 대화 내용을 관리하는 사람이다. 〈계속〉

3. 팀별로 정해진 주제에 대한 첫 번째 대화의 시간을 갖는다. 대화 시간은 대략 10~20분이며 자신의 생각, 경험, 의견을 자유롭게 표현하고 이를 공유한다. 이야기를 하면서 자유롭게 테이블에 있는 큰 종이에 내용을 적거나 그림을 그린다.

 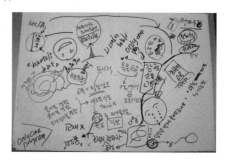

4. 첫 번째 대화의 시간이 끝나면 각 테이블에는 호스트만 남고, 다른 사람들은 모두 자신이 원하는 다른 테이블로 이동한다.

5. 호스트를 중심으로 새로운 팀이 구성되면, 첫 번째 대화 시간의 내용에 대해 호스트가 새로운 구성원들에게 간략히 설명하고, 새로운 구성원들은 이에 대한 의견을 제시하면서 두 번째 대화 시간을 갖는다. 이때도 대략 10~20분의 대화 시간을 가지며 앞선 팀들이 사용했던 큰 종이 위에 새로운 의견이나 그림을 첨가한다.

6. 두 번째 대화의 시간이 끝나면 각 테이블에는 다시 호스트만 남고, 다른 사람들은 또 다시 다른 테이블로 이동한다.

7. 동일한 방법으로 세 번째, 네 번째 대화 시간을 갖는다. 이때 시간이 여유롭지 않다면 세 번째 대화 시간부터는 생략한다.

8. 계획한 횟수의 대화 시간이 끝나면 모두 원래 자신의 자리로 돌아간다.

9. 호스트는 원래 팀 구성원들에게 그동안 팀의 아이디어가 어떻게 변화 · 발전하였는지 설명한다.

10. 호스트와 팀 구성원들이 논의하여 팀의 최종 대화 내용을 정리한다.

11. 각 테이블의 대화 내용을 공유한다. 대화 내용 공유는 의견을 벽에 붙여 전시하는 등 다양한 방식으로 한다.

12. 모든 테이블의 의견을 전체적으로 통합 · 정리한 후 이를 공유한다.

출처: Brown & Isaacs (2005).

월드 카페는 많은 사람이 참여할 수 있는 토의 방법으로 참여한 모든 사람이 자신의 의견을 제시하고, 다른 사람들의 의견을 듣고 교류하며, 전체 의견을 도출하는데 기여할 수 있다(Brown & Isaacs, 2005; Marianne, Heiko, & Marianne, 2008). 월드 카페를 활용하면 전통적인 토의 방법의 제한점을 극복하고 다음과 같은 이점을 얻을 수 있다(장경원, 2012b; Brown & Isaacs, 2005).

첫째, 월드 카페에서는 토의에 참여하는 학습자들이 편안하게 의견을 이야기할수 있다. 월드 카페는 4명이 기본 구성인원이다. 소집단 토의에서도 4명은 적절한 인원이다. 2명이나 3명은 사고와 능력의 다양함이 약하고, 5명이나 6명 이상의 경우에는 소외되는 사람이나 무임승차하는 사람이 있을 수 있는 등 약점이 있다(정문성, 2017). 4명이 대화하는 월드 카페에서는 자신의 의견을 이야기할 기회도 많고, 다른 사람의 이야기를 보다 잘 들을 수 있다.

둘째, 월드 카페에서는 다양한 관점을 교류하고 연결할 수 있다. 월드 카페는 한 테이블에서 이야기하면서 자신의 관점에서 새로운 이해를 창출한 후, 다른 테이블로 이동하여 역시 자신만의 새로운 이해를 창출한 다른 사람들과 만나 또 다른 새로운 이해를 창출한다. 전통적인 토의는 한 집단 내에서만 논의하지만 월드 카페는 다른 집단의 사람들과도 논의할 수 있다.

셋째, 월드 카페에서는 생각을 시각적으로 표현하기 때문에 그 과정에서 학습 효과가 높게 나타날 수 있다. 월드 카페는 의견을 표현하거나 들을 때 말뿐만 아니라 그림을 활용한다. 아는 내용을 시각적으로 표현하는 과정에서 학습 내용과 생각을 명료하게 정리할 수 있는 기회가 된다. 다양하고 많은 내용을 특성에 따라 원인과 결과, 내용 정리, 개념의 비교 및 대조, 문제와 해결안의 조직, 주요 아이디어에 대한 정보들의 관계 표시등을 하는 것을 그래픽 조직자(graphic organizer)라 하는데, 선행연구(Darch, Carnine, & Kammeenui, 1986)는 학습자들이 수업에서 직접 그래픽 조직자를 그려 볼 때 학습 효과가 높았다고 보고하였다(장경원, 2011). 월드 카페는 대화 내용을 글과 그림을 사용하여 시각적으로 표현하기 때문에 토의 과정에서 높은 학습 효과를 기대할 수 있다.

넷째, 월드 카페에서는 특별한 훈련을 받지 않아도 대화 참가자가 될 수 있다. 많은 토의 방법이 나름의 규칙을 갖고 있다. 토의가 잘 이루어지지 않는 이유 중 하나는 학습자들이 이 규칙을 잘 인지하지 못하기 때문이다. 따라서 토의가 원활히 이루어지기 위해서는 사전 훈련이 필요한데, 월드 카페는 참가하는 학습자들이 특별한 훈련 참여 없이도 즐겁게 참여할 수 있다.

다섯째, 월드 카페에서는 논의 내용을 행동으로 연결시킬 수 있다. 특히 문제 혹은 과제를 해결하기 위한 토의의 경우, 많은 사람이 대화하는 가운데 성찰, 통찰, 행동 계획 수립, 성공 경험 공유, 피드백 등이 이루어져서 구체적이고 실천적인 해결안을 도출할 수 있다.

여섯째, 월드 카페를 통해 집단 지성을 경험할 수 있다. 사람들의 대화가 모여 주제에 대한 전체 의견이 수렴되는 과정을 경험하는 것은 학습자들로 하여금 집단 지성을 경험하게 하는 학습 효과를 가져올 것이다.

4. AI에 즐거움을 더하는 방법

1) 밑그림 이용하기

AI에서는 참여하는 사람들의 생각과 의견을 모으는 것이 중요하다. 이때 의견을 모으는 공간에 AI 주제와 연관된 내용의 예쁜 그림이 제시된다면 참여자들의 흥미를 높일 수 있다. 예를 들어, 환경보호와 관련된 주제에 대한 AI를 운영한다면 나무, 물고기, 꽃 등의 그림을 밑그림으로 그려 활용할 수 있고, 학교와 관련된 주제의 AI를 진행한다면 학교, 학생, 책, 연필 등의 그림을 밑그림으로 활용할 수 있다. 4D 프로세스 중 다짐하기 단계에서 그림을 활용한다면 학생들, 특히 초등학생은 보다 흥미를 갖고 많은 의견을 제시할 것이다. 한 사례로 교사가 나무에 '다짐나무'라는 이름표를 붙여 주고, 학생들이 한 명씩 '다짐나무' 앞에 서서 자신이 작성한 다짐 내용

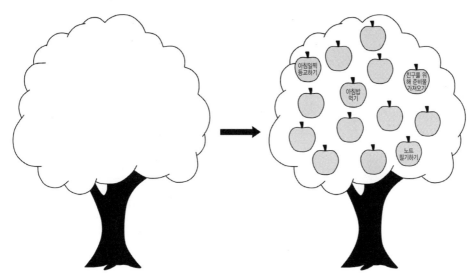

[그림 2-4] 다짐나무를 활용한 '다짐하기' 단계

을 읽으면서 선서하도록 하였다. 그리고 이 '다짐나무' 그림을 교실 게시판에 게시하여 학생들이 매일매일 지켜보면서 자신들의 다짐을 실천할 수 있도록 하였더니 학교 생활에 더 잘 적응하고 적극적으로 생활하였다.

2) 콜라주 만들기

콜라주(collage)는 재질(材質)이 다른 여러 가지 헝겊, 비닐, 타일, 나뭇조각, 종이, 상표 등을 붙여 화면을 구성하는 기법으로, 파블로 피카소, 장 뒤뷔페 등의 미술 작품에서 콜라주를 찾아볼 수 있다. 4D 프로세스 중 꿈꾸기 단계는 월드 카페 형식으로 진행하거나 그림으로 표현할 수 있는데, 모둠별 대화 결과물을 콜라주 기법으로 구성하면 여러 팀에서 완성한 꿈꾸기 단계의 결과물을 한 개의 작품으로 만들 수 있다. 즉, 모둠별로 완성한 결과물 중 자신들의 생각을 가장 잘 표현한 부분을 잘라 큰 종이에 하나로 모아 붙이는 것이다. [그림 2-5]에 제시된 왼쪽의 그림은 4개 팀에서 각각 작성한 것이고, 오른쪽 그림은 팀에서 제시한 내용을 잘라 모아 붙여서 완성한 것이다.

[그림 2-5] 콜라주로 표현한 꿈꾸기 과정 결과물 사례

하나의 작품으로 완성된 꿈꾸기 과정 결과물에 대해 모둠별로 나와서 나름의 해석을 해 보는 활동도 재미있고 의미 있는 시간이 될 수 있다.

제2부

AI로 교과 수업하기

최근 많은 교사들은 학생들의 삶과 연계된 수업 방법과 학생들이 참여하고 경험하는 과정에서 학습할 수 있는 교수·학습 방법에 관심을 갖고 있다. AI는 기업에서 조직 개발 방법으로 시작된 것이지만, 학교에서는 교수·학습 방법으로 활용할 수 있다. 교사들이 교수·학습 방법으로 AI를 활용하기 위해서는 교과별로 다양한 교수·학습지도안 사례를 살펴보는 것이 실질적인 도움이 될 수 있다.

이 장에서는 교수·학습 방법론으로서 AI를 설명하고, 학생의 성장을 이끄는 긍정적인 질문들을 활용하여 교수·학습 과정에 4D 프로세스를 어떻게 적용할 것인지 안내한다. 또한 초·중등학교에서 AI 적용이 가능한 교과를 중심으로 교수·학습지도안 사례와 질문지 등을 제시하였다. 제시한 사례는 초등학교와 중등학교의 수업시간 및 주제의 특성을 고려하여 학교 현장에서 편리하게 활용할 수 있도록 구성하였다.

제3장

교수 · 학습 방법과 AI

AI의 주요 원리 중 하나는 구성주의다. 구성주의에서 학습이란 개인적인 경험에 근거해서 의미를 개발하는 능동적인 과정이다. 따라서 학습이 이루어지기 위해서는 학습자들에게 실세계를 반영하는 상황과 맥락을 풍부하게 제공하는 것이 중요하다. 학습자들은 구성주의에서 강조하는 실제적 맥락을 통해 경험하고 사고하며 자신의 생각과 경험을 다른 사람들과 나눈다. AI에서는 참여한 학생들이 해당 주제와 관련된 서로의 긍정 경험을 탐색하고 공유하며, 그것으로부터 무엇을 해야 할 것인지 함께 의논하고 결정한다. 이 과정에서 다른 사람들로부터 정보와 지식을 얻고, 자신의 이야기를 하고 그에 대한 다른 사람들의 생각을 듣고 경험을 공유한다. 따라서 AI는 하나의 훌륭한 교수 · 학습 방법이 될 수 있다. 이 장에서는 AI가 교수 · 학습 방법으로서 어떠한 강점을 갖는지, 학생들의 성장을 어떻게 돕는지, AI를 활용하기에 적합한 수업 주제들은 어떤 것이며, 교수 · 학습 과정에 4D 프로세스를 어떻게 적용할 수 있는지 안내한다.

1. 교수 · 학습 방법으로서의 AI

AI의 이론적 근거가 되는 구성주의에서는 가르치는 일(교수)을 학습자가 스스로 의미를 구성하도록 보조 · 지원하며 의미를 구성하는 방법을 안내하는 것으로 설명한다. 그리고 학습이란 개인적인 경험에 근거해서 의미를 개발하는 능동적인 과정으로 설명한다. 구성주의에서의 수업은 학생들이 실제 세계를 경험하는 것이며, 수업설계는 학습이 일어날 수 있는 상황을 설계하는 것이다. AI는 학습자들이 자신들의 경험 속에서 의미를 찾아 구성할 수 있도록 돕는 체계적인 방법론이자 절차이다.

학습자들은 가정과 학교, 지역사회에서 다양한 경험을 한다. 이러한 경험은 의미 있는 학습이 이루어지는 데 필요한 자원이 된다. 많은 교사들이 학습자가 가지고 있는 다양한 경험이 교육의 효과성을 높이는 데 중요한 역할을 한다고 이야기한다. 학습자들의 경험은 통찰의 근원이 되고, 흥미와 동기를 갖는 계기가 되며, 실행을 이끌어 내는 촉매와 안내 역할을 할 수 있기 때문이다(Kolb, 1984). 그러나 학습자들의 경험은 의도에 의한 것보다는 생활 속에서 자연스럽게 이루어지기 때문에 자신의 경험 중 무엇을 학습과 연계해야 할지 쉽게 판단하기 어렵다. Yballe와 O'Connor(2000)는 경험과 학습을 연계하는 데 어려움을 겪는 학습자들을 사탕 가게에 있는 어린아이에 비유하였다. 즉, 사탕 가게 안에 서 있는 어린아이가 제한된 시간 내에 사탕을 골라야 할 때 어떤 사탕을 고르는 것이 좋은지 판단하기 어려운 것과 같다는 것이다. 이때 엄마가 "○○아, 지금까지 먹어 본 사탕 중에 가장 맛있던 것은 무엇이니?" 하고 질문한다면 어린아이는 보다 수월하게 사탕을 선택할 것이다. 이러한 질문은 어린아이의 판단을 돕는 것으로, Vygotsky는 이를 근접 발달 영역(Zone of Proximal Development)으로 설명하였다. 근접 발달 영역은 아동이 스스로 문제를 해결할 수 없지만 성인이나 뛰어난 동료와 함께 학습하면 성공할 수 있는 영역을 의미한다(Hoy & Woolfolk, 1993). 교사가 제공하는 좋은 질문은 학습자들이 자신의 경험 중 학습과 연관된 것을 선택할 수 있도록 돕는 근접 발달 영역이 된다. 그렇다면 교사가 제공해야 할 질문과 도움의 내용은 무엇인가? 무엇이 학습자들로 하여금 자신의 경험을 활용하여 새로운 지식과 기술을 습득하고 역량을 개발할 수 있도록 할 것인가? AI는 이러한 질문에 대한 답을 제공할 수 있다.

Yballe와 O'Connor(2000)는 긍정 질문에 기반하여 조직을 개발하는 방법론인 AI를 교육에 적용하여 긍정 교육학(Appreciative Pedagogy: AP)이라는 개념을 소개하였다. 이는 AI를 교육학에 적용하여 교실 안에서 이루어지는 AI를 의미하며, 기업, 공공 조직에서 이루어지는 AI와 동일하게 학생들이 자신의 긍정 경험과 성공 경험을 찾고 이를 토대로 비전을 수립하며 행동으로 옮기는 과정이다. 하지만 교실 환경은 큰 규모의 조직과는 다르다. 조직은 장 · 단기적 측면에서 주변 환경의 영향을 많이 받으며, 구성원들이 공동의 비전을 갖고 집단적인 행동을 하는 것이 조직의 생존에 중요한 영향을 미친다. 그러나 수업이 이루어지는 교실에서는 교사와 학생들이 변화를 위해 노력하는 기간이 길지 않고 대상이 자신의 생활 영역, 또래 친구, 가족 등의 작은 단위 그룹으로 한정된다. 또한 교육과정 내에서 운영해야 하는 경우가 많아 시간을 충분히 확보하는 것이 어렵다. 따라서 교수 · 학습 방법으로 AI를 활용할 때는 이러한 특성을 고려하여 주제 및 활동 시간 등에 대한 구체적인 계획을 수립해야 한다. 4장과 5장에서 소개할 AI를 활용한 수업 사례는 이러한 특성을 고려한 것이다.

AI를 활용한 수업 사례는 여러 선행 연구에서 찾아볼 수 있는데, 교과 내용과 관련된 주제를 다루거나 인성, 역량 등과 관련된 주제를 다룬다. 교과 내용을 다룬 사례는 주로 대학 수업으로, 경영학을 전공하는 학생들을 대상으로 훌륭한 조직의 특성과 조직 이론을 학습하는 데 AI를 활용하였다. 교육학 수업에서는 AI를 활용하여 좋은 수업의 특성을 학습하였다. 인성, 역량 등과 관련된 주제는 좋은 팀 구성하기, 학습 구성원들과 잘 지내기 위한 계획을 수립하고 이를 실천하도록 하는 데 AI를 활용하기도 하였다(장경원, 2014b; 정은진, 2015; Conklin, 2009; Yballe & O'Connor, 2000). 한편, AI 적용 대상을 학생에서 교사와 학부모로 확대하여 운영하기도 하였다. 교사들의 수업역량 개발, 리더십 개발, 자녀와의 대화 방법 등이 주로 다뤄진 주제다(장경원, 2012a; 장경원, 이종미, 2014; Moody, Horton-Deutsch, & Pesut, 2007).

　AI를 교수·학습 방법으로 활용한 선행 연구들은 AI가 학습자들이 해당 내용을 잘 이해하고 내면화하는 데 도움을 주었으며, 학습자들이 적극적으로 수업에 참여하여 다른 학습자들과 대화하였다고 보고하였다. 이는 AI의 과정에서 이루어지는 주요 활동이 질문, 대화, 논의, 결정이기 때문이다. 학습자들은 다루어진 주제와 관련하여 서로 긍정적으로 질문하고, 답변하고, 자신들이 찾은 긍정 사례에 대해 대화하고, 중요 내용을 정리하는 과정에서 논의하고 결정한다. 이러한 활동은 지식을 구성하고 내면화하는 학습자 중심 수업의 핵심 활동이라 할 수 있다.

인터뷰하는 모습　　　　　　　테이블에 모여 논의하는 모습

[그림 3-1] 서로의 긍정 경험을 찾고 공유하기

　AI를 실천하면 학습자들은 다음과 같은 유용하고 건전한 산출물을 생성할 수 있다. 첫째, 학습자들이 보다 즐겁고 활기차게 상호작용한다. 둘째, 학습자들이 다른 사람들 앞에서 편안하게 이야기한다. 즉, 덜 주저하고 덜 두려워한다. 셋째, 학습자들이 미래에 대해 보다 구체적이고 희망적인 관점을 갖게 된다. 넷째, 개인적인 경험을 근거로 했기 때문에 AI에서 다루어진 개념들에 대한 관련성을 갖는다. 다섯째, 학습자들이 자기 자신을 더 많이 신뢰하고, 자신의 경험에 대해 높은 자부심을 갖는다. 여섯째, AI를 문제 해결이나 분석을 위한 대안적 방법론으로 습득한다. 일곱째,

다른 학습자들도 강점과 발전 가능성을 지닌 신뢰할 수 있는 사람이라는 긍정적인 태도를 갖게 된다. 여덟째, 교사를 자신들의 학습을 돕는 안내자이며 조력자로 인식하게 된다(Yballe & O'Connor, 2000). 따라서 AI를 교수·학습 방법으로 활용하는 것은 교사와 학습자 모두에게 의미 있는 일이라 할 수 있다.

2. 학생의 성장을 이끄는 긍정 질문

Dale과 그의 동료들(2008)은 〈표 3-1〉과 같이 문제점을 지적하는 질문과 좋은 점을 찾는 질문을 비교하면서 긍정적인 질문이 가진 힘을 스스로 느껴볼 수 있도록 하였다. 〈표 3-1〉에 제시된 두 종류의 질문을 읽고, 각각의 질문을 읽었을 때 어떤 생각이 들었는지 잘 생각한 후 빈칸에 자신의 생각을 작성해 보자.

〈표 3-1〉 **문제점을 지적하는 질문과 좋은 점을 찾는 질문**

문제점을 지적하는 질문		좋은 점을 찾는 질문
• 너는 왜 그렇게 자주 큰 소리를 내니? • 너는 도와주었는데도 왜 잘 못하니? • 어떻게 했길래 이걸 이렇게 망친 거니? • 누가 너한테 그 일을 할 수 있다고 했니?		• 가장 재미있는 과목이 무엇이니? • 네가 가장 잘하는 것 또는 강점은 무엇이니? 세 가지만 이야기해 볼래? • 어떻게 그 일을 잘 끝낼 수 있었니? • 성공한다면 어떤 기분이 들까?
위의 질문에 대해 어떻게 생각하나요?	⇔	위의 질문에 대해 어떻게 생각하나요?
• • •		• • •
위의 질문들은 당신이 무엇을 어떻게 느끼게 하나요?		위의 질문들은 당신이 무엇을 어떻게 느끼게 하나요?
• • •		• • •

당신은 어떤 느낌이 들었는가? 한 고등학생에게 〈표 3-1〉의 질문을 보여 준 후 자신의 생각을 작성하도록 하였다. 〈표 3-2〉는 그 고등학생이 작성한 내용이다.

〈표 3-2〉 두 가지 유형의 질문을 받은 고등학생의 생각

문제점을 지적하는 질문		좋은 점을 찾는 질문
• 너는 왜 그렇게 자주 큰 소리를 내니? • 너는 도와주었는데도 왜 잘 못하니? • 어떻게 했길래 이걸 이렇게 망친 거니? • 누가 너한테 그 일을 할 수 있다고 했니?		• 가장 재미있는 과목이 무엇이니? • 네가 가장 잘 하는 것 또는 강점은 무엇이니? 세 가지만 이야기해 볼래? • 어떻게 그 일을 잘 끝낼 수 있었니? • 성공한다면 어떤 기분이 들까?
위의 질문에 대해 어떻게 생각하나요?		위의 질문에 대해 어떻게 생각하나요?
• '나'의 행동 및 의도가 마치 나쁜 것인 것처럼 느껴져 자책감이 생긴다. • 질문자가 이기적이고 배타적 성향을 가진 사람으로 보이며 견제 또는 회피하고 싶어진다. • 기존의 자신감마저 상실한 기분이다.	⇔	• 간단한 질문을 시작으로 흥미를 유발시킨다. • 자신의 강점을 말하면서 자신감을 느끼고 자신의 자신감에 대한 자부심도 같이 느끼게 된다. (만약 왼쪽의 질문자가 오른쪽과 같은 질문을 함께 했다면 나의 강점이 약점 또는 해서는 안 되는 행동이나 태도로 느껴질 것 같다.) • 어떤 일이든지 시작하기 전에 그 일을 잘 해낼 수 있다는 확신을 얻을 수 있다고 생각하게 된다.
위와 같은 질문들은 당신이 무엇을 어떻게 느끼게 하나요?		위와 같은 질문들은 당신이 무엇을 어떻게 느끼게 하나요?
• 나의 행동과 무관하게 질문자 위주의 평가로 인한 소외감과 비열함을 느낀다. • 실수를 지적받았지만 반성해야겠다는 마음보다는 오히려 질문자에 대한 증오심이 더 생긴다. • 질문자로부터 신뢰를 잃은 것 같아 자책감을 느끼게 된다.		• 질문자에게 나의 강점을 자랑하는 것과 동시에 나의 고민도 해결해 줄 수 있을 것 같다는 신뢰가 생긴다. • 나의 강점에 대해 자부심을 갖게 된다. • 일을 하는 과정과 성공의 결과를 예상하도록 유도해 실질적으로 일의 효율을 높일 수 있을 거라는 생각이 든다.

〈표 3-2〉에 제시된 것처럼 이 학생은 문제점을 지적하는 질문에 대한 답변에는 자책감, 견제, 회피, 상실감, 소외감, 비열함, 증오심이라는 단어를 사용하였고, 좋은 점을 탐색하는 질문에 대한 답변에는 흥미 유발, 자신감, 자부심, 확신, 신뢰, 성공, 효율이라는 단어를 언급하였다. 긍정적인 질문은 학생들에게 긍정적인 정서를 불러일으켜서 자신감 있는 행동으로 연결시킬 수 있다.

부정적인 질문이 오가는 위축된 분위기   긍정적인 질문이 오가는 활기찬 분위기

[그림 3-2] 부정적인 질문과 긍정적인 질문이 만드는 분위기

AI는 모든 사람은 기본적으로 선함, 강점, 능력을 가지고 있거나 현재는 없더라도 기다려 준다면 이러한 것들이 함양될 수 있다는 가정에서 시작한다. 이는 교사가 학습자들에게 가져야 하는 마음가짐이며, 긍정 질문의 토대이기도 하다. AI는 긍정 질문을 중심으로 사람들이 함께 토의하고, 학습하며, 상호작용하게 한다. AI에서 사용하는 질문은 구체적으로 다음과 같은 특성을 갖는다(Dale et al., 2008).

첫째, 무조건 긍정 질문이다. 긍정 질문은 대화를 위한 편안함과 개방성을 형성하게 한다. 사람들에게 문제, 약함, 두려움 등에 대해 질문하면, 많은 경우 사람들은 마음을 닫고 대화를 중단한다. 그러나 일상에서 일어난 좋았던 경험이나 최고의 경험이나 미소를 지었던 경험에 대해 질문하면 사람들은 긍정적인 경험을 기억해 내고 대화에 몰입한다. 물론 삶이 항상 긍정적인 것은 아니지만 때로는 모든 문제를 덮어 놓고 긍정적인 것에만 초점을 맞추는 것도 필요하다. 긍정적인 것에 초점을 맞추는 연습이 필요한 이유다.

둘째, 열린 질문이다. AI에서 사용하는 질문은 사람들이 자신의 경험이나 관점을 구체적으로 기술할 수 있는 기회를 제공한다. 사람들은 열린 질문을 받을 때 자신의 방식으로 대답하게 된다. 예를 들어, "할머니 댁에 갔을 때 근처 공원에서 운동하는 게 가장 즐거웠지?"와 같은 닫힌 질문을 하면 상대방은 아마도 "네."라고 성의 없고 수동적인 대답을 할 것이다. "할머니 댁에 방문했을 때 가장 즐거웠던 일은 무엇이었니?"와 같은 열린 질문을 하면 상대방은 자신의 경험에 근거해서 자신의 방식으로 대답하게 된다. 열린 질문을 통해 개방적인 소통과 상호작용이 이루어질 수 있는 것이다.

셋째, 이야기를 묻는 질문이다. AI에서의 질문들은 사람들이 좋은 경험을 했을 때에 대한 이야기를 발견하고 이끌어 낸다. 이야기를 묻는 질문은 종종 "그때의 일을 이야기해 줘요." 또는 "그때 상황을 묘사해 보세요."와 같은 문장으로 시작하면서 상세한 이야기들을 이끌어 낸다. 즉, 누가 관련되어 있고, 그들이 무엇을 했고, 당신은 무엇을 했으며, 재미있거나 열광적이었던 것은 무엇이고, 그러한 상황으로부터 무엇을 배웠는지에 대한 것들이다.

넷째, 꿈 또는 이상적인 미래의 이미지에 대한 질문이다. AI의 질문들은 현재 상황에 대한 이해를 구축하고 어떻게 그것을 더 좋게 할 것인가에 대한 아이디어를 도출하고 공유한다. 좋은 질문은 미래를 위한 가능성을 창조한다. Henry Ford는 "당신이 할 수 있는 것을 생각해도 좋고, 할 수 없는 것을 생각해도 좋다."라고 하였다. 이를 교사를 대상으로 한 질문으로 바꿔 보면 "10년 후에 당신은 어떤 교사가 되어 있을까요?"라고 할 수 있다. 이 질문을 받은 교사는 아마도 자신이 바라는 미래의 모습을 말로 표현하고 더 나아가 그것을 행동으로 옮길 수 있도록 계획하고 다짐할 것이다.

다섯째, 아이디어와 감정에 관한 질문이다. AI에서는 사람들이 서로의 생각과 감정을 공유할 수 있도록 개인적인 경험, 아이디어, 의견, 감정에 대해 질문한다. 예를 들어, 봉사 활동에 참여한 경험을 이야기한 학습자에게 "그 할머니를 도와드릴 때 어떤 느낌이 들었나요? 그 느낌이 자신에게 어떤 영향을 주었나요?"와 같은 질문을 한다. 이러한 질문을 통해 사람들이 생각하는 최고·최선의 모습이 구체화된다.

이 다섯 가지는 AI의 질문들이 가지고 있는 특성이다. 이보다 중요한 것은 '질문한다'는 것 그 자체다. 사람들에게 질문하는 것을 주저하지 말고, 질문한 후에는 잘 듣고 반응을 보여야 한다. 만약 질문에 대해 답변하는 사람이 다양한 경험과 감정에 대해 이야기한다면, 그것은 우리가 매우 좋은 질문을 했다는 증거다(Dale et al., 2008).

AI에서 강조하는 긍정적이고 열린 질문들은 AI의 단계를 진행하지 않아도 다양한 형태의 수업에서 학생들을 동기화하고 학습을 심화하는 데 도움을 준다. 〈표 3-3〉은 수업 방법별로 활용할 수 있는 질문들이다. 소개된 질문들은 대부분 수업에서 다루는 주제와 관련된 성공 사례와 경험, 긍정 사례와 경험을 탐색하는 질문,

〈표 3-3〉 **수업 방법별로 활용할 수 있는 긍정 질문**

수업 방법	긍정 질문
강의식 수업	• ○○○와 관련하여 자신이 가지고 있는 성공 경험은 무엇인가요? • 오늘 학습한 ○○○이 잘 구축된 사회는 어떤 모습일까요? • 지금까지 설명한 ○○○를 우리의 생활 속에서 실천한다면 여러분은 무엇을 실천할 건가요?
토의 수업	• ○○○와 관련된 긍정 경험 및 성공 경험들은 무엇인가요? 이러한 경험들이 가지고 있는 공통점은 무엇인가요? • 무엇을 하면 ○○○을 잘할 수 있을까요?
토론 수업	• ○○○을 실천하면 어떠한 이점이 있을까요? • ○○○의 주장을 뒷받침할 수 있는 대표 사례는 무엇인가요? (※토론 수업에서의 긍정 질문은 각자 자신의 입장에서 논제를 구축할 때 스스로에게 할 수 있는 질문이며, 이 질문들에 대한 답을 논거로 활용할 수 있다.)
탐구 수업	• ○○○이 잘 이루어진 구체적인 사례는 무엇인가요? • ○○○이 가져올 수 있는 긍정적인 효과나 결과는 무엇인가요? • ○○○으로부터 얻을 수 있는 긍정적인 시사점은 무엇인가요?
문제 해결형 수업	• ○○○의 문제(과제)를 해결하기 위해 참고할 수 있는 성공 사례는 무엇인가요? • 성공 사례들을 통해 얻을 수 있는 시사점은 무엇인가요? • ○○○을 실행했을 때 어떠한 이점을 얻을 수 있나요?

다루어진 주제와 관련된 학생의 바람직한 상태를 예측하는 질문, 주제와 관련된 실천 전략에 관한 질문들로, 발견하기, 꿈꾸기, 설계하기, 다짐하기 단계에서 강조하는 내용을 포함하고 있다.

3. 4D 프로세스 활용

AI의 4D 프로세스는 발견하기, 꿈꾸기, 설계하기, 다짐하기의 과정으로 진행된다. 가능하면 학습자들이 네 과정을 모두 경험하는 것이 바람직하고 의미 있지만, 수업에서 다루는 주제의 특성이나 수업시간을 고려하여 네 단계 중 일부만 활용해도 학습자들에게 의미 있는 학습경험을 제공할 수 있다. 선행 연구들 중 몇몇 연구도 네 단계 중 일부만 활용하였다. 예를 들어, 좋은 수업의 특성에 대해 가르치고자 했던 교육학 수업에서는 발견하기와 꿈꾸기 단계만 활용하였고(장경원, 2014b; Conklin, 2009), 걸스카우트 프로그램에서는 발견하기 단계만 활용하였다(Hanson & Mann, 2003). 또한 4D 프로세스를 다른 활동들과 융합하여 활용할 수 있다. 특성화 고등학교 학생들을 대상으로 AI를 활용하여 진로교육을 운영할 때는 4D 프로세스 이외에 다른 활동들도 추가하여 운영하였다(정은진, 2015). 이처럼 4D 프로세스는 교육의 목적과 환경 등을 고려하여 다양하게 활용할 수 있는데, 이때 각 단계의 학습활동으로서의 가치를 먼저 고려하는 것이 필요하다. AI를 구성하는 주요 활동인 긍정 주제 선정과 4D 프로세스 단계의 가치는 다음과 같다.

1) 긍정 주제 선정

긍정 주제는 어떤 주제에 대한 대화를 하기 위한 핵심어, 주요어라고 할 수 있다. 따라서 긍정 주제는 AI뿐만 아니라 다른 대화, 토의 그리고 문제 해결 등 다양한 학습 활동을 위한 방향을 제시할 수 있다. AI의 긍정 주제는 상향식이나 하향식으로 선정할 수 있다. 예를 들어, 초등학교 교과서에 나오는 '최선을 다하는 삶'을 주제로 긍정 주제를 선정할 때, 교사가 교과서의 내용을 중심으로 '성실, 정성, 노력'을 긍정 주제로 제시한다면 이는 하향식이다. 그러나 만약 교사가 "여러분, 오늘은 최선을 다하는 삶에 대해서 함께 이야기해 보려고 합니다. 여러분이 생각하는 최선을 다하는 삶이란 어떤 특성을 가지고 있을까요? 각자 두 가지씩 의견을 제시해 주면, 의견을 모아 우리가 생각하는 최선을 다하는 삶의 특징을 선정해 보겠습니다."라고 이야기하면서 학생들의 의견을 모은다면 이는 상향식 방법이다. 주어진 시간이 짧다면 하향식 방법을 선택할 수밖에 없지만, 시간의 여유가 있다면 상향식 방법을 권하고 싶다. 이후에 4D 프로세스를 진행하지 않고 강의식 수업이 이루어진다고 해도 학생들은 자신들의 의견을 모아 도출한 긍정 주제를 매우 의미 있게 받아들이고, 보다 명확하게 인식할 것이다.

2) 발견하기

발견하기는 자료 수집의 과정이다. 긍정 주제와 관련하여 이전에 성공한 경험, 긍정적인 경험을 발굴하는 단계다. 물론 AI가 아닌 경우에도 학생들은 주어진 과제를 해결하기 위해 다양한 경험을 수집하게 되는데, 아마도 학생들이 수집하는 사례 중에는 실패한 경험이나 부정적인 경험도 포함될 것이다. 그러나 일반적으로 실패 사례보다는 성공 사례들이 결과 및 실행 전략 도출을 위한 유용한 자료원이 된다. 따라서 어떤 주제에 대해 AI의 전 과정을 운영하기에 시간이 충분하지 않다면 해당 주제와 관련된 성공 및 긍정 경험과 사례들을 탐색해 볼 수 있도록 수업을 운영할 것을 권한다. 이때 개별적으로 수집한 경험과 사례들을 짝이나 팀원들과 함께 공유할 수 있는 시간도 마련하는 것이 바람직하다.

3) 꿈꾸기

꿈꾸기는 원하는 것을 구체적으로 시각화하는 과정이다. 목표나 원하는 것이 명확하지 않으면 무엇을 해야 할지 결정할 수 없다. 일반적으로 꿈꾸기 단계에서는 현실성을 고려하지 않고 '마음껏 상상할 것'을 권한다. 이러한 이유로 혼자 또는 팀 내에서 상상의 나래를 펼치기보다는 여러 팀원이 교차해서 서로의 생각을 교환하면서 더 자유롭게 상상하는 것을 권하며, 이를 가능하게 하는 월드 카페와 같은 방법을 활용한다. 꿈꾸기 단계가 지향하는 활동은 실제 수업에서도 다양하게 활용할 수 있다. 그러나 AI의 철학과 가정을 구현하려면 '꿈꾸기'만 실행하기보다는 '발견하기'와 '꿈꾸기' 또는 '꿈꾸기'와 '설계하기' 또는 '꿈꾸기'와 '다짐하기' 활동을 연계해서 운영하는 것이 바람직하다. 먼저 '발견하기'와 '꿈꾸기'를 연계할 경우, 학습자들은 자신들이 발굴한 성공 및 긍정 사례들이 가지고 있는 공통적인 특성이 미래에 구체적으로 어떻게 구현될 수 있는지 구체화하는 경험을 할 수 있다. '꿈꾸기'와 '설계하기'를 연계할 경우 자신들이 바라는 것을 이루기 위해 무엇을 해야 할 것인지 구체적으로 고민하는 과정을 경험할 수 있다. '꿈꾸기'와 '다짐하기'를 연계할 경우 자신들이 바라는 것을 이루기 위해 지금 무엇을 할 것인지 다짐하는 기회를 가질 수 있다.

4) 설계하기

설계하기는 원하는 것을 이루기 위해 무엇을 할 것인지 구체적으로 계획하는 과정이다. 따라서 '발견하기'와 '꿈꾸기' 과정을 거치지 않고 바로 '설계하기' 활동을 하는 것은 자연스럽지 않다. 다만, 토의 등 다른 활동이 선행되었다면 해당 주제와 연계하여 해야 할 일들에 대한 설계하기 활동을 할 수 있다.

5) 다짐하기

다짐하기는 계획한 것을 실천하기 위한 첫 단계다. AI에 대한 초기 연구에서는 다짐하기보다는 실행하기라 하였지만, 이후에는 조금 더 완화하여 실행을 시작하는 첫 단계인 다짐하기를 포함한다. 따라서 이 단계 역시 '설계하기' 단계처럼 단독으로 활용되기보다는 '발견하기' '꿈꾸기' '설계하기'와 연계하여 이루어지는 것이 바람직하며, 실행한 이후에 자신들의 실행 결과를 돌아볼 수 있도록 '성찰의 시간'이 이루어지는 것이 바람직하다.

그렇다면 AI를 교수 · 학습 방법론으로 활용하기에 적합한 수업 주제는 어떤 것인가? 이후에 소개하는 수업 사례들을 통해 AI로 다루기 좋은 주제들의 특성을 파악할 수 있다.

〈표 3-4〉 AI를 활용한 수업에서 다룬 주제

학교급	과목	주제
초등학교	과학	여행지 생태계 보전계획 세우기
	사회	현대사회에서 의사소통 수단 바르게 이용하기
	도덕	사이좋은 이웃
중등학교	국어	세상을 바꾸는 선택, 공정여행
	역사	고구려의 영토 팽창과 중국의 역사 왜곡 바로잡기
	기술가정	환경 친화적인 지속가능한 주생활과 주거 환경

〈표 3-4〉에 제시된 것처럼 여행지 생태계 보전계획 세우기, 현대사회에서 의사소통 수단 바르게 이용하기, 사이좋은 이웃, 공정여행, 역사 왜곡 바로잡기, 지속가능한 주생활과 주거 환경 등에 대한 것이다. 이들 주제는 모두 학습자들의 현재 및 미래의 삶과 연결되고, 가정, 학교, 지역사회에서 경험할 수 있는 소재들이다. 따라서 자신들의 경험을 성찰하고 공유하며, 구체적인 실천 계획을 논의하고 실행할 수

있는 주제들이다. 교과의 모든 주제를 AI로 다루자는 것은 아니다. 학습자들의 다양한 경험을 교실 속에서 학습의 자료원으로 활용하고자 할 때 그리고 교과의 내용을 실천까지 연결시키고자 할 때, AI는 훌륭한 교수 · 학습 방법론이 될 수 있을 것이다.

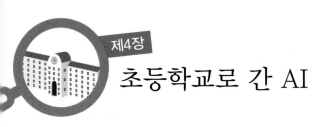

제4장

초등학교로 간 AI

기업의 조직개발방법론인 AI를 초등학교에서 교수·학습 방법론으로 활용하는 것에 대해 많은 교사들은 의아해할 수 있다. 특히 아직 어린 초등학생들을 대상으로 수업해야 하는 교사들은 더욱 의구심을 가질 것이다. 그러나 초등학생들은 말과 글로 배우는 지식중심 수업방법보다는 경험, 대화 그리고 실천 등 학생활동 중심의 수업방법으로 배울 때 더 많은 것을 배우고, 그것을 내면화할 수 있을 것이다. AI는 수업에서 다루고자 하는 주제를 학생들의 경험, 생각, 실천과 연계하는 것이기 때문에 모든 교과에 적용할 수 있다. 이 장에서는 AI를 활용한 도덕, 사회, 과학 교과 수업을 소개할 것이다. 도덕은 현재 초등교육에서 인성 교육의 주축이 되는 교과이고, 사회는 민주시민으로 성장하는 데 필요한 교과이며, 과학은 일상의 경험에 대한 과학적 탐구능력을 키우는 교과다. 이 세 교과들은 초등교육에서 중요한 교육적 가치를 갖고 있는 교과들이지만, 안타깝게도 많은 학생들이 어려워한다. 이 장에서는 AI를 활용한 학습을 통해 학생들이 학습에 흥미를 갖고, 배움이 일어나길 바라는 마음으로 세 교과의 수업사례를 소개할 것이다.

1. AI로 하는 도덕수업

1) 도덕교과의 특성

도덕은 학교가 인성 교육의 중심축 역할을 해내야 한다는 시대적 요청과 연계된 학교 인성 교육의 핵심 교과로, 타 교과 및 학교생활 전반을 통한 인성 교육을 통합하는 역할을 담당한다. 도덕과는 도덕적인 인간과 정의로운 시민이라는 중첩된 인간상을 지향점으로 삼아 핵심가치를 내면화하고 삶의 의미를 실천적으로 구현할 수 있는 자율적이고 책임 있는 인간과 정의로운 시민이 되도록 돕는 것을 목표로 한다.

초등학교 단계에서는 기본생활습관, 기본 학습습관, 실천 기능으로서의 기초 인성을 바탕으로 성실, 배려, 정의, 책임에 대해 학습한다. 성실, 배려, 정의, 책임에 대한 주요 내용은 자신과의 관계, 타인과의 관계, 사회·공동체와의 관계, 자연·초월과의 관계로 되어 있다. 자신과의 관계 영역에서는 자신에 대한 존중을 바탕으로 진정성을 추구하는 성실을 내면화한다. 타인과의 관계에서는 타자에 대한 존중을 토대로 바람직한 관계 설정을 지향하는 배려를 다룬다. 사회·공동체와의 관계에서는 공정성을 토대로 바람직한 사회를 추구하는 정의를 설명한다. 자연 및 초월과의 관계에서는 자신의 행위에 대한 인과적 책임과 삶의 의미 물음에 대한 존재적 책임을 포용하는 포괄적인 의미의 책임을 지향하는 도덕적인 인간과 정의로운 시민을 이상적 인간상으로 제시한다.

2) 도덕교과를 위한 AI 주제

도덕의 주요 영역에서 다루는 주제 중 AI에서 다루기 적합한 것은 〈표 4-1〉에 제시한 것처럼 정직한 생활, 정보화 사회, 통일, 생명 존중, 자연보호 등 인성 덕목 중심의 주제들이다.

〈표 4-1〉 초등 도덕교과를 위한 AI 주제

영역	핵심 가치	내용 요소		AI 주제
		3~4학년군	5~6학년군	
자신과의 관계	성실	• 도덕 시간에는 무엇을 배울까? (근면, 정직) • 왜 아껴 써야 할까? (시간관리와 절약) • 왜 최선을 다해야 할까? (인내)	• 어떻게 하면 감정을 잘 조절할 수 있을까? (감정표현과 충동조절) • 자주적인 삶이란 무엇일까? (자주, 자율) • 정직한 삶은 어떤 삶일까? (정직한 삶)	• 최선을 다하는 생활 • 정직한 생활 • 바른 생각, 곧은 마음 • 올바른 인터넷 예절 • 친구의 소중함을 알기 • 인터넷의 주인공은 우리 • 둘이 아닌 하나 되기 • 크고 아름다운 생활을 위한 우리의 약속 • 통일, 모두가 행복해지는 길 • 무지개 지구촌 이야기 • 생명을 존중하는 우리 • 자연과의 유대감 갖기
타인과의 관계	배려	• 가족의 행복을 위해 무엇을 해야 할까? (효, 우애) • 친구와 사이좋게 지내기 위해 어떻게 해야 할까? (우정) • 예절이 없다면 어떻게 될까? (예절) • 함께하면 무엇이 좋을까? (협동)	• 사이버 공간에서 지켜야 할 것은 무엇일까? (사이버 예절, 준법) • 서로 생각이 다를 때 어떻게 해야 할까? (공감, 존중) • 우리는 남을 왜 도와야 할까? (봉사)	
사회·공동체와의 관계	정의	• 나는 공공장소에서 어떻게 해야 할까? (공익, 준법) • 나와 다르다고 차별해도 될까? (공정성, 존중) • 통일은 왜 필요할까? (통일의지, 애국심)	• 우리는 서로의 권리를 왜 존중해야 할까? (인권존중) • 공정한 사회를 위해 무엇을 해야 할까? (공정성) • 통일로 가는 바람직한 길은 무엇일까? (통일의지) • 전 세계 사람들과 어떻게 살아갈까? (존중, 인류애)	
자연·초월과의 관계	책임	• 생명은 왜 소중할까? (생명 존중, 자연애) • 아름답게 살아가는 사람들의 모습은 어떠할까? (아름다움에 대한 사랑)	• 어려움을 겪을 때 긍정적 태도가 왜 필요할까? (자아 존중, 긍정적 태도) • 나는 올바르게 살아가고 있을까? (윤리적 성찰)	

3) AI를 활용한 도덕수업

초등학교 4학년 1학기 2단원 '너희가 있어 행복해' 중 '4. 친구와 사이좋게 지내요'의 내용을 '친구의 소중함을 알고 사이좋게 지내기'라는 주제로 AI 수업을 계획하였다. 이 수업은 친구의 소중함에 대해 공감하고 소통하기 위한 것으로, [그림 4-1]과 같이 설계하기와 다짐하기를 통합하여 운영하였다.

단계	도입	전개					정리
		긍정 주제 찾기	발견하기	꿈꾸기	설계 및 다짐하기		
주요 활동	• AI 프로그램 소개하기 • 학습 주제 안내하기	• 친구의 소중함과 관련된 경험 도출하기 • 긍정 주제 도출하기	• 친구의 소중함을 알고 좋은 친구 관련 경험 인터뷰하기 & 인터뷰 내용 공유하기	• 자신이 원하는 소중한 친구의 모습을 구체적으로 상상하기	• 소중한 친구를 만들기 위해 해야 할 일 도출하기 • 소중한 친구를 만들기 위한 실천 계획 수립하기	최소 1~2주 후	• 실천에 대해 점검하고 새로 다짐하기 • 성찰하기 • 정리하기
방법		명목집단법	1:1 인터뷰	월드 카페	명목집단법		

[그림 4-1] '친구의 소중함을 알고 사이좋게 지내기' AI 프로그램 진행 절차

〈표 4-2〉과 〈표 4-3〉은 [그림 4-1]에 제시된 진행 절차에 따른 구체적인 수업 운영 전략을 제시한 교수·학습 과정안이다. 이 수업은 80분으로 계획되어 있어 블록 수업으로 운영하거나 두 개 차시로 나누어 운영할 수 있다. AI를 통하여 학생들은 서로의 모습은 다르지만 친구의 소중함을 알고 사이좋게 지낼 수 있도록 긍정 주제 도출 후 발견하기, 꿈꾸기, 설계 및 다짐하기, 성찰하기의 순서로 진행한다. '친구의 소중함을 알고 사이좋게 지내기'라는 주제는 학생들이 친구의 소중함을 도출

하여 공유하고 스스로 그러한 친구를 만들기 위해 해야 할 일을 다짐하는 과정으로 진행된다. 이 수업에서는 타인과의 다양한 관계 속에서 발생하는 갈등을 도덕적으로 해결하려는 자세와 태도에 대해서 탐구하고 성찰하도록 함으로써 존중과 배려를 바탕으로 다른 사람들과 원만한 관계를 맺으려는 태도를 함양할 수 있다.

〈표 4-2〉 '친구의 소중함을 알고 사이좋게 지내기' 지도 계획

학교급	초등		학년	4	교과	도덕
단원명	4. 친구와 사이좋게 지내요				수업시간	(80)분
주제	친구의 소중함을 알고 사이좋게 지내기					
연관 교과 (단원 또는 주제)	• 도덕 3-2-6: 감사하는 생활					
성취기준	[4도02-02] 친구의 소중함을 알고 친구와 사이좋게 지내며, 서로의 입장을 이해하고 인정한다.					
성취수준	상	친구의 소중함을 알고 이해하고 존중하며 배려하는 태도를 지니고 실천 다짐을 말할 수 있다.				
	중	친구의 소중함을 알고 사이좋게 지낼 수 있는 계획을 세울 수 있다.				
	하	소중한 친구를 만들기 위해 해야 할 일을 말할 수 있다.				
교수 · 학습 자료	• 준비물: 포스트잇(76×76mm) 팀별 1묶음씩, 12색 유성펜 1세트씩, 전지 팀별 2장씩, 의견 표시용 스티커, 셀로판테이프 팀별 1개씩, 다짐나무(전지에 그린 것) • 질문지 유인물					
지도상의 유의점	• 4인 1팀으로 활동할 수 있도록 책상을 배치한다. • 소중한 친구에 대한 기준은 모두가 다를 수 있으나 친구의 소중함을 공감하고 사이좋게 지 내기 위한 방법을 친구들과 공유하고 도출해 낼 수 있도록 명확하게 질문한다. • AI를 활용한 수업은 학생들에게 긍정적인 정서를 불러일으켜서 자신감 있는 행동으로 연 결시키므로 다양한 사례를 발표하도록 한다. • 학생 답변을 토대로 계획 실천의 주체가 누구인지 확실히 하도록 하고, 주체별로 해야 할 일을 구분하여 적어 보게 한다.					

〈표 4–3〉 '친구의 소중함을 알고 사이좋게 지내기' 교수 · 학습 과정안

단계		교수 · 학습 활동	시간	자료 및 유의점
도입	AI 활동 소개 하기	• 팀별로 인사하기 'I am ground 자기 이름 대기' 활동을 한다. • 학습 주제 및 활동 소개하기 −AI 활동 소개 : 좋은 경험을 찾아 이를 토대로 우리가 해야 할 일을 계획하는 활동을 소개한다. −ppt를 보면서 주제가 무엇이며 왜 이러한 활동을 하는지 이해한다. −주제: 친구의 소중함을 알고 사이좋게 지내기	10′	ppt 자료
전개	긍정 주제 찾기	• 소중한 친구에 대한 긍정 주제 찾기 활동 안내하기 −각자 자기 자신이 생각하는 소중한 친구의 특성을 발표한다. −학급 전체의 의견을 모은다. • 소중한 친구의 중요 요인 공유 및 정리하기 −소중한 친구가 되기 위한 행동을 각자 포스트잇에 세 개씩 작성한다. 　예) 양보 잘하기, 친절하게 말하기, 함께 즐겁게 잘 놀기, 욕 하지 않기, 　　친구 잘 돕기, 약속을 잘 지키기, 서로 만나면 인사 잘하기, 친구 따돌리지 않기 −팀별로 작성한 포스트잇을 모은 후 개별적으로 가장 공감이 가는 내용을 세 개씩 선택해 스티커를 붙인다. −투표 결과 많은 표를 받은 것 네 개를 골라 교사에게 제출한다. • 긍정 주제 도출하기 −학생들이 제출한 의견을 유목화하여 긍정 주제를 도출한다.	20′	포스트잇을 모은 후 중요한 것에 투표한다.
	발견 하기	• 지금까지 경험한 소중한 친구에 대한 경험 찾기 −미리 준비한 질문지의 (　　) 안에 논의를 통해 도출한 긍정 주제를 기입한다. −2인이 짝을 이룬 후 질문지를 이용하여 서로의 긍정 경험에 대해 교차 인터뷰한다. −인터뷰 결과 중요 내용을 공유 · 정리한다.	20′	−질문지 유인물 −인터뷰 내용 공유

꿈꾸기	• 소중한 친구의 모습을 구체적으로 상상하기 　－팀별로 발견하기 단계에서 찾은 소중한 친구와의 긍정경험에 대한 구 　체적인 사례와 내용을 토대로 '친구의 소중함을 알고 사이좋게 지내는 　모습'을 상상하여 그림으로 표현한다. • 팀별 활동 발표하기 　－팀별로 '친구의 소중함을 알고 사이좋게 지내는 모습'을 표현한 그림을 　벽에 붙이고 내용을 발표한다.	15′	팀별로 전지, 12색 유성펜 1세트 활용
설계 및 다짐 하기	• 우리가 해야 할 일 도출하기 　－친구의 소중함을 알고 사이좋게 지내기 위해 우리가 해야 할 일을 세 가 　지씩 적는다. 　－이때 교사는 학생들에게 '친구의 소중함을 알고 사이좋게 지내기 위해 　누가 노력해야 할까요?'라고 질문하고 다양한 이야기가 나올 수 있도록 　유도한다. • 실천 계획 수립하기 　－친구의 소중함을 알고 사이좋게 지내기 위한 계획을 세운다. • 다짐하기 　－세 가지씩 적은 개인 의견을 모아 팀별로 친구의 소중함을 알고 사이좋 　게 지내기 위한 '우리의 다짐'을 작성한다. 　－완성한 팀은 다짐나무 앞에서 팀원이 선서한 후 게시한다.	7′	포스트잇, 전지 (다짐나무)
정리	• 성찰하기 　－두 명씩 짝을 지어 오늘 활동을 통해 배운 것 한 가지씩 서로 이야기한다. 　－팀별로 한 명의 학생이 발표한다. • 정리하기 　－친구의 소중함에 대한 주요 내용을 정리한다.	8′	

〈표 4-4〉 '친구의 소중함을 알고 사이좋게 지내기' 평가 계획과 학교생활기록부 예시

평가 계획	평가 방법	일화기록법, 자기평가, 활동의 기록분석법
	평가 준거	친구의 소중함을 알고 존중하며 배려하는 태도를 실천할 수 있는가?
		소중한 친구를 만들기 위해 해야 할 일을 말할 수 있는가?
		친구의 소중함을 알고 사이좋게 지내기 위한 계획이 구체적이고 실천 가능한가?
		토의 시 서로 협동하고 다른 사람의 의견을 존중하며 자신의 생각을 표현하는가?
교과 세부능력 특기사항 기록 예시		• AI를 기반으로 한 '친구의 소중함을 알고 사이좋게 지내기' 활동에서 다른 사람에게 친구의 소중함이나 사이좋게 지낸 경험을 취재하는 인터뷰 활동을 능숙하게 수행함 • 인터뷰한 내용을 토대로 팀원들이 함께 의견을 모아 친구의 소중함을 알고 사이좋게 지내기 위해 우리가 해야 할 일을 구체적으로 도출하여 실행 계획을 수립함 • 모둠원들과 사이좋게 협동하여 다짐하기 계획을 세우며 실천하려는 의지가 돋보임 • AI 활동 전 과정에서 토의 시 서로 협동하고 다른 사람의 의견을 존중하며 자신의 생각을 표현하는 능력이 뛰어남 • AI 4D 프로세스 활동 중 소중한 친구에 대한 경험과 의견을 나누는 과정에서 친구의 소중함을 알고 사이좋게 지내기 위한 계획이 구체적임. 적극 참여함으로써 팀원들로부터 가장 감명 깊은 스토리텔러로 선정되었음 • 친구의 소중함과 사이좋게 지냈던 경험을 구체적으로 떠올린 후 그때 어떤 마음이 들었고 어떤 생각을 했는지 자세하게 이야기하며, 친구와 사이좋게 지내는 모습을 구체적·창의적인 이미지로 표현함

〈표 4-5〉 발견하기 단계의 질문지

친구의 소중함을 알고 사이좋게 지냈던 경험 찾기

기자 : ＿＿＿＿＿＿　답변한 사람 : ＿＿＿＿＿＿

1. (　　　)	나의 소중한 친구를 떠올려 보세요. 그 친구와의 추억 중 (　　)가 이루어졌던 경험을 생각해 보세요. ① 그때의 상황을 자세하게 이야기해 주세요. ② (　　　)한 친구가 나에게 주는 의미는 무엇일까요?
답변 내용	
2. (　　　)	나의 소중한 친구를 떠올려 보세요. 그 친구와의 추억 중 (　　)가 이루어졌던 경험을 생각해 보세요. ① 그때의 상황을 자세하게 이야기해 주세요. ② (　　　)한 친구가 나에게 주는 의미는 무엇일까요?
답변 내용	
3. (　　　)	나의 소중한 친구를 떠올려 보세요. 그 친구와의 추억 중 (　　)가 이루어졌던 경험을 생각해 보세요. ① 그때의 상황을 자세하게 이야기해 주세요. ② (　　　)한 친구가 나에게 주는 의미는 무엇일까요?
답변 내용	
4. (　　　)	나의 소중한 친구를 떠올려 보세요. 그 친구와의 추억 중 (　　)가 이루어졌던 경험을 생각해 보세요. ① 그때의 상황을 자세하게 이야기해 주세요. ② (　　　)한 친구가 나에게 주는 의미는 무엇일까요?
답변 내용	

활용 Tip

- '친구의 소중함을 알고 사이좋게 지내기'를 주제로 4D 프로세스를 시작하기 전 도출한 긍정 주제를 질문지에 먼저 기입하게 한다.
- 기자 이름과 답변하는 사람의 이름을 기입한다.
- 기자는 제시된 질문을 중심으로 질문하고, 답변하는 사람의 특성을 고려하여 다른 표현을 사용해도 된다. 질문에 대한 답변의 주요 내용을 질문지에 기록한다.
- 답변하는 사람은 자신의 경험과 생각을 성의 있게 이야기한다.

〈표 4–6〉 **다짐하기 단계의 활동지**

친구와 사이좋게 지내기 위한 우리의 다짐

친구의 소중함을 알고 사이좋게 지내기 위해

우리는 다음의 사항을 꼭 지키겠습니다.

1.

2.

3.

4.

5.

20 년 월 일

○○ 초등학교

(서명)	(서명)	(서명)
(서명)	(서명)	(서명)

활용 Tip

- 친구와 사이좋게 지냈던 경험을 살펴보고 친구와 사이좋게 지내기 위해 지켜야 할 일을 학급의 상황에 맞게 팀별 혹은 개별로 작성하게 한다.
- 친구와 사이좋게 지내려면 어떻게 행동해야 하는지 다짐 내용에 대해 이름을 쓰고 서명하는 것은 학생들의 실천 의지를 높여 준다. 교사도 함께 서명을 한다면 학생들이 더욱 책임감 있게 행동할 것이다.
- 다짐 내용은 반드시 학급에서 발표하도록 한다.
- 1~2주 또는 방학 등 일정 시간이 지난 후 다짐 내용에 대한 실천을 점검하는 성찰 활동을 하는 것이 바람직하다.

2. AI로 하는 사회수업

1) 사회교과의 특성

사회는 사회생활에 필요한 지식과 기능을 익혀 이를 토대로 사회 현상을 올바르게 인식하고, 민주 사회 구성원에게 요청되는 가치와 태도를 지님으로써 민주 시민으로서의 자질을 갖추도록 하는 교과다. 사회에서 육성하고자 하는 민주 시민은 사회생활을 영위하는 데 필요한 지식을 바탕으로 민주적 가치와 태도를 함양하고, 개인적·사회적 문제를 합리적으로 해결할 수 있고 개인, 사회, 국가, 인류의 발전에 기여할 수 있는 자질을 갖춘 사람이다. 사회에서는 학생들이 민주 시민으로서의 자질을 함양할 수 있도록 사회 현상에 관한 기초적 지식은 물론 지리, 역사 및 사회과학 제반의 기본 개념과 원리를 발견·탐구하는 능력을 익히고, 다양한 정보를 활용하여 현대사회의 문제를 창의적이며 합리적으로 해결하고 공동생활에 적극적으로 참여하는 능력을 기르는 것을 목표로 한다.

사회는 지리, 역사 및 제 사회과학의 개념과 원리, 사회 제도와 기능, 사회 문제와 가치 그리고 연구 방법과 절차에 관한 요소를 통합적으로 선정·조직하여 학생들이 사회 현상을 종합적으로 이해하고 탐구할 수 있도록 한다.

2) 사회교과를 위한 AI 주제

사회의 주요 영역에서 다루는 주제 중 AI에서 다루기 적합한 주제들은 〈표 4-7〉과 같다. 〈표 4-7〉에 제시한 것처럼 주로 가족, 지역사회, 환경 등의 주제와 연관하여 학생들의 성찰과 실천이 요구되는 주제들이다.

〈표 4-7〉 초등 사회교과를 위한 AI 주제

영역	핵심 개념	내용 요소		AI 주제
		3~4학년	5~6학년	
사회 · 문화	개인과 사회	가족 구성원의 역할 변화	–	• 내가 살고 싶은 친환경 마을 • 교육과 함께하는 마을 공동체 • 강점 찾기를 통한 역사 인물 탐구 • 현대사회에서 의사소통 수단 바르게 이용하기 • 함께 풀어가요! 마을 이야기 • 사계절 특화된 우리 마을 • 대한민국의 정통성을 찾아 떠나는 여행 • 정보화, 세계화 속 우리나라 • 잠시 빌려온 미래 세대의 지구 • 삶! 그 지역에서 살아보기
	문화	문화, 편견과 차별, 타문화 존중	–	
	사회 계층과 불평등	–	신분제도, 평등사회	
장소와 지역	장소	마을(고장) 모습과 장소	–	
자연환경과 인간생활	자연–인간 상호작용	• 고장별 자연환경과 의식주 생활 모습 간의 관계 • 고장의 지리적 특성과 생활모습 간의 관계	국토의 자연재해와 대책	
인문 환경과 인간생활	경제활동의 지역구조	교통수단의 발달과 생활 모습의 변화	국토의 산업과 교통 발달의 특징 및 변화 모습	
	문화의 공간적 다양성	–	세계의 생활문화와 자연환경 및 인문환경 간의 관계	
지속가능한 세계	갈등과 불균등의 세계		지역 갈등의 원인과 해결 방안	
	지속가능한 환경	–	• 지구촌 환경문제 • 지속가능한 발전 • 개발과 보존의 조화	

3) AI를 활용한 사회수업

[그림 4-2]는 사회에서 AI로 다루기 적합한 주제 중 4학년의 '이동과 의사소통' 단원 내용을 '현대사회에서 의사소통 수단 바르게 이용하기'라는 주제로 AI 프로그램으로 개발하여 진행한 절차다. 이 프로그램은 [그림 4-2]처럼 4D 단계 중 설계하기

와 다짐하기를 통합·운영하여 발견하기, 꿈꾸기, 설계 및 다짐하기의 3D 단계로
수업할 수 있도록 계획하였다.

단계	도입	전개				정리
		긍정 주제 찾기	발견하기	꿈꾸기	설계 및 다짐하기	
주요 활동	• AI 프로그램 소개하기 • 학습 주제 안내하기	• 의사소통이 잘 이루어지기 위해 중요한 것 공유하기 • 긍정 주제 도출하기	• 다른 사람과 행복하게 의사소통했던 경험 찾기	• 10년 후의 바람직한 의사소통 방법을 구체적으로 상상하기	• 현대와 미래에 기기를 이용한 행복한 의사소통이 이루어지도록 하기 위해 우리가 할 일 설계하기 • 실천 계획 수립하기 • 다짐하기	• 성찰하기 • 정리하기
방법		명목집단법	1:1 인터뷰	월드 카페	명목집단법	

[그림 4-2] '현대사회에서 의사소통 수단 바르게 이용하기' AI 프로그램 진행 절차

〈표 4-8〉〈표 4-9〉는 [그림 4-2]에 제시된 진행 절차에 따라 구체적인 수업 운
영 전략을 제시한 교수·학습 과정안이다. 이 수업은 80분으로 계획되어 있으므로,
블록 수업으로 운영하거나 두 개 차시로 나누어 운영할 수 있다. 이때 국어교과의
정보를 전달하는 말 듣기, 사회적 상호작용의 말 듣기, 설득하는 말하기, 정서 표현
의 말하기, 사회적 상호작용의 글쓰기 등 듣기, 말하기, 쓰기 내용 체계와 관련하여
교과 내용을 통합하여 재구성해 지도할 수 있다. '현대사회에서 의사소통 수단 바르
게 이용하기'는 다양한 의사소통의 방법을 알아보고 의사소통이 잘 이루어지기 위
해 중요한 것을 도출하여 공유하며, 현대와 미래에 기기를 이용한 행복한 의사소통
이 이루어지도록 우리가 할 일을 도출하는 과정으로 진행된다. 이 프로그램을 통해

학생들은 자신의 생각을 바르게 표현하는 방법, 기기를 사용하여 의사소통할 때의 예의, 행복한 의사소통을 하기 위한 실천 전략 등에 대해 학습하게 된다.

〈표 4-8〉 '현대사회에서 의사소통 수단 바르게 이용하기' 지도 계획

학교급	초등		학년	4	교과	사회
단원명	2. 이동과 의사소통				수업시간	(80)분
주 제	현대사회에서 의사소통 수단 바르게 이용하기					
연관 교과 (단원 또는 주제)	[듣기] 정보를 전달하는 말 듣기, 사회적 상호작용의 말 듣기 [말하기] 설득하는 말하기, 정서 표현의 말하기 [쓰기] 사회적 상호작용의 글쓰기					
성취기준	[4사01-06] 옛날과 오늘날의 통신 수단에 관한 자료를 바탕으로 하여 통신 수단의 발달에 따른 생활 모습의 변화를 설명한다.					
성취수준	상	옛날과 오늘날의 통신 수단에 관한 자료를 바탕으로 통신 수단의 발달에 따라 변화하는 생활 모습을 설명할 수 있으며 현대의 다양한 의사소통 방법 및 미래의 의사소통 방법을 상상하여 표현할 수 있다.				
	중	통신 수단의 발달에 따라 현대의 다양한 의사소통 방법이 있음을 설명할 수 있고, 기기를 이용한 행복한 의사소통 실천 방법이 구체적이다.				
	하	기기를 사용하여 의사소통할 때 예의 바르게 자신의 생각을 표현할 수 있다.				
교수 · 학습 자료	• 옛날과 오늘날 통신 수단 그림 • 준비물: 포스트잇(76×76mm) 팀별 1묶음씩, 12색 유성펜 팀별 1세트씩, 전지 팀별 2장씩, 의견 표시용 스티커, 셀로판테이프 팀별 1개씩, 다짐나무 • 질문지 유인물					
지도상의 유의점	• 4인 1팀으로 활동할 수 있도록 책상을 배치한다. • 궁금한 것을 알기 위해 명확하게 질문할 수 있도록 한다.					

〈표 4-9〉 '현대사회에서 의사소통 수단 바르게 이용하기' 교수 · 학습 과정안

단계		교수 · 학습 활동	시간	자료 및 유의점
도입	AI 활동 소개 하기	• 팀별로 인사하기 • 학습 주제 및 활동 소개하기 　-AI 활동 소개: 좋은 경험을 찾아 이를 토대로 우리가 해야 　　할 일을 계획하는 활동을 소개한다. 　-주제: 현대사회에서 의사소통 수단 바르게 이용하기	10′	
전개	긍정 주제 찾기	• 의사소통 방법에 대해 알아보기 　-의사소통 방법에는 어떤 것이 있는지 발표한다. • 의사소통이 잘 이루어지기 위해 중요한 것 공유하기 　-의사소통이 잘 이루어지기 위해 중요한 것 두 가지를 떠올 　　린 후 각자 포스트잇에 작성한다. 　　예) 말하는 사람의 이야기 잘 듣기, 기기 이용 시 예의 지키 　　기, 생각을 조리 있게 말하기, 자기 주장만 펴지 않기, 이야 　　기 순서 정하여 말하기 　-팀별로 팀원들이 작성한 포스트잇을 모은 후 그중 의사소통 　　이 잘 이루어지기 위해 중요한 것 세 개를 선택하여 스티커 　　를 붙인다. 　-투표 결과 많은 표를 받은 것 네 개를 선생님에게 제출한다. • 긍정 주제 도출하기 　-학생들이 제출한 의견을 유목화하여 긍정 주제를 도출한다.	20′	포스트잇을 모은 후 중요한 것에 투표한다.
	발견 하기	• 현대사회에서 행복하게 의사소통한 경험 찾기 　-미리 준비한 질문지의 (　) 안에 논의를 통해 도출한 긍정 　　주제를 기입한다. 　-2인이 짝을 이룬 후 질문지를 이용하여 서로의 긍정 경험에 　　대해 교차 인터뷰한다. 　-인터뷰 결과 중요 내용을 공유한다.	20′	-질문지 유인물 -인터뷰 내용 공유

〈계속〉

꿈꾸기	• 10년 후의 바람직한 의사소통 방법을 구체적으로 상상하기 -팀별로 발견하기 단계에서 찾은 행복하게 의사소통했던 경험을 토대로 10년 후의 바람직한 의사소통 방법을 구체적으로 상상하여 그림으로 표현한다. • 팀별 활동 발표하기 -팀별로 10년 후 바람직한 의사소통 방법에 대해 표현한 것을 벽에 붙이고 내용을 발표한다.	15′	팀별로 전지, 12색 유성펜 1세트 활용
설계 및 다짐 하기	• 현대와 미래에 기기를 이용한 행복한 의사소통이 이루어지도록 우리가 할 일 설계하기 -현재 및 미래에 기기를 이용한 행복한 의사소통이 이루어지도록 우리가 해야 할 일을 세 가지씩 찾아 적는다. • 현대와 미래에 기기를 이용한 행복한 의사소통이 이루어지도록 우리가 할 수 있는 실천 계획 수립하기 -현대와 미래에 기기를 이용한 행복한 의사소통이 이루어지도록 우리가 할 수 있는 일을 계획한다. • 다짐하기 -세 가지씩 적은 개인 의견을 모아 팀별로 행복한 의사소통이 이루어지도록 하기 위한 '우리의 다짐'을 작성한다. -완성한 팀은 다짐나무 앞에서 팀원이 선서한 후 게시한다.	10′	포스트잇, 다짐나무
정리	• 성찰하기 -두 명씩 짝을 지어 오늘 활동을 통해 배운 점을 한 가지씩 서로 이야기한다. -팀별로 한 명의 학생이 발표한다. • 정리하기 -기기를 이용한 행복한 의사소통에 대한 주요내용을 정리한다.	5′	

〈표 4-10〉 '현대사회에서 의사소통 수단 바르게 이용하기' 평가 계획과 학교생활기록부 기록 예시

평가 계획	평가방법	일화기록법, 자기평가
	평가준거	현대의 다양한 의사소통 방법에 대해 명확하게 말할 수 있는가?
		의사소통할 때 예의 바르게 자신의 생각을 표현하는가?
		현대와 미래의 기기를 이용한 의사소통 방법이 구체적인가?
교과 세부능력 특기사항 기록 예시		• AI를 기반으로 한 '현대사회에서 의사소통 수단 바르게 이용하기' 프로젝트 활동에서 다른 사람에게 행복하게 의사소통한 경험을 취재하는 인터뷰 활동을 능숙하게 수행함 • 옛날과 오늘날의 통신수단에 관한 자료를 바탕으로 통신수단의 발달에 따라 변화하는 생활모습을 구체적 사례를 들어 설명할 수 있음 • 각자 인터뷰한 내용을 토대로 팀원들이 함께 공유, 논의하여 10년 후 바람직한 의사소통 방법을 구체적, 창의적인 이미지로 표현함 • 현대사회에서 행복하게 의사소통했던 인터뷰한 내용들을 관련 있는 것끼리 분류한 후 해당 내용을 대표하는 키워드로 도출하는 능력이 뛰어남 • AI 활동 전 과정을 통해 질문에는 정확히 답변하고 타인의 발표를 경청하면서 필요한 부분을 메모하며 배려와 협력의 자세를 보임 • 수업 중 다른 사람의 의견을 존중하고 노력하는 태도가 돋보이며 자신의 생각을 표현하는 능력이 뛰어남 • AI 4D 활동 중 설계 및 다짐하기에서 현대사회에서 행복하게 의사소통한 경험 나누기를 토대로 우리가 해야 할 일을 도출하는 데 창의적임

〈표 4-11〉 발견하기 단계의 질문지

행복한 의사소통 경험 찾기

기자 : _____   답변한 사람 : _____

1. ( )	지금까지 다른 사람과 기기를 이용하여 의사소통한 경험 중 ( )한 일을 떠올려 보세요. 그때 있었던 일을 자세하게 이야기해 주세요. 그때 어떤 기분이었나요? 그리고 그때 어떤 생각을 했나요?
답변 내용	
2. ( )	지금까지 다른 사람과 기기를 이용하여 의사소통한 경험 중 ( )한 일을 떠올려 보세요. 그때 있었던 일을 자세하게 이야기해 주세요. 그때 어떤 기분이었나요? 그리고 그때 어떤 생각을 했나요?
답변 내용	
3. ( )	지금까지 다른 사람과 기기를 이용하여 의사소통한 경험 중 ( )한 일을 떠올려 보세요. 그때 있었던 일을 자세하게 이야기해 주세요. 그때 어떤 기분이었나요? 그리고 그때 어떤 생각을 했나요?
답변 내용	
4. ( )	지금까지 다른 사람과 기기를 이용하여 의사소통한 경험 중 ( )한 일을 떠올려 보세요. 그때 있었던 일을 자세하게 이야기해 주세요. 그때 어떤 기분이었나요? 그리고 그때 어떤 생각을 했나요?
답변 내용	

활용 Tip

• 도출한 긍정 주제를 질문지에 먼저 기입하게 한다.
• 기자 이름과 답변하는 사람의 이름을 기입한다.
• 기자는 제시된 질문을 중심으로 질문하고, 답변하는 사람의 특성을 고려하여 다른 표현을 사용해도 된다. 질문에 대한 답변의 주요 내용을 질문지에 기록한다.
• 답변하는 사람은 자신의 경험과 생각을 성의있게 대답한다.

〈표 4-12〉 **다짐하기 단계의 활동지**

우리의 다짐

행복한 의사소통을 위해 우리는 기기를 활용할 때

다음의 사항을 꼭 지키겠습니다.

1.

2.

3.

4.

5.

20   년   월   일

○○ 초등학교

(서명)	(서명)	(서명)
(서명)	(서명)	(서명)

활용 Tip

• '우리의 다짐'은 가능하면 팀별로 작성하는 것이 바람직하지만, 개별적으로 작성할 수도 있다.

• 다짐 내용에 대해 이름을 쓰고 서명하는 것은 학생들의 실천 의지를 높여 준다. 교사도 함께 서명을 한다면 학생들이 더욱 책임감 있게 행동할 것이다.

• 다짐 내용은 반드시 학급에서 발표하도록 한다.

• 1~2주 또는 방학 등의 일정 시간이 지난 후 다짐 내용에 대한 실천을 점검하는 성찰 활동을 하는 것이 바람직하다.

3. AI로 하는 과학수업

1) 과학교과의 특성

과학은 모든 학생이 과학의 개념을 이해하고 과학적 탐구 능력과 태도를 함양하여 개인과 사회의 문제를 과학적이고 창의적으로 해결할 수 있는 과학적 소양을 기르기 위한 교과다. 과학에서는 일상의 경험과 관련이 있는 상황을 통해 과학 지식과 탐구 방법을 즐겁게 학습하고 과학적 소양을 함양하여 과학과 사회의 올바른 상호 관계를 인식하며 바람직한 민주 시민으로 성장할 수 있도록 하고 있다.

과학은 '운동과 에너지' '물질' '생명' '지구와 우주'에 대한 내용을 중심으로 핵심 개념 이해와 함께 과학적 사고력, 과학적 탐구 능력, 과학적 문제 해결력, 과학적 의사소통 능력, 과학적 참여와 평생 학습 능력 등의 과학교과의 핵심 역량을 개발하는 데 목적이 있다.

2) 과학교과를 위한 AI 주제

과학교과의 주요 영역에서 다루는 주제 중 AI에서 다루기 적합한 주제들은 〈표 4-13〉에 제시한 것처럼 주로 일상생활이나 사회 문제 해결에 적용할 수 있으며 과학의 가치뿐만 아니라 과학, 기술, 사회의 상호관계를 인식하게 하여 학생들의 실천이 요구되는 주제들이다.

〈표 4-13〉 초등 과학교과를 위한 AI 주제

영역	핵심 개념	내용 요소		AI 주제
		3~4학년	5~6학년	
생명 과학과 인간의 생활	생명공학 기술	• 생활 속 동·식물 모방 사례	• 균류, 원생생물, 세균의 이용 • 첨단 생명과학과 우리 생활	• 동물과 함께 살기 프로젝트 • 흙! 생명의 땅 • 진화와 생물 다양성 • 작은 생물! 함께하는 미래 • 오염된 물 정화 프로젝트 • 환경오염 없는 아름다운 미래 • 가고 싶고 머물고 싶은 여행지의 생태계 보전 계획 • 지구 온난화와 지구 환경 변화
생명의 연속성	진화와 다양성	• 다양한 환경에 사는 동물과 식물 • 동물과 식물의 생김새	• 균류, 원생생물, 세균의 특징과 사는 곳	
환경과 생태계	생태계와 상호작용	–	• 환경오염이 생물에 미치는 영향 • 생태계 보전을 위한 노력 • 생태계 평형	
고체 지구	지구구성 물질	• 흙의 생성과 보존	–	
	지구의 역사	• 화석의 생성 • 과거 생물과 환경	–	
생물의 구조와 에너지	광합성과 호흡	–	• 광합성	
대기와 해양	대기의 운동과 순환	–	• 계절별 날씨	

3) AI를 활용한 과학수업

[그림 4-3]은 6학년의 '생태계와 환경' 단원 내용을 '가고 싶고 머물고 싶은 여행지의 생태계 보전 계획 세우기'라는 주제로 AI 프로그램으로 개발하여 진행한 절차이다. 이 프로그램은 [그림 4-3]처럼 설계하기와 다짐하기를 통합 · 운영할 수 있도록 계획하였다.

단계	도입	전개				정리
		긍정 주제 찾기	발견하기	꿈꾸기	설계 및 다짐하기	
주요 활동	• AI 프로그램 소개하기 • 학습 주제 안내하기	• 내가 가고 싶고 머물고 싶은 아름다운 여행지 관련 경험, 생각을 떠올려 보기 • 긍정 주제 도출하기(중요 추천 조건)	• 내가 가고 싶고 머물고 싶은 아름다운 여행지 관련 경험 찾기	• 10년 후 특별한 사람과 가고 싶은 여행지 모습 구체적으로 상상하기	• 가고 싶고 머물고 싶은 아름다운 여행지가 되도록 우리가 해야 할 일 도출 및 실천 계획 수립하기 • 다짐하기	• 성찰하기 • 정리하기
방법		명목집단법	1:1 인터뷰	월드 카페	명목집단법	

[그림 4-3] '가고 싶고 머물고 싶은 여행지의 생태계 보전 계획 세우기' AI 프로그램 진행 절차

〈표 4-14〉〈표 4-15〉는 [그림 4-3]에 제시된 진행 절차에 따라 구체적인 수업 운영 전략을 제시한 교수 · 학습 과정안이다. 이 수업은 80분으로 계획되어 있으므로, 블록 수업으로 운영하거나 두 개 차시로 나누어 운영할 수 있다. 또한 교과 간 주제 통합으로 국어 교과의 '주장과 근거' 단원 및 사회교과의 '환경과 조화를 이루는 국토' 단원과 함께 재구성하여 지도할 수 있다. '가고 싶고 머물고 싶은 여행지의 생태계 보전 계획 세우기'는 학생들이 가고 싶고 머물고 싶은 여행지의 특성을 도출

하고, 이러한 특성을 가진 여행지로의 직·간접 여행 경험을 도출하여 공유하며, 스스로 그러한 여행지를 만들기 위해 해야 할 일을 도출하는 과정으로 진행된다. 이 프로그램을 통해 학생들은 환경과 조화를 이루는 국토 보존 방법, 생태계 보호의 중요성, 훼손된 생태계 보전을 위한 실천 전략 등에 대해 학습한다.

〈표 4-14〉 '가고 싶고 머물고 싶은 여행지의 생태계 보전 계획 세우기' 지도 계획

학교급	초등		학년	6	교과	과학
단원명	2. 생물과 환경				수업시간	(80)분
주제	가고 싶고 머물고 싶은 여행지의 생태계 보전 계획 세우기					
연관 교과 (단원 또는 주제)	• 국어6-1-나-9: 주장과 근거 • 사회6-1-2: 환경과 조화를 이루는 국토					
성취기준	[6과05-03] 생태계 보전의 필요성을 인식하고 생태계 보전을 위해 우리가 할 수 있는 일에 대해 토의할 수 있다.					
성취수준	상	훼손된 생태계를 보전하기 위한 생태계 보전 계획을 세우고 그에 따른 실천 계획을 세울 수 있다.				
	중	생태계 보전을 위해 실천할 수 있는 일을 토의할 수 있다.				
	하	가고 싶고 머물고 싶은 여행지의 조건을 말할 수 있다.				
교수·학습 자료	• 아름다운 여행지 사진, 질문지 유인물 • 준비물: 포스트잇(76×76mm) 팀별 1묶음씩, 12색 유성펜 팀별 1세트씩, 전지 팀별 2장씩, 의견 표시용 스티커, 셀로판테이프 1개씩, 다짐나무					
지도상의 유의점	• 4인 1팀으로 활동할 수 있도록 책상을 배치한다. • 궁금한 것을 알기 위해 명확하게 질문할 수 있도록 독려한다.					

〈표 4-15〉 '가고 싶고 머물고 싶은 여행지의 생태계 보전 계획 세우기' 교수 · 학습 과정안

단계		교수 · 학습 활동	시간	자료 및 유의점
도입	AI 활동 소개 하기	• 팀별로 인사하기 • 학습 주제 및 활동 소개하기 　－AI 활동 소개: 좋은 경험을 찾아 이를 토대로 우리가 해야 할 일을 계획하는 활동을 소개한다. 　－주제: 가고 싶고 머물고 싶은 여행지의 생태계 보전 계획 세우기	10′	ppt 자료
전개	긍정 주제 찾기	• 내가 가고 싶고 머물고 싶은 아름다운 여행지 알아보기 　－내가 가고 싶고 머물고 싶은 아름다운 여행지를 추천하고자 할 때 떠오른 장소를 발표한다. • 중요 추천 조건 공유 및 정리하기 　－내가 가고 싶고 머물고 싶은 아름다운 여행지를 추천할 때 추천 조건으로 중요한 것 두 가지를 떠올린 후 각자 포스트잇에 작성한다. 　예) 맑은 물, 깨끗한 공기, 나무와 꽃이 많은 곳, 조용한 곳 　　　인공적인 곳보다 자연적인 곳, 옛 것, 볼거리 많은 곳 　　　먹을거리 많은 곳, 놀거리 많은 곳, 자연의 소리가 들리는 곳 　　　인공적으로 잘 꾸며 놓은 곳, 물과 산이 어우러진 자연환경 등 　－팀별로 팀원들이 작성한 포스트잇을 모은 후 각자 그중 아름다운 여행지 추천 조건으로 중요한 것 세 개를 골라 스티커를 붙인다. 　－투표 결과 많은 표를 받은 것 네 개를 선생님에게 제출한다. • 긍정 주제 도출하기 　－학생들이 제출한 의견을 유목화하여 긍정 주제를 도출한다.	20′	포스트잇을 모은 후 중요한 것에 투표한다.
	발견 하기	• 영상이나 직접 체험을 통해 즐거웠던 여행지 경험 찾기 　－미리 준비한 설문지의 (　) 안에 논의를 통해 도출한 긍정 주제를 기입한다. 　－2인이 짝을 이룬 후 질문지를 이용하여 서로의 긍정 경험에 대해 교차 인터뷰한다.	20′	－질문지 유인물 －인터뷰 내용 공유

꿈꾸기	• 10년 후 특별한 사람과 가고 싶은 여행지 모습 구체적으로 상상하기
	  −팀별로 발견하기 단계에서 찾은 아름다운 여행지에 대한 내용을 토대
	   로 10년 후 특별한 사람과 가고 싶은 여행지 모습을 구체적으로 상상
	   하여 그림으로 표현한다.
	• 팀별 활동 발표하기
	  −팀별로 10년 후 가고 싶은 여행지 모습을 표현한 것을 벽에 붙이고,
	   각 팀의 여행지 모습을 발표한다.
		15′	팀별로 전지, 12색 유성펜 1세트 활용

설계
및
다짐
하기
	• 가고 싶고 머물고 싶은 아름다운 여행지가 되도록 우리가 해야 할 일 도출하기
	  −가고 싶고 머물고 싶은 아름다운 여행지를 만들기 위해 우리가 해야
	   할 일을 세 가지씩 찾아 적는다.
	• 가고 싶고 머물고 싶은 여행지의 생태계 보전 계획 수립하기
	  −가고 싶고 머물고 싶은 아름다운 여행지를 만들기 위한 생태계 보전
	   계획을 세운다.
	• 다짐하기
	  −세 가지씩 적은 개인 의견을 모아 팀별로 생태계 보전을 위한 '우리의
	   다짐'을 작성한다.
	  −완성한 팀은 다짐나무 앞에서 팀원이 선서한 후 게시한다.
		10′	포스트잇,
			다짐나무

정리	• 성찰하기
	  −두 명씩 짝을 지어 오늘 활동을 통해 배운 점을 한 가지씩 서로 이야기
	   한다.
	  −팀별로 한 명의 학생이 발표한다.
	• 정리하기
	  −생태계를 보전방법과 관련한 주요 개념과 내용을 정리한다.
		5′	

〈표 4-16〉 '가고 싶고 머물고 싶은 여행지의 생태계 보전 계획 세우기' 평가 계획과 학교생활기록부 기록 예시

평가 계획	평가방법	일화기록법, 자기평가
	평가준거	가고 싶고 머물고 싶은 여행지의 조건을 명확하게 말할 수 있는가?
		토의 시 서로 협동하고 다른 사람의 의견을 존중하며 자신의 생각을 표현하는가?
		훼손된 생태계를 복원 및 보전하기 위한 계획이 창의적인가?
교과 세부능력 특기사항 기록 예시		• AI를 기반으로 한 '가고 싶고 머물고 싶은 여행지의 생태계 보전 계획 세우기' 프로젝트 활동에서 가고 싶고 머물고 싶은 아름다운 여행지의 추천 이유를 제시하며 말함 • AI를 기반으로 한 '가고 싶고 머물고 싶은 여행지의 생태계 보전 계획 세우기' 프로젝트 활동에서 인터뷰 활동에 적극적이며 상대방 의견 경청 태도가 좋음 • '가고 싶고 머물고 싶은 여행지의 생태계 보전 계획 세우기'를 주제로 한 프로젝트 활동에서 영상이나 직접 체험을 통해 즐거웠던 여행지 경험 찾기 질문에 대해 그곳의 자연환경을 구체적으로 말함 • 10년 후 특별한 사람과 가고 싶은 여행지 모습을 구체적으로 상상하여 그림으로 표현하는 결과물 작성에 적극적으로 활동함 • 10년 후 가고 싶고 머물고 싶은 여행지가 되도록 우리가 해야 할 일을 구체적으로 도출하여 실행 계획을 수립함 • AI 수업 중 자신의 의견을 적극적으로 제시하고, 타인의 의견을 경청하면서 배려와 협력의 자세를 보임 • AI 프로세스 활동 단계에 적극 참여하여 '가고 싶고 머물고 싶은 아름다운 여행지를 만들기 위한 생태계 보전 계획' 결과물이 창의적임 • 다른 사람의 의견을 존중하며 인터뷰한 내용들을 관련 내용끼리 분류하여 정리하는 데 적극적임

⟨표 4-17⟩ **발견하기 단계의 질문지**

즐거운 여행 경험 찾기

기자 : _____   답변한 사람 : _____

1. ( )	지금까지 영상이나 직접 체험을 통해 본 적이 있는 가고 싶고 머물고 싶은 아름다운 여행지 중에서 ( )한 곳을 떠올려 보세요. 그곳의 자연환경은 어떠했는지 자세하게 이야기해 주세요. 그러한 환경을 보면서 어떤 생각을 했나요? 그러한 환경이 우리에게 주는 의미와 가치는 무엇일까요?
답변 내용	
2. ( )	지금까지 영상이나 직접 체험을 통해 본 적이 있는 가고 싶고 머물고 싶은 아름다운 여행지 중에서 ( )한 곳을 떠올려 보세요. 그곳의 자연환경은 어떠했는지 자세하게 이야기해 주세요. 그러한 환경을 보면서 어떤 생각을 했나요? 그러한 환경이 우리에게 주는 의미와 가치는 무엇일까요?
답변 내용	
3. ( )	지금까지 영상이나 직접 체험을 통해 본 적이 있는 가고 싶고 머물고 싶은 아름다운 여행지 중에서 ( )한 곳을 떠올려 보세요. 그곳의 자연환경은 어떠했는지 자세하게 이야기해 주세요. 그러한 환경을 보면서 어떤 생각을 했나요? 그러한 환경이 우리에게 주는 의미와 가치는 무엇일까요?
답변 내용	
4. ( )	지금까지 영상이나 직접 체험을 통해 본 적이 있는 가고 싶고 머물고 싶은 아름다운 여행지 중에서 ( )한 곳을 떠올려 보세요. 그곳의 자연환경은 어떠했는지 자세하게 이야기해 주세요. 그러한 환경을 보면서 어떤 생각을 했나요? 그러한 환경이 우리에게 주는 의미와 가치는 무엇일까요?
답변 내용	

활용 Tip
- 4D 프로세스를 시작하기 전에 도출한 긍정 주제를 질문지에 먼저 기입하게 한다.
- 기자 이름과 대답하는 사람의 이름을 기입한다.
- 기자는 제시된 질문을 중심으로 질문하고, 답변하는 사람의 특성을 고려하여 다른 표현을 사용해도 된다. 질문에 대한 답변의 주요 내용을 질문지에 기록한다.
- 답변하는 사람은 자신의 경험과 생각을 성의 있게 대답한다.

〈표 4-18〉 다짐하기 단계의 활동지

생태계 보전을 위한 우리의 다짐

우리나라의 아름다운 곳과 우리 동네를 사람들이 가고 싶고 머물고
싶은 아름다운 여행지로 만들기 위해 다음의 사항을 꼭 지키겠습니다.

1.
2.
3.
4.
5.

20   년   월   일
○○ 초등학교

(서명)	(서명)	(서명)
(서명)	(서명)	(서명)

활용 Tip

• '우리의 다짐'은 가능하면 팀별로 작성하는 것이 바람직하지만, 개별적으로 작성할 수도 있다.
• 다짐 내용에 대해 이름을 쓰고 서명하는 것은 학생들의 실천 의지를 높여 준다. 교사도 함께 서명을 한다면 학생들이 더욱 책임감 있게 행동할 것이다.
• 다짐 내용은 반드시 학급에서 발표하도록 한다.
• 1~2주 또는 방학 등의 일정 시간이 지난 후 다짐 내용에 대한 실천을 점검하는 성찰 활동을 하는 것이 바람직하다.

제5장

중등학교로 간 AI

　최근 중등학교의 가장 큰 관심사이자 강조점은 학생활동중심수업, 과정중심평가, 서술형평가 등이다. 이러한 이슈들의 공통점은 학생이 수업에 적극적으로 참여하고 자신의 생각과 경험을 다른 학생과 공유, 논의, 탐구하는 과정에서 학습이 이루어지고 이들이 성장하는 것이다. 그래서 많은 교사들은 문제중심학습, 토의수업, 토론수업, 거꾸로수업 등 다양한 교수·학습방법을 열심히 배우고 실천하고 있다. AI는 학생활동중심수업을 위해 고민하는 교사들이 활용할 수 있는 또 하나의 의미 있는 방법론이 될 것이다. AI는 학생들을 바라보는 관점의 변화, 즉 학생들의 강점과 긍정 경험을 소중한 자원으로 활용하고자 하는 교사 인식의 변화로부터 시작하는 것으로 교사와 학생, 학생과 학생 간의 관계에 대한 변화도 기대할 수 있다. 이 장에서는 AI를 활용한 기술·가정수업, 국어수업, 한국사수업 그리고 자유학기제 수업 사례를 소개할 것이다. 이들은 학생들의 현재와 미래의 삶에 매우 큰 영향을 주는 중요한 주제들을 다루는 교과이고, 중학교 학생들을 대상으로 이루어지는 자유학기제는 다양한 주제와 활동을 포함한 프로그램을 필요로 하고 있기 때문이다. 이 장에서는 AI를 활용한 수업을 통해 학생들이 자신의 과거, 현재의 삶에 대해 성찰하고 미래의 실천으로 연결할 수 있는 역량을 키울 수 있기를 바라는 마음으로 다양한 수업사례를 소개할 것이다.

1. AI로 하는 교과 수업

1) AI로 하는 기술 · 가정수업

(1) 기술 · 가정 교과의 특성

기술 · 가정은 학생들이 생활 속에서 직면하는 문제를 해결하는 과정을 통해 학생이 자립적인 삶의 의미를 깨달아 자기 주도적으로 삶을 영위할 수 있도록 하는 교과다. 학생들은 스스로 지속가능한 삶을 성취하기 위해 통합적 자기관리 능력 향상을 모색하고 체험적 노작 활동을 통해 일과 직업에 대한 건전한 가치관을 형성한다. 다양한 경험을 통해 학생들이 문제 해결 능력과 자기 주도적 진로 개발 능력을 기를 수 있다. 기술 · 가정은 개인과 가족이 전 생애에 걸쳐 직면하게 될 생활에서의 경험과 문제를 실제적이고 통합적인 내용으로 구성한다.

(2) 기술 · 가정 교과를 위한 AI 주제

기술 · 가정의 주요 영역에서 다루는 주제 중 AI로 다루기 적절한 주제들은 〈표 5-1〉과 같다. 기술 · 가정교과의 AI 주제는 인간 발달과 가족, 가정생활과 안전, 자원 관리와 자립, 기술 시스템, 기술 활용 영역의 내용요소와 연계하여 실생활에서 학생들이 실천하고 적용할 수 있는 주제들이다.

〈표 5-1〉 **기술 · 가정 교과를 위한 AI 주제**

영역	핵심 개념	내용 요소		AI 주제
		중학교	고등학교	
인간 발달과 가족	발달	• 청소년기 발달의 특징 • 청소년기의 성과 친구관계	• 사랑과 결혼 • 부모됨의 준비 • 임신 중 생활과 출산	• 친구와 나의 관계를 이해하고 행복한 청소년기를 보내는 방법은 무엇일까? • 미래에 행복한 결혼생활을 위해서 무엇을 준비하고 어떤 노력을 해야 할까? • 미래에 좋은 부모가 되기 위해서 우리는 어떤 준비와 노력을 해야 할까?
	관계	• 변화하는 가족과 건강 가정 • 가족관계 • 가족의 의사소통과 갈등관리	• 자녀 돌보기 • 가족문화와 세대 간 관계	• 원만한 가족관계를 만들기 위해 필요한 의사소통기술과 갈등관리 방법은 무엇일까? • 좋은 대인관계를 유지하는 방법은 무엇일까? • 건강한 가족 관계를 유지하기 위해 우리는 무엇을 해야 할까?
가정 생활과 안전	생활 문화	• 청소년기의 영양과 식행동 • 식사의 계획과 선택 • 옷차림과 의복 마련 • 주생활 문화와 주거 공간 활용	• 한식과 건강한 식생활 • 한복과 창의적인 의생활 • 한옥과 친환경적인 주생활	• 건강한 식생활을 하기 위해 실생활에서 실천할 수 있는 것은 무엇일까? • 한식, 한복, 한옥을 세계화하기 위해 우리가 할 수 있는 것은 무엇일까? • 환경 친화적인 지속가능한 주생활과 주거 환경을 만들기 위해 우리는 무엇을 해야 할까?
	안전	• 청소년기 생활 문제와 예방 • 성폭력과 가정 폭력 예방 • 식품의 선택과 안전한 조리	• 가족의 생애주기별 안전 • 가족의 치유와 회복	• 각종 폭력으로부터 안전하게 생활하기 위한 예방 방법에는 어떤 것이 있을까? • 건강한 가족으로 회복하고 회복탄력성을 높일 방법은 무엇일까?

자원 관리와 자립	관리	• 청소년의 자기 관리 • 의복 관리와 재활용 • 청소년기의 소비생활	• 가정생활 복지 서비스의 활용 • 경제적 자립의 준비 • 지속가능한 소비 생활 실천	• 시간을 효율적으로 잘 관리하고 사용하는 방법은 무엇인가? • 스트레스를 잘 관리하는 방법에는 어떤 것이 있을까? • 사회와 환경을 변화시킬 수 있는 소비생활 방법은 무엇일까?
	생애 설계	• 저출산·고령사회와 일·가정 양립 • 생애 설계와 진로 탐색	• 가족생활설계 • 자립적인 노후 생활	• 일과 가정생활을 조화롭게 양립할 수 있는 방법은 무엇일까? • 생애 주기별로 가족생활 설계를 어떻게 해야 할까?
기술 시스템	창조	• 제조 기술 시스템 • 제조 기술 문제해결 • 건설 기술 시스템 • 건설 기술 문제해결 • 미래의 기술과 생명 기술	• 첨단 제조기술 • 첨단 건설기술 • 첨단 생명기술 • 첨단 수송기술 • 첨단 통신기술	• ○○분야에서 제품을 구상하고 제작하는 방법은 무엇일까? • 주변의 불편한 것을 개선하기 위해 필요한 직업에는 어떤 것이 있을까?
	효율	• 수송 기술 시스템 • 수송 기술 문제해결 • 신·재생 에너지		• 미래 신·재생에너지를 활용한 수송기술은 미래 사회를 어떻게 변화시킬까? • 효율적인 수송 수단의 조건은 무엇이며, 수송기술을 발전시키기 위해 무엇을 해야 할까?
	소통	• 통신 기술 시스템 • 통신 기술 문제해결 • 미디어와 이동 통신		• 미래 사회에 활용할 첨단통신기기는 어떤 특성을 갖고 있을까? • 통신기술의 발달이 인간의 소통에 미치는 긍정적인 영향은 무엇인가?

기술 활용	적응	• 기술의 발달 • 기술과 사회 변화	• 기술과 직업 • 산업 재해 • 자동차 안전과 생활	• 살기 좋은 미래 사회가 되기 위해 무엇을 해야 할까? • 4차 산업혁명 시대의 미래 기술과 직업 세계의 변화에 대비하기 위해 무엇을 해야 할까? • 자동차 사고를 줄이고 안전하게 운행하는데 필요한 기술은 무엇인가?
	혁신	• 기술적 문제해결 • 발명 아이디어의 실현 • 기술의 이용과 표준	• 창의공학 설계 • 발명과 창업 • 기술 개발과 표준	• 창의공학설계 프로젝트를 통해 어떻게 신제품을 구상하고 제작할 수 있을까? • 기술혁신이 사회 변화에 미치는 긍정적 요인에는 어떤 것이 있을까?
	지속 가능	• 적정기술 • 지속가능한 발전	• 지속가능한 발전	• 지속가능한 사회발전을 위해 필요한 신기술에는 어떤 것들이 있을까? • 지속가능한 에너지원으로 달리는 자동차는 어떤 특성을 갖고 있을까?

(3) AI를 활용한 기술 · 가정수업

고등학교 1학년의 '한식과 건강한 식생활' 단원 내용을 '건강한 식생활 실천하기'라는 주제로 재구성하였다. [그림 5-1]은 AI 활동을 할 수 있는 프로그램으로 설계하기와 다짐하기를 통합하여 운영할 수 있도록 계획하였다.

단계	도입	전개				정리
		긍정 주제 찾기	발견하기	꿈꾸기	설계 및 다짐하기	
주요 활동	• AI 프로그램 소개하기 • 학습 주제 안내하기	• 건강한 식생활 관련한 경험, 생각을 떠올려 보기 • 긍정 주제 도출하기	• 건강한 식생활 실천 관련 경험을 찾기 위한 인터뷰와 인터뷰 내용 공유하기	• 건강한 식생활 모습을 구체적으로 상상하고 표현하기 • 팀별로 발표하기	• 건강한 식생활을 하기 위해 우리가 해야 할 일 도출하기 • 실천 계획 수립하기 • 다짐하기	• 성찰하기 • 정리하기
방법		명목집단법	1:1 인터뷰	월드 카페	명목집단법	

[그림 5-1] '건강한 식생활 실천하기' AI 프로그램 진행 절차

〈표 5-2〉〈표 5-3〉은 [그림 5-1]에 제시된 진행 절차에 따라 구체적인 수업 운영 전략을 제시한 교수·학습 과정안이다. 이 수업은 100분으로 계획되어 있으므로 블록 수업으로 운영하거나 두 개 차시로 나누어 운영할 수 있다. '건강한 식생활 실천하기'라는 프로그램을 통해 학생은 건강한 식생활의 특징을 알고 긍정 주제를 도출한다. 긍정 주제를 토대로 건강한 식생활을 했던 경험을 찾아보고 이상적인 식생활 모습을 상상하는 활동을 한다. 건강한 식생활을 지속적으로 실천하기 위해 실생활에서 해야 할 일에 대한 실천 계획을 수립하고 다짐하는 과정으로 진행된다. 학생은 이 프로그램을 통해 건강한 식생활이 우리에게 주는 장점과 가치를 발견하고 건강한 식생활을 꾸준히 실천할 수 있는 전략 등에 대해 학습한다.

〈표 5-2〉 '건강한 식생활 실천하기' 지도 계획

학교급	고	학년	1	교과	기술·가정
단원명	한식과 건강한 식생활			수업시간	(100)분
주제	건강한 식생활 실천하기				
연관 교과 (단원 또는 주제)	• 진로와 직업: 영양사, 조리사, 식품 개발 연구가, 로컬 푸드 요리사 등 식생활 관련 직업 탐구 • 역사: 조선시대 생활 문화(식생활)				
성취기준	[12기가02-01] 한식의 우수성과 다른 나라의 식생활문화를 이해하고 현대의 식생활과 접목한 음식을 만들어 건강한 식생활을 실천한다.				
성취수준	상	건강한 식생활의 개념과 중요성을 이해하여 한식의 우수성과 관련지어 설명하고, 건강한 식생활을 실천할 수 있다.			
	중	건강한 식생활의 개념과 중요성을 이해하여 한식의 우수성과 관련지어 설명할 수 있다.			
	하	건강한 식생활의 개념과 중요성을 말할 수 있다.			
교수·학습 자료	• 준비물: 포스트잇(76×76mm), 팀별 1묶음씩, 12색 유성펜 팀별 1세트씩, 전지 팀별 2장씩, 의견 표시용 스티커, 셀로판테이프 팀별 1개씩, 다짐나무 • 질문지 유인물				
지도상의 유의점	• 한식의 우수성과 건강한 식생활에 대해 설명할 수 있도록 한다. • 긍정적 핵심 질문을 할 수 있도록 질문지를 작성한다. • 6인 1팀으로 활동할 수 있도록 책상을 배치한다. • 자신의 의견을 자유롭게 제시할 수 있는 학습 분위기를 조성한다.				

〈표 5-3〉 '건강한 식생활 실천하기' 교수 · 학습 과정안

단계		교수 · 학습 활동	시간	자료 및 유의점

도입	AI 활동 소개 하기	• 팀별로 인사하기
		• 학습 주제 및 활동 소개하기
		  −AI 활동 소개: 좋은 경험을 찾아 이를 토대로 우리가 해야
		   할 일을 계획하는 활동을 소개한다.
		  −건강한 식생활의 관련 개념을 간단하게 설명한다.
			10′	ppt 자료

전개	긍정 주제 찾기	• 조선시대 영조의 식생활과 나의 식생활 모습 비교해 보기
		  −나의 식생활에서 제일 중요하게 생각하는 가치를 발표한다.
		  −조선시대 영조의 식생활 일화를 읽어 보고 영조가 중요하
		   게 생각한 가치를 찾아본 후 나의 식생활 가치와 비교한다.
		  −영조: 절제, 건강, 배려, 나눔, 감사, 자연 친화 등
		   나: (____, ____, ____)
		  −영조에 의해 개발된 음식인 탕평채의 유래와 영양적 가치,
		   만드는 방법 소개하기
		• 건강한 식생활 알아보기
		  −건강한 식생활의 특징
		  ① 식품의 생산, 유통, 소비에 이르는 전 과정에서 에너지와
		   자원의 사용 줄이기
		  ② 영양학적으로 우수한 한식, 즉 한국형 식생활을 실천
		  ③ 자연과 가족에게 감사하고 자연과 타인을 배려하는 식생활
		  ④ 환경 친화적인 식품 이용
		  ⑤ 가까운 거리에서 생산된 식품(로컬 푸드) 이용
		  ⑥ 식품 폐기물 줄이기
		• 건강한 식생활에서 중요하게 생각하는 가치 두 개를 떠올린
		 후 각자 포스트잇에 작성하기
		  −팀별로 팀원들이 작성한 포스트잇을 모은 후 각자 건강한
		   식생활이 추구하는 가치 중 중요하다고 생각하는 것 세 개
		   를 골라 스티커를 붙인다.
		  −투표 결과 많은 표를 받은 내용 세 개를 골라 교사에게
		   제출한다.
		• 긍정 주제 도출하기
		  −학생들이 제출한 의견을 유목화하여 긍정 주제를 도출한다.
			20′	포스트잇을 모은 후
				중요한 것에
				투표한다.

발견 하기	• 건강한 식생활을 하고 있는 사례를 떠올려 보고 건강한 식생 　활을 하기 위한 아이디어 발견하기 　−주변에서 영상(예: 한국인의 밥상 등)이나 체험을 통해 본 　　건강한 식생활을 하는 모습을 떠올려 보세요. 　−질문지를 활용하여 건강한 식생활이 우리 실생활에 주는 　　최고의 장점은 무엇인지 1:1 인터뷰로 자세하게 묻고 이야 　　기한다. 　−팀별로 인터뷰 내용을 공유·정리한다.	20′	−질문지 유인물 −인터뷰 내용 공유
꿈꾸기	• 건강한 식생활의 모습을 구체적으로 상상하기 　−팀별로 발견하기 단계에서 찾은 건강한 식생활에 대한 좋 　　았던 내용을 토대로 최고의 식생활(밥상 포함)의 모습을 구 　　체적으로 상상하여 표현한다. • 팀별 활동 발표하기 　−팀별로 표현한 최고의 식생활(밥상 포함)의 모습을 벽에 붙 　　이고, 발표한다.	25′	팀별로 전지, 12색 유성펜 1세트 활용
설계 및 다짐 하기	• 건강한 식생활을 하기 위해 우리가 해야 할 일 도출하기 　−건강한 식생활을 하기 위해 우리가 해야 할 일을 세 가 　　지씩 찾아 적는다. • 건강한 식생활을 하기 위한 실천 계획 수립하기 　−실천 계획을 구체적으로 수립한다. • 다짐하기 　−세 가지씩 적은 개인 의견을 모아 팀별로 건강한 식생활 　　을 실천하기 위한 우리의 다짐을 작성한다. 　−완성한 팀은 다짐나무를 게시한 후, 팀원 전체가 실천 　　내용을 읽고 선서한다.	15′	포스트잇, 다짐나무
정리	• 성찰하기 　−두 명씩 짝을 지어 오늘 활동을 통해 배운 점을 한 가지 　　씩 서로 이야기한다. 　−팀별로 한 명의 학생이 발표한다. • 정리하기 　−건강한 식생활 실천 전략을 정리한다.	10′	

〈표 5-4〉 '건강한 식생활 실천하기' 평가 계획과 학교생활기록부 기록 예시

평가 계획	평가 방법	일화기록법, 자기평가, 상호평가
	평가 준거	건강한 식생활 내용을 명확하게 말할 수 있는가?
		토의 시 서로 협동하고 다른 사람의 의견을 존중하며 자신의 생각을 표현하는가?
		건강한 식생활을 하기 위한 내용이 실생활에서 실천 가능한 것인가?
교과 세부능력 특기 사항 기록 예시		• 건강한 식생활 실천하기 AI 수업에서 식생활에서 추구하는 가치와 경험 찾기 질문에 조리 있게 답변하며, 타인의 발표를 잘 경청함. • 꿈꾸기 단계 모둠 활동 시 모둠원의 의견을 적극 수용하며 최고의 밥상과 건강한 식생활 모습을 구체적으로 잘 표현하는 등 모둠원이 즐겁게 참여할 수 있는 분위기를 주도적으로 잘 이끔.

〈표 5-5〉 **발견하기 단계의 질문지**

건강한 식생활 실천하기

기자 : ＿＿＿＿＿＿＿＿＿　답변한 사람 : ＿＿＿＿＿＿＿

1. (　　　　)	지금까지 영상이나 잡지, 서적, 삶의 체험을 통해 경험한 건강한 식생활(건강한 밥상)의 (　　　) 모습을 떠올려 보세요. (　　　) 모습은 어떠했는지 자세하게 이야기해 주세요. (　　　) **모습이 우리에게 주는 의미와 가치는 무엇일까요?**
답변 내용	
2. (　　　　)	지금까지 영상이나 잡지, 서적, 삶의 체험을 통해 경험한 건강한 식생활(건강한 밥상)의 (　　　) 모습을 떠올려 보세요. (　　　) 모습은 어떠했는지 자세하게 이야기해 주세요. (　　　) **모습이 우리에게 주는 의미와 가치는 무엇일까요?**
답변 내용	
3. (　　　　)	지금까지 영상이나 잡지, 서적, 삶의 체험을 통해 경험한 건강한 식생활(건강한 밥상)의 (　　　) 모습을 떠올려 보세요. (　　　) 모습은 어떠했는지 자세하게 이야기해 주세요. (　　　) **모습이 우리에게 주는 의미와 가치는 무엇일까요?**
답변 내용	
4. (　　　　)	지금까지 영상이나 잡지, 서적, 삶의 체험을 통해 경험한 건강한 식생활(건강한 밥상)의 (　　　) 모습을 떠올려 보세요. (　　　) 모습은 어떠했는지 자세하게 이야기해 주세요. (　　　) **모습이 우리에게 주는 의미와 가치는 무엇일까요?**
답변 내용	

활용 Tip

- 4D 프로세스를 시작하기 전에 도출한 긍정 주제를 질문지에 먼저 기입하게 한다.
- 기자 이름과 대답하는 사람의 이름을 기입한다.
- 기자는 제시된 질문을 중심으로 질문하고, 답변하는 사람의 특성을 고려하여 다른 표현을 사용해도 된다. 질문에 대한 답변의 주요 내용을 질문지에 기록한다.
- 답변하는 사람은 자신의 경험과 생각을 성의 있게 대답한다.

〈표 5-6〉 **다짐하기 단계의 활동지**

건강한 식생활을 실천하기 위한 우리의 다짐

건강한 식생활을 실천하기 위해 다음의 사항을 꼭 지키겠습니다.

1.

2.

3.

4.

5.

20   년   월   일
○○ _____ 학교

(서명)	(서명)	(서명)
(서명)	(서명)	(서명)

활용 Tip

• '우리의 다짐'은 가능하면 모둠별로 작성하는 것이 바람직하지만, 개별적으로 작성할 수도 있다.
• 다짐 내용에 대해 이름을 쓰고 서명하는 것은 학생들의 실천 의지를 높여 준다. 교사도 함께 서명을 한다면 학생들이 더욱 책임감 있게 행동할 것이다.
• 다짐 내용은 반드시 학급 내 전체 학생 앞에서 발표하도록 한다.
• 1~2주 또는 방학 등의 일정 기간이 지난 후 다짐 내용에 대한 실천을 점검하는 성찰 활동을 하는 것이 바람직하다.

2) AI로 하는 국어 수업

(1) 국어 교과의 특성

'국어'는 국어를 정확하고 효과적으로 사용하는 데 필요한 능력과 태도를 기르고, 가치 있는 국어 활동을 통해 바람직한 인성과 공동체 의식을 함양하는 과목이다. 따라서 학생은 국어 학습을 통해 비판적 · 창의적 사고 역량, 자료 · 정보 활용 역량, 의사소통 역량, 공동체 · 대인 관계 역량, 문화 향유 역량, 자기 성찰 · 계발 역량을 기를 수 있다는 특성이 있다.

또한 국어는 다른 교과의 학습 및 비교과 활동과 범교과적으로 연계되어 범교과적 내용이나 주제를 담은 담화나 글 또는 작품을 듣기 · 말하기, 읽기, 쓰기의 활동 자료로 활용함으로써 미래 사회가 요구하는 융합형 인재를 기르는 데 목적이 있다. 국어의 교수 · 학습과 평가는 학생이 다양한 차원의 통합적 활동을 통하여 교과 역량을 기반으로 한 실질적인 국어 능력을 기르도록 하는 데 중점을 두고 있다.

(2) 국어교과를 위한 AI 주제

국어는 교과 특성상 듣기 · 말하기, 읽기, 쓰기 활동 및 문법 탐구와 문학 등 6개 영역으로 구분되어 다양한 유형의 담화, 글, 작품을 정확하고 비판적으로 이해하고 효과적 · 창의적으로 표현하며 소통하는 데 필요한 기능을 익히는 교과다. 이처럼 다양한 영역으로 구분되어 있기에 AI 활동에 대한 주제 선택의 폭도 넓다. 국어 교과를 위한 AI 주제를 영역별로 제안하면 〈표 5-7〉과 같다.

〈표 5-7〉 **국어 교과를 위한 AI 주제**

영역	핵심 개념	내용 요소	AI 주제
듣기 · 말하기	듣기 · 말하기의 본질	사회 · 문화성	• 듣기, 말하기의 중요성과 맥락을 이해하고 활용하기
	• 목적에 따른 담화의 유형 　-정보 전달 　-설득 　-친교 · 정서 표현 　-듣기 · 말하기와 매체	• 대화: 언어예절 • 토론: 논증 구성 • 협상	• 타인과의 관계 형성에서 바람직한 언어예절 사용 • 올바른 협상 방법으로 자기가 필요한 정보 얻기
	• 듣기 · 말하기의 구성 요소 　-화자 · 청자 · 맥락 • 듣기 · 말하기의 과정 • 듣기 · 말하기의 전략 　-표현 전략 　-상위 인지 전략	의사소통: 과정의 점검과 조정	• 경청과 공감으로 의사소통하기
	• 듣기 · 말하기의 태도 　-듣기 · 말하기의 윤리 　-공감적 소통의 생활화	담화 관습의 성찰	• 타인의 입장을 이해하며 공감적 소통하기
읽기	읽기의 본질	사회적 상호 작용	• 책으로 세상 읽기
	• 목적에 따른 글의 유형 　-정보 전달 　-설득 　-친교 · 정서 표현 • 읽기와 매체	• 인문 · 예술, 사회 · 문화, 과학 · 기술 분야의 다양한 화제 • 한 편의 글과 매체	• '왕의 남자' 되어 보기
	• 읽기의 구성 요소 　-독자 · 글 · 맥락 • 읽기의 과정 • 읽기의 방법 　-사실적 이해 　-추론적 이해 　-비판적 이해 　-창의적 이해 　-읽기 과정의 점검	• 관점과 표현 방법의 평가 • 비판적 · 문제 해결적 읽기 • 읽기 과정의 점검과 조정	• '관동별곡' 속의 자연 공유하기

	• 읽기의 태도 −읽기 흥미 −읽기의 생활화	자발적 읽기	• 한 권의 책을 읽으면서 내용 상상하기
쓰기	쓰기의 본질	사회적 상호작용	• 지구온난화가 인류의 생활에 끼치는 영향 글로 쓰기
	• 목적에 따른 글의 유형 −정보 전달 −설득 −친교 · 정서 표현 • 쓰기와 매체	• 설득하는 글 • 정서를 표현하는 글	• '세상을 바꾸는 선택, 공정여행'과 함께 떠나는 여행견문록 작성하기
	• 쓰기의 구성 요소 −필자 · 글 · 맥락 • 쓰기의 과정 • 쓰기의 전략 −과정별 전략 −상위 인지 전략	• 쓰기 맥락 • 고쳐 쓰기: 쓰기 과정의 점검	•『로마유감』을 읽고 여기서 사용된 문체와 표현 방법을 사용하여 짧은 글 짓기
	• 쓰기의 태도 −쓰기 흥미 −쓰기 윤리 −쓰기의 생활화	책임감 있게 쓰기	• 저작권에 관한 자신만의 글쓰기
문법	국어의 본질	역사적 실체	• 훈민정음이 창제된 시기로 시간여행 하기
	• 국어 구조의 탐구와 활용 −음운 −단어 −문장 −담화	• 음운의 변동 • 문법 요소의 특성과 사용	• 단어, 문장, 담화를 구분하여 글쓰기
	• 국어 규범과 국어생활 −발음과 표기 −어휘 사용 −문장 · 담화의 사용	한글 맞춤법의 원리와 내용	• 속어, 비어가 우리 사회에 미치는 영향 말하기
	• 국어에 대한 태도 −국어 사랑 −국어 의식	국어 사랑과 국어 발전 의식	• 미래 사회에서의 한글은 어떻게 변화할까?

문학	문학의 본질	유기적 구조	•『한중록』 속의 주인공이 되어 그 시대의 모습을 재현해 보기
	• 문학의 갈래와 역사 　－서정 　－서사 　－극 　－교술 • 문학과 매체	• 서정 • 서사 • 극 • 교술 • 문학 갈래의 역사	•『흥부전』 작품을 감상하면서 문학의 계승과 발전 이해하기
	• 문학의 수용과 생산 　－작품의 내용·형식·표현 　－작품의 맥락 　－작가와 독자	• 갈래 특성에 따른 형상화 방법 • 다양한 사회·문화적 가치 • 시대별 대표작	• '관동별곡'의 정서적·심미적 삶을 표현하기
	• 문학에 대한 태도 　－자아 성찰 　－타자의 이해와 소통 　－문학의 생활화	문학의 주체적 수용과 생활화	• 문학으로 사회적 소통하기

(3) AI를 활용한 국어 수업

오늘날과 같이 과학, 기술, 인구 증가 등 모든 것이 빠른 속도로 변화하는 사회에 관광산업 분야에서도 새로운 형태의 여행이 나타나고 있다. 기존 여행의 한계를 극복하고 지역, 환경, 사회, 문화에 대한 이해를 바탕으로 이익을 지역사회에 환원하는 공정여행이 바로 그것이다. 공정여행은 여행의 대가로 지구의 환경을 생각하고 각 지역의 문화를 존중하는 여행이기에 오늘날과 같이 자기중심적인 사회에서 상호 배우고 성장하는 상생의 여행이다. 즉, 공정여행은 공간과 사람, 삶에 관한 문제를 생각하는 여행으로 현대사회에 꼭 필요하기 때문에 학습 주제로 선정하게 되었다. 이 주제는 고등학교 1학년 통합사회교과의 '삶의 이해와 환경' '사회 변화와 공존'과 연계하였다.

단계	도입	전개				정리
		긍정 주제 찾기	발견하기	꿈꾸기	설계 및 다짐 하기	
주요 활동	• '청소년 공정여행' 시청하기 • AI 프로그램 소개하기 • 학습 주제 안내하기	• '세상을 바꾸는 선택, 공정 여행' 주제 관련 경험, 긍정 주제 도출하기	• 경제·사회· 문화·환경 적 측면에서 제시된 공정 여행의 구체 적 사례를 찾 아, 내가 하고 싶은 공정여 행 만들기 아 이디어 발견 하기	• 내가 계획한 공정 여행을 상상하여 그 림으로 표현 하기	• 공정여행 확 대를 위해 우 리가 해야 할 일 도출하기 • 실천 계획 수립하기 • 다짐하기	• 배운 점 성찰하기 • 정리하기
방법	동영상 시청	명목집단	1:1 인터뷰	그림으로 표현하기	명목집단법, 소망의 나무	동영상 시청

[그림 5-2] '세상을 바꾸는 선택, 공정여행' AI 프로그램 진행 절차

[그림 5-2]는 '세상을 바꾸는 선택, 공정여행' 프로그램 진행절차이고, 〈표 5-8〉 〈표 5-9〉는 [그림 5-2]에 제시된 진행 절차에 따라 구체적인 수업 운영 전략을 제시한 교수·학습 과정안이다. 이 수업은 100분으로 계획되어 있어, 블록 수업으로 운영하거나 두 개 차시로 나누어 운영할 수 있다. '세상을 바꾸는 선택, 공정여행'은 학생들이 일반여행과 공정여행의 차이점을 통해 공정여행의 특성을 도출하여 공유하고 구체적 사례를 찾아, 내가 하고 싶은 공정여행을 만드는 아이디어 발견하기 등으로 진행된다. 이 프로그램을 통해 학생들은 공정여행의 중요성과 공정여행을 통해 세상을 바꾸는 실천 전략 등을 학습하게 된다.

〈표 5-8〉 '세상을 바꾸는 선택, 공정여행' 지도계획

학교급	고등학교	학년	1	교과	국어
단원명	문장과 글쓰기			수업시간	(100)분
주제	세상을 바꾸는 선택, 공정여행				
연관교과 (단원또는 주제)	통합사회: 삶의 이해와 환경, 사회 변화와 공존				
성취기준	[10국03-02] 주제, 독자에 대한 분석을 바탕으로 타당한 근거를 들어 설득하는 글을 쓴다.				
성취수준	상	공정여행 주제에 관한 자료 분석을 바탕으로 경제, 문화, 환경과 관련된 타당한 근거를 들어 독자를 설득하는 글을 쓸 수 있다.			
	중	공정여행 주제에 관한 자료를 분석하여 독자를 설득하는 글을 쓸 수 있다.			
	하	공정여행 주제에 관한 자료를 분석한 글을 쓸 수 있다.			
교수·학습 자료	• 준비물: 포스트잇(76×76mm) 팀별 1묶음씩, 12색 유성펜 팀별 1세트씩, 전지 팀별 2장씩, 의견표시용 스티커, 셀로판테이프 팀별 1개씩, 다짐나무 • 질문지 유인물				
지도상의 유의점	• 6인 1팀으로 활동할 수 있도록 책상을 배치한다. • 공정여행과 공정무역의 차이점을 비교 분석할 수 있도록 지도한다. • 공정여행을 단순한 여행이 아니라 경제, 문화, 환경과의 관련성과 연관하여 설명한다.				

〈표 5-9〉 '세상을 바꾸는 선택, 공정여행' 교수·학습 과정안

단계		교수·학습 활동	시간	자료 및 유의점
도입	AI 활동 소개 하기	• 인사하기 • '청소년 공정여행'을 시청하며 느낀 점 발표하기 • 학습 주제 및 활동 소개하기 　-주제: 세상을 바꾸는 선택, 공정여행 　-AI 활동(좋은 경험을 찾아 이를 토대로 우리가 해야 할 일을 계획하는 활동) 소개하기 　-학습 목표 제시하기	10′	동영상 자료
전개	긍정 주제 찾기	• 세상을 바꾸는 선택, 공정여행과 일반여행 비교해 보기 　-일반여행과 공정여행에 대해 비교하여 설명한다. 　　① 일반여행: 자기가 사는 곳을 떠나 유람을 목적으로 객지를 두루 돌아다니는 여행 　　② 공정여행: 지역, 환경, 사회, 문화에 대한 이해를 바탕으로 이익을 지역 공동체에 환원하는 여행 • 공정여행과 경제 이해하기 　-공정여행은 경제적으로 현지인에게 도움이 되는 소비를 추구한다. 　-숙소 이용: 전 세계 가맹점을 가지고 있는 호텔, 리조트보다 현지인들이 운영하는 소규모 숙소를 선택한다. 　-음식: 다국적 패스트푸드 식당보다 지역 식당을 이용한다. 　-쇼핑: 백화점, 대형 쇼핑센터보다 현지 시장을 이용한다. 　-결론: 지역의 숙소와 식당, 지역의 교통수단 이용으로 지역과 만나 소통하는 여행이다. • 공정여행과 환경 이해하기 　-편안한 여행의 대가로 자연이 파괴되지 않도록 지구의 환경을 생각하는 여행이다. 　-쓰레기 줄이기, 에너지 절약은 기본이다. 　-자연을 파괴할 수 있거나 동물을 이용하는 여행 상품은 이용하지 않는다. 　-멸종 위기에 놓인 동물 기념품을 사지 않는다. • 공정여행과 문화 이해하기 　-해당 국가의 독자적인 문화를 인정하고 존중한다. 　-무슬림 국가의 기도 모습, 오체투지 모습 등에서 그 문화에서 지켜야 할 예의와 태도를 배운다. • 공정여행과 일반여행의 차이점 비교하기 　-공정여행: 관계, 만남, 어떻게의 문제이다. 　-일반여행: 소비, 떠남, 어디로의 문제이다.	20′	자신의 의견을 자유롭게 제시할 수 있는 학습 분위기 조성하기

전개		−바람직한 공정여행에 대한 의견을 포스트잇에 적어 팀별로 모은 후 개인별로 중요하다고 여겨지는 내용 세 개를 골라 스티커를 붙인다. −팀별로 스티커를 가장 많이 받은 것을 네 개씩 교사에게 제출한다. • 긍정 주제 도출하기 −학생들이 제출한 의견을 유목화하여 긍정 주제를 도출한다.		포스트잇
	발견 하기	• 경제, 사회, 문화, 환경적 측면에서 제시된 공정여행의 구체적 사례찾기 −도출된 긍정 주제를 질문지에 적고 1:1 인터뷰로 자세하게 묻고 이야기한다. −자신이 직접 경험한 일반여행 또는 공정여행의 사례 또는 사진, 영상 등 간접 체험을 이야기한다. −팀별로 인터뷰 결과를 공유·정리한다.	20′	−질문지 유인물 −인터뷰 내용공유
	꿈 꾸 기	• 10년 후 나의 공정여행 계획하기 −팀별로 발견하기 단계에서 찾은 내용을 토대로 10년 후의 내가 계획하는 공정여행을 상상하여 그림으로 표현한다. • 팀별 활동 발표하기 −팀별로 작업한 것을 벽에 붙이고, 각 팀의 논의 내용을 발표한다.	30′	팀별로 전지, 12색 유성펜 1세트 활용
	설계 및 다짐 하기	• 공정여행 확대를 위해 우리가 할 일 도출하기 −미래의 여행 패턴이 상생하는 공정여행으로 확대되도록 우리는 무엇을 어떻게 해야 할까요? −각자 세 가지씩 의견을 제시한다. • 공정여행 확대를 위해 실천 계획 수립하기 −여행은 지속가능한 관광이라는 개념하에 공정여행을 확대할 수 있는 실천 계획을 세운다. • 다짐하기 −개인 의견을 세 가지씩 포스트잇에 적어 다짐나무에 붙이고 다짐한다.	15′	포스트잇, 다짐나무
정리		• 성찰하기 −두 명씩 짝을 지어 오늘 활동을 통해 배운 점을 한 가지씩 서로 이야기한다. −팀별로 한 명의 학생이 발표한다. • 정리하기 −'공정여행(cafe.daum.net/fairtour/JN3x/4638함께하는 공정여행) 동영상'을 시청하면서 모두가 즐겁게 공존하는 사회를 만들기 위한 실천방법을 정리한다.	5′	동영상 자료

〈표 5-10〉 '세상을 바꾸는 선택, 공정여행' 평가 계획과 학교생활기록부 기록 예시

평가 계획	평가 방법	활동의 기록분석법, 일화기록법, 상호평가
	평가 준거	공정여행에 대한 정보를 선별하여 공정여행이 필요한 이유에 대해 설명할 수 있는가?
		공정여행과 경제, 환경, 문화의 관련성을 설명할 수 있는가?
		정보를 조직하여 지속가능한 공정여행 계획서를 작성할 수 있는가?
교과 세부능력 특기사항 기록 예시		• 일반 여행은 물론 공정여행에 관심이 많고 공정여행에 대한 계획서를 작성하는 능력이 뛰어남 • 지속가능한 공정여행 방법을 구체적인 사례를 들어 설명을 잘함 • 공정여행이 단순한 여행이 아니라 지역의 경제, 환경, 문화와 밀접하게 관련되어 있는 사례를 구체적으로 설명하여 급우들이 잘 이해할 수 있도록 도움을 주었음

〈표 5-11〉 **발견하기 단계의 질문지**

	'세상을 바꾸는 선택, 공정여행'
	기자 : _____ 답변한 사람 : _____
1. ( )	여행을 하면서 여행자들에게는 지속가능한 삶을 위한 감동과 배움을, 여행 방식을 통해서는 모두가 ( )사회를 만들 수 있다고 생각했던 때에 대해 말해 주세요. ① 그때 당신 자신과 당신의 정체성, 문화유산에 대해 소중하게 여겼던 것은 무엇이었나요? ② 그곳에서 누가 당신과 같은 생각을 가지고 있었나요? ③ 그때 경험 중 어떤 부분이 당신에게 특별하게 다가왔나요?
답변 내용	
2. ( )	여행을 하면서 여행자들에게는 지속가능한 삶을 위한 감동과 배움을, 여행 방식을 통해서는 모두가 ( )사회를 만들 수 있다고 생각했던 때에 대해 말해 주세요. ① 그때 당신 자신과 당신의 정체성, 문화유산에 대해 소중하게 여겼던 것은 무엇이었나요? ② 그곳에서 누가 당신과 같은 생각을 가지고 있었나요? ③ 그때 경험 중 어떤 부분이 당신에게 특별하게 다가왔나요?
답변 내용	
3. ( )	여행을 하면서 여행자들에게는 지속가능한 삶을 위한 감동과 배움을, 여행 방식을 통해서는 모두가 ( )사회를 만들 수 있다고 생각했던 때에 대해 말해 주세요. ① 그때 당신 자신과 당신의 정체성, 문화유산에 대해 소중하게 여겼던 것은 무엇이었나요? ② 그곳에서 누가 당신과 같은 생각을 가지고 있었나요? ③ 그때 경험 중 어떤 부분이 당신에게 특별하게 다가왔나요?
답변 내용	
4. ( )	여행을 하면서 여행자들에게는 지속가능한 삶을 위한 감동과 배움을, 여행 방식을 통해서는 모두가 ( )사회를 만들 수 있다고 생각했던 때에 대해 말해 주세요. ① 그때 당신 자신과 당신의 정체성, 문화유산에 대해 소중하게 여겼던 것은 무엇이었나요? ② 그곳에서 누가 당신과 같은 생각을 가지고 있었나요? ③ 그때 경험 중 어떤 부분이 당신에게 특별하게 다가왔나요?
답변 내용	

활용 Tip

• 4D 프로세스를 시작하기 전에 도출한 긍정 주제를 질문지에 먼저 기입하게 한다.
• 기자 이름과 답변하는 사람의 이름을 기입한다.
• 기자는 제시된 질문을 중심으로 질문하고, 답변하는 사람의 특성을 고려하여 다른 표현을 사용해도 된다. 질문에 대한 답변의 주요 내용을 질문지에 기록한다.
• 답변하는 사람은 자신의 경험과 생각을 성의 있게 대답한다.

〈표 5-12〉 **다짐하기 단계의 활동지**

공정여행을 실천하기 위한 우리의 다짐

공정여행을 실천하기 위해 다음의 사항을 꼭 지키겠습니다.

1.

2.

3.

4.

5.

20   년   월   일

○○ ＿＿＿ 학교

(서명)	(서명)	(서명)
(서명)	(서명)	(서명)

활용 Tip

- '우리의 다짐'은 가능하면 팀별로 작성하는 것이 바람직하지만, 개별적으로 작성할 수도 있다.
- 다짐 내용에 대해 이름을 쓰고 서명하는 것은 학생들의 실천 의지를 높여 준다. 교사도 함께 서명을 한다면 학생들이 더욱 책임감 있게 행동할 것이다.
- 다짐 내용은 반드시 학급 내 전체 학생 앞에서 발표하도록 한다.

3) AI로 하는 한국사수업

(1) 한국사 교과의 특성

한국사는 우리 역사가 형성·발전되어 온 과정을 세계사의 흐름 속에서 심층적으로 이해함으로써 역사적 사고력과 현대사회에 대한 통찰력을 기르기 위한 교과다. 즉, 과거의 역사적 사실과 역사의 무대에서 활동한 인간의 삶을 오늘날 우리의 모습과 연관 지어 이해하여 인간과 사회 전반에 관한 폭넓은 안목과 역사적 사고력을 기른다. 이 과정에서 인간의 삶과 관련된 문제들을 다양한 시각에서 해석하고 과거와 현재, 나와 타인의 삶에 대해 성찰하는 능력을 기른다. 특히 고등학교 과정은 근현대사를 중심으로 세계사의 흐름 위에서 한국사를 주체적으로 파악하는 특성을 가지고 있다.

(2) 한국사 교과를 위한 AI 주제

한국사는 학교 현장에서 우리 역사의 흐름을 전반적으로 다루면서 주제별로, 때로는 영역별로, 분야별로 다양하게 접근되고 있다. 접근 방법이 다양하다는 것은 그만큼 AI에서 다룰 수 있는 주제들이 많다고 볼 수 있다. 여기서는 교과서 편제에 따라 한국사의 흐름대로 주제를 배열하고, 소주제를 중심으로 AI 주제를 제안하였다. AI 주제들은 인식의 제고 측면에서 다룰 수 있는 주제들로 〈표 5-12〉와 같다.

〈표 5-13〉 **한국사 교과를 위한 AI 주제**

대주제	소주제	AI 주제
우리 역사의 형성과 고조선의 성립	• 역사의 의미와 역사 학습의 목적 • 만주와 한반도 지역의 선사 문화 • 고조선의 발전과 여러 나라의 성장	• 신석기 혁명은 인류 생활에 어떠한 변화를 가져왔는가? • 단군 신화를 통해 본 상고 시대 우리의 역사를 상상하기

고대 국가의 발전	• 삼국의 성장과 가야 • 삼국 간의 경쟁과 신라의 삼국 통일 • 남북국의 성립과 발전 • 고대의 문화와 대외 교류	• 삼국사기에서 가야의 모습 찾아보기 • 고구려의 영토 팽창과 중국의 역사 왜곡, 동북공정 • 중국의 다민족통일국가론의 몸통, 요하문명의 숨겨진 비밀 • 신라의 삼국통일을 통해 본 우리의 통일은 어떤 모습일까? • 해동성국 발해의 찬란한 문화를 찾아가는 시간여행 • 지도로 찾아가는 삼국과 가야 문화의 일본 전파 루트
고려의 성립과 발전	• 고려의 성립과 통치 체제의 정비 • 무신 정권의 성립과 농민·천민의 봉기 • 대몽 항쟁과 반원 자주화의 노력 • 고려 문화와 대외 교류	• 고려 건국의 의미는? • 팔만대장경이 우리 문화에 차지하는 역할과 영향은? • 다인종 다민족국가 고려에서 살아 보기
조선의 성립과 발전	• 조선의 통치 체제 정비 • 왜란과 호란 • 정치 운영의 변화와 사회·경제적 변동 • 사상과 문화의 변화	• 유자의 나라 조선에서 살아 보기 • 훈민정음과 측우기를 통해 본 조선 문화 • 아! 명량대첩 • 김홍도 그는 누구인가?
국제 질서의 변동과 근대 국가 수립 운동	• 개항과 개화 정책의 실시 • 근대 국가 수립 노력 • 일제의 침략과 국권 수호 운동의 전개 • 독도와 간도	• 개화와 천사 사이의 조선의 운명 • 실증적 지도를 통해 본 우리 땅, 독도의 현주소 • 또 하나의 우리 땅, 간도의 모든 것!
일제 강점과 민족 운동의 전개	• 1910년대 일제의 식민 통치와 3·1운동 • 1920년대 일제의 식민 통치와 국내외 민족 운동 • 1930년대 이후 일제의 식민 통치와 국내외 민족 운동	• 독립운동 프로젝트 세우기
대한민국의 발전과 현대 세계의 변화	• 대한민국 수립과 6·25전쟁 • 자유 민주주의의 발전 • 경제 성장과 사회·문화의 변화 • 북한의 변화와 남북 간의 평화 통일 노력 • 현대 세계의 변화	• 민주주의 국가로 발전하기 위한 프로젝트 수립하기 • 통일을 위한 우리의 역할과 계획 세우기 • 미래 사회와 우리 삶의 변화

(3) AI를 활용한 한국사수업

한국사 수업 중, 고구려의 영토, 역사 등은 중국의 역사 왜곡과 관련이 깊기 때문에 역사 인식을 바로잡기 위하여 고구려의 영토 팽창을 AI를 활용한 수업 주제로 선정하였다. 이 수업은 [그림 5-3]처럼 설계하기와 다짐하기를 통합·운영할 수 있도록 계획하였다.

단계	도입	전개				정리
		긍정 주제 찾기	발견하기	꿈꾸기	설계 및 다짐하기	
주요 활동	• 동영상 시청(태왕사신기)하기 • AI 프로그램 소개하기 • 학습 주제 안내하기	• 5세기의 고구려 광개토 대왕과 장수왕의 영토 팽창 관련 긍정 주제 도출하기	• 5세기경의 고구려에 대한 경험과 중국의 역사 왜곡에 대한 경험 모으기, 인터뷰와 인터뷰 내용 공유하기	• 통일 후 우리의 영토를 글이나 그림 또는 노래 개사 등 다양한 방법으로 표현하기	• 중국의 역사 왜곡에 대응하기 위해 우리가 해야 할 일 도출하기 • 실천 계획 수립하기 • 다짐하기	• 성찰하기 • 정리하기
방법	동영상 시청	명목집단법	1:1 인터뷰 명목집단법	글, 그림, 노래 개사 등으로 표현	명목집단법 다짐나무	동영상 시청

[그림 5-3] '고구려의 영토 팽창과 중국의 역사 왜곡 바로잡기' AI 프로그램 진행 절차

〈표 5-14〉〈표 5-15〉는 [그림 5-3]에 제시된 진행 절차에 따라 구체적인 수업 운영 전략을 제시한 교수·학습 과정안이다. 이 수업은 100분으로 계획되어 있으므로, 블록 수업으로 운영하거나 두 개 차시로 나누어 운영할 수 있다. '고구려의 영토 팽창과 중국의 역사 왜곡 바로잡기' 프로그램은 올바른 역사 인식을 확립하기 위하여 고구려의 영토 팽창과 광개토 대왕과 장수왕의 업적을 찾아보고 중국의 역사 왜곡에 대한 경험 찾기 1:1 교차 인터뷰를 한다. 학생들이 중국의 동북공정뿐만 아

니라 주변 국가들의 역사 왜곡에 대해 올바른 영토관을 갖고 대처할 수 있는 능력을
기를 수 있도록 구성하였다.

〈표 5-14〉 '고구려의 영토 팽창과 중국의 역사 왜곡 바로잡기' 지도 계획

학교급	고등학교	학년	1	교과	한국사
단원명	삼국 간의 항쟁			수업시간	(100)분
주제	고구려의 영토 팽창과 중국의 역사 왜곡 바로잡기				
연관 교과 (단원 또는 주제)	• 사회: 사회를 바라보는 창 – 다양한 자료(예: 통계, 지도, 신문 기사 등)를 활용하여 사회 현상을 분석한다. • 동아시아사: 동아시아 세계의 성립 – 조공·책봉 관계를 포함한 동아시아의 다양한 외교 관계를 각국의 상호 필요라는 관점에서 파악한다.				
성취기준	[10한사-02-02] 삼국 간의 경쟁과 가야 세력의 쇠퇴 및 고구려와 수·당의 전쟁과정을 살펴보고, 삼국통일의 역사적 의미를 토론한다.				
성취수준	상	5세기의 지도와 고구려의 영토 팽창의 관계를 해석하여 왕들의 업적을 구분하여 설명할 수 있고 동북공정의 실체를 분석할 수 있다.			
	중	5세기 지도와 고구려의 영토 팽창과의 관계를 이해하며 동북공정을 설명할 수 있다.			
	하	5세기 고구려의 영토 팽창과 동북공정을 개략적으로 말할 수 있다.			
교수·학습 자료	• 준비물: 포스트잇(76×76mm) 팀별 1묶음씩, 12색 유성펜 팀별 1세트씩, 전지 팀별 2장씩, 의견 표시용 스티커, 셀로판테이프 팀별 1개씩, 다짐나무 • 질문지 유인물				
지도상의 유의점	• 6인 1팀으로 모둠을 구성하여 책상을 배치한다. • 5세기 삼국의 형세도를 설명할 수 있도록 지도한다. • 동북공정의 실체를 파악하여 역사왜곡에 대처하는 능력을 기를 수 있도록 지도한다.				

〈표 5-15〉 '고구려의 영토 팽창과 중국의 역사 왜곡 바로잡기' 교수 · 학습 과정안

단계		교수 · 학습 활동	시간	자료 및 유의점
도입	AI 활동 소개 하기	• 인사하기 • MBC 드라마 '태왕사신기'의 일부 시청하기 　－'태왕사신기'의 주인공은 누구인가? 　－광개토 대왕과 연관된 단어를 학생들과 함께 마인드맵으로 구성한 　　다. 　－중국의 동북공정에 대해 간단한 질의응답을 한다. • 학습 주제 및 활동 소개하기 　－주제: 고구려의 영토 팽창과 중국의 역사 왜곡 바로잡기 　－AI 활동 소개: 좋은 경험을 찾아 이를 토대로 우리가 해야 할 일을 　　계획하는 활동을 소개한다. 　－학습 목표 제시하기	10′	동영상 자료
전개	긍정 주제 찾기	• 5세기의 고구려(광개토 대왕과 장수왕의 영토 팽창) 관련 긍정 주 　제 찾기 　－5세기 고구려의 형세: 지도를 보고 설명한다. 　－광개토 대왕과 장수왕의 업적을 비교 설명한다. 　① 광개토 대왕의 업적: 영토 확장[서: 랴오허, 북: 개원(開原)～영안 　　(寧安), 동: 훈춘(琿春), 남: 임진강 유역], 영락 연호 사용(영락대 　　왕), 5만의 군대를 보내 신라를 도와 왜구 토벌, 한강 이북 점령, 중 　　앙관직 신설, 수묘인(守墓人)제도 재정비, 평양에 9사(寺)를 창건 　　하여 불교 장려 　② 장수왕의 업적: 평양 천도, 남하정책, 중원고구려비, 백제 정벌, 　　지방제도 정비, 5부 신설 중앙집권체제 확립 등 　　－고구려가 가장 강성했던 5세기 '고구려의 영토 팽창'과 관련된 　　　내용 세 가지를 포스트잇에 작성한다. • 포스트잇에 작성할 때 중국의 역사 왜곡과 연관된 문제 안내하기 　－팀별로 의견이 적힌 포스트잇을 모은 후 각자 중요한 것 세 개를 　　골라 스티커를 붙인다. 　－팀별로 스티커를 가장 많이 받은 것 네 개씩 교사에게 제출한다. • 긍정 주제 찾기 　－학생들이 제출한 의견을 유목화하여 긍정 주제를 찾도록 유도한다.	20′	자신의 의견을 자유롭게 제시할 수 있는 학습 분위기 조성하기

전개	발견 하기	• 고구려의 영토 팽창에 대한 최고의 경험을 찾고 중국의 역사왜곡 인식하기 – 고구려의 영토가 최대판도를 이룩한 지도를 통해 우리 영토의 방대함을 상상한다. – 고구려의 방대한 영토에 대해 오늘날 중국의 동북공정은 고구려의 독립성을 훼손하고 있음을 주지시킨다. – 동북공정의 실체를 파악한다. – 질문지를 활용하여 1:1 인터뷰한다. – 팀별로 인터뷰 결과를 공유 · 정리한다.	20′	– 질문지 유인물 – 인터뷰 내용 공유
	꿈꾸기	• 통일 후 우리의 영토 상상하기 – 팀별로 발견하기 단계에서 찾은 내용을 토대로 중국의 역사 왜곡에 대응시킨다. – 통일 후 우리의 영토를 상상하여 글, 그림, 노래 개사 등으로 표현한다. • 팀별 활동 발표하기 – 팀별로 작업한 것을 벽에 붙이고, 각 팀의 논의 내용을 발표한다.	30′	팀별로 전지, 12색 유성펜 1세트 활용
	설계 및 다짐 하기	• 중국의 역사 왜곡에 대응하기 위해 우리가 해야 할 일 도출하기 – 중국의 역사 왜곡에 대응하기 위해 우리는 무엇을 어떻게 해야 할까요? – 각자 세 가지씩 의견을 제시한다. • 중국의 역사 왜곡에 대응하기 위해 우리가 할 일 계획 수립하기 – 통일 이후에 발생하는 민족 간의 갈등 해소 방법에 대해 토론한다. • 다짐하기 – 의견을 모아 팀별로 '우리의 다짐'을 작성한다. – 완성된 팀은 다짐나무 앞에서 팀원이 선서한 후 게시한다.	15′	포스트잇, 다짐나무
정리		• 성찰하기 – 두 명씩 짝을 지어 오늘 활동을 통해 배운 점을 한 가지씩 서로 이야기한다. – 팀별로 한 명의 학생이 발표한다. • 정리하기 – KBS 드라마 '광개토 대왕'의 일부를 시청하면서 고구려의 영토 팽창 과정을 통해 중국의 역사 왜곡에 대응하기 위한 실천방법을 정리한다.	5′	–

〈표 5-16〉 '고구려의 영토 팽창과 중국의 역사 왜곡 바로잡기' 평가 계획과 학교생활기록부
기록 예시

평가 계획	평가 방법	활동의 기록분석법, 일화기록법
	평가 준거	5세기 고구려의 형세를 인지하고 있는가?
		주변 국가들의 역사 왜곡 사실을 정확히 인지하고 있는가?
		올바른 역사관을 갖기 위한 계획 및 통일 이후의 방안이 잘 계획되어 있는가?
교과 세부능력 특기 사항 기록 예시		• 고구려의 영토팽창과 중국의 역사 왜곡 바로잡기를 주제로 한 AI 4D 프로세스 수업에서 활동 주제와 관련된 광개토 대왕과 장수왕의 업적에 관한 책, 5세기 고지도, 중국의 동북공정에 대한 방송기사 등의 자료에 대한 이해를 바탕으로 자신의 의견을 논리적으로 전개하는 등 역사 자료 분석과 해석 능력이 탁월함 • 지정학적 측면에서의 우리나라 위치의 중요성을 인식하고 주변 국가들의 역사 왜곡에 대응하는 방법을 잘 발표하고, AI 4D 프로세스 활동에 적극적으 로 참여함 • 협력적인 태도를 보여 모둠원들이 즐겁게 참여하도록 리드함

〈표 5-16〉 **발견하기 단계의 질문지**

고구려의 영토 팽창과 중국의 역사 왜곡 바로잡기

기자 : _____ 답변한 사람 : _____

1. (　　　)	우리 역사상 가장 강성한 국가였던 5세기 고구려의 (　　　)에 대해 이야기해 주세요. ① 그때 무슨 일이 있었는지 자세하게 이야기해 주세요. ② 그곳에 누가 있었나요? ③ (　　)와 관련하여 당신이 가장 중요하게 생각하는 것은 무엇인가요? ④ 동북공정은 당신에게 어떠한 영향을 끼쳤나요?
답변 내용	
2. (　　　)	우리 역사상 가장 강성한 국가였던 5세기 고구려의 (　　　)에 대해 이야기해 주세요. ① 그때 무슨 일이 있었는지 자세하게 이야기해 주세요. ② 그곳에 누가 있었나요? ③ (　　)와 관련하여 당신이 가장 중요하게 생각하는 것은 무엇인가요? ④ 동북공정은 당신에게 어떠한 영향을 끼쳤나요?
답변 내용	
3. (　　　)	우리 역사상 가장 강성한 국가였던 5세기 고구려의 (　　　)에 대해 이야기해 주세요. ① 그때 무슨 일이 있었는지 자세하게 이야기해 주세요. ② 그곳에 누가 있었나요? ③ (　　)와 관련하여 당신이 가장 중요하게 생각하는 것은 무엇인가요? ④ 동북공정은 당신에게 어떠한 영향을 끼쳤나요?
답변 내용	

활용 Tip
- 4D 프로세스를 시작하기 전에 도출한 긍정 주제를 질문지에 먼저 기입하게 한다.
- 기자 이름과 답변하는 사람의 이름을 기입한다.
- 기자는 제시된 질문을 중심으로 질문하고, 답변하는 사람의 특성을 고려하여 다른 표현을 사용해도 된다. 질문에 대한 답변의 주요 내용을 질문지에 기록한다.
- 답변하는 사람은 자신의 경험과 생각을 성의 있게 대답한다.

〈표 5-18〉 다짐하기 단계의 활동지

중국의 역사 왜곡에 대한 우리의 다짐

중국의 역사 왜곡에 대응하기 위해 우리는 고구려의 영토를 생각하며

다음의 사항을 꼭 지키겠습니다.

1.

2.

3.

4.

5.

20　년　월　일
○○ _____ 학교

(서명)	(서명)	(서명)
(서명)	(서명)	(서명)

활용 Tip

• '우리의 다짐'은 가능하면 모둠별로 작성하는 것이 바람직하지만, 개별적으로 작성할 수도 있다.
• 다짐 내용에 대해 이름을 쓰고 서명하는 것은 학생들의 실천 의지를 높여 준다. 교사도 함께 서명한다면 학생들이 더욱 책임감 있게 행동할 것이다.
• 다짐 내용은 반드시 학급 내 전체 학생 앞에서 발표하도록 한다.
• 1~2주 또는 방학 등의 일정 시간이 지난 후 다짐 내용에 대한 실천을 점검하는 성찰 활동을 하는 것이 바람직하다.

2. AI로 하는 자유학기제 수업

1) 자유학기제의 이해

중학교 학생들이 한 학기 동안 시험 부담에서 벗어나 진로 탐색과 흥미 탐구를 통하여 꿈을 키우고 경험 중심의 체험 활동을 통하여 끼를 키우는 참여 중심의 교육과정을 유연하게 운영하는 자유학기제는 진로 탐색 활동, 주제 선택 활동, 예술 · 체육 활동, 동아리 활동으로 구성된다. 자유학기제를 실시함으로써 학생은 시험 스트레스에서 벗어나 학교생활이 즐거워지고, 자신의 진로에 대해 생각해 보기도 한다. 또한 자기표현력이 신장되고 친구들끼리 협동하며, 교사와 친밀해져서 수업에 더욱 적극적으로 참여하게 된다. 교사는 교육과정 재구성, 교과 및 학년 교사 간의 협력 수업, 연구 활동을 통한 융합 수업, 프로젝트 수업 등 새로운 형태의 수업을 시도하기 위해 노력함으로써 수업 역량과 전문성이 신장된다.

자유학기제가 성공적으로 이루어지기 위해서는 종래의 단편적인 지식 습득에서 벗어나 학생들이 자신의 꿈과 끼를 찾을 수 있도록 학교 교육과정을 재구성하여 다양한 활동을 고안하는 것이 필요하다. 또한 학생들이 전통적인 교과에만 국한하지 않고 자신이 좋아하는 것을 학습할 수 있도록 교사가 교육내용의 범위를 확대해 주는 것이 필요하다. 즉, 학생들이 시험 준비를 위한 피상적 학습에서 벗어나 스스로 자신이 좋아하는 것, 잘하는 것, 하고 싶은 것을 생각하면서 공부할 수 있도록 진로교육을 활성화하는 것이 바람직하다(교육부, 2015).

자유학기제 교육과정은 〈표 5-19〉와 같이 국어, 영어, 수학, 사회, 과학 등과 같은 기본 교과로 구성된 '공통 과정'과 학생의 흥미와 관심사를 기반으로 구성된 '자율 과정'의 두 영역으로 구분하여 편성 · 운영한다.

〈표 5-19〉 **공통 과정 및 자율 과정 구성 예시**

구분	시간	교시	내용
공통 과정 (기본 교과)	약 20~22시간	1~4 (오전)	• 성취 기준 기반 수업 • (국어, 영어, 수학) 문제 해결, 의사소통, 토론 등을 중심으로 한 수업 • (사회, 과학 등) 실험, 실습, 현장체험, 프로젝트 학습 등을 중심으로 한 수업
자율 과정	약 12~14시간	5~7 (오후)	• 진로 탐색 활동 • 동아리 활동 • 예술 · 체육 활동 • 주제 선택 활동

　　공통 과정은 국어, 사회/도덕, 수학, 과학/기술 · 가정, 체육, 예술(음악/미술), 영어 및 선택 교과 등 국가 교육과정에 제시된 기본 교과로 이루어지며, 자율 과정은 진로 탐색 활동, 동아리 활동, 예술 · 체육 활동, 주제 선택 활동으로 구성된다. 〈표 5-20〉은 자율과정을 구성하는 네 가지 활동의 주요특성이다.

〈표 5-19〉 **자율과정 구성 활동**

구분	진로 탐색 활동	동아리 활동	예술 · 체육 활동	주제 선택 활동
목적 및 성격	학생에게 진로 탐색의 기회 제공	학생들 간의 자치적 · 자율적 활동 기회 제공	학생에게 다양한 예술, 체육 활동 기회 제공	학생에게 전문화된 프로그램 학습 기회 제공
학습 내용	진로, 직업 관련 내용	학생들의 관심사에 따라 다양함	음악, 미술, 체육 관련 내용	학생들의 관심사에 따라 다양함
운영 방법	학생 선택	학생 선택	학생 선택	학생 선택
교사	교사 및 외부 강사	학생 중심의 운영 교사는 지원자 역할	교사 및 외부 강사	교사 및 외부 강사

2) 자유학기제 수업을 위한 AI 주제

자유학기제를 적용하는 학기의 교육과정은 기본 교과의 수업시수 일부를 자율 과정의 다양한 활동 프로그램으로 전환하여 운영할 수 있다. 자유학기제의 공통 과정과 자율 과정 활동 영역별 AI 주제를 제안하면 〈표 5-21〉과 같다.

〈표 5-21〉 **자유학기제 활동영역별 AI 주제**

활동 영역	세부 내용	AI 주제
공통 과정 (기본 교과)	• 기본 교과: 국, 영, 수, 과, 사/역, 기·가 등 • 교수·학습 방법의 변화: 학생 참여와 활동 중심 수업 활성화 • 핵심 성취 기준, 핵심 개념, 핵심 질문 활용 수업 • 학생 성장을 돕는 과정 중심의 평가	• 자유학기제 활동 중 교과 연계 주제 선택 활동에 AI를 활용한 수업 주제 예) 영·정조와 같은 리더 되기(역사), 건강한 식생활 실천하기(기술·가정)
자율 과정 (8~14 단위)	• 진로 탐색 활동: 체계적인 교육과정 연계 진로 탐색 프로그램 개발 운영 • 학생 선택 프로그램 활동: 체험·활동형 프로그램, 학생 중심 선택 교과 프로그램 개설·운영	• 자기이해와 진로 계획 수립하기 • 지역문화유산과 관련된 인물 탐구 진로 체험 교육 －수원화성 축조와 관련된 실학자 정약용 인물 탐구와 거중기 제작 체험, 국궁 체험 등
	• 동아리 활동: 동아리 간 연계 운영, 다양한 학생 수요 맞춤형 동아리 개설 • 예술·체육 활동: 예술·체육 교육 다양화, 내실화(융합 프로그램, 학교 스포츠 클럽 대회 활성화)	• 박물관 탐방 동아리와 연계한 AI 활용 수업 －진로 탐색의 보고, 박물관은 살아 있다! • 역사 동아리와 연계한 AI 활용 수업 －"왜 우리나라 고지도에는 독도가 둥 둥 떠다니고 있지? 누구 아는 사람?" • 스포츠 종목과 연계한 AI 활용 수업 －배드민턴 경기를 이해하고 기능 익히기

3) AI로 하는 자유학기제 수업

(1) AI를 활용한 역사과 관련 주제 선택 활동

공통 과정의 기본 교과 중 역사과와 연계한 주제 선택 활동을 중심으로 중학교 2학년의 '조선사회 변동' 단원 내용을 AI로 수업할 수 있도록 설계하였다. 프로그램명은 '영·정조와 같은 리더 되기'이다. 이 프로그램은 [그림5-4]와 같이 4D 프로세스 중 설계하기와 다짐하기를 통합하여 운영할 수 있도록 계획하였다.

단계	도입	전개				정리
		긍정 주제 찾기	발견하기	꿈꾸기	설계 및 다짐하기	
주요 활동	• AI 프로그램 소개하기 • 학습 주제 안내하기	• 영·정조의 업적을 통한 훌륭한 리더에 대한 경험, 생각 떠올려 보기 • 긍정 주제 도출하기	• 영·정조의 업적을 통한 훌륭한 리더 경험을 찾기 위한 인터뷰와 인터뷰내용 공유하기	• 훌륭한 리더의 모습을 구체적으로 상상하기	• 훌륭한 리더가 되기 위해 우리가 해야 할 일 도출하기 • 실천 계획 수립하기 • 다짐하기	• 성찰하기 • 정리하기
방법		명목집단법	1:1 인터뷰	월드 카페	명목집단법	

[그림 5-4] '영·정조와 같은 리더되기' AI 프로그램 진행 절차

〈표 5-22〉〈표 5-23〉은 [그림 5-4]에 제시된 진행 절차에 따라 구체적인 수업 운영 전략을 제시한 교수·학습 과정안이다. 이 수업은 90분으로 계획되어 있으므로, 블록 수업으로 운영하거나 두 개 차시로 나누어 운영할 수 있다. '영·정조와 같은 리더 되기'는 학생들이 영·정조의 업적을 통해 훌륭한 리더의 품성을 도출하고, 훌륭한 리더의 품성을 닮아 가기 위해 실생활에서 해야 할 일에 대한 실천 계획을

수립하여 다짐하는 과정으로 진행된다. 학생들은 이 프로그램을 통해 영·정조의 업적, 개혁정치, 훌륭한 리더의 품성을 갖기 위한 실천 전략 등에 대해 학습한다.

〈표 5-22〉 '영·정조와 같은 리더 되기' 지도 계획

학교급	중	학년	2	교과	역사
단원명	조선사회의 변동			수업시간	(90)분
프로그램명	영·정조와 같은 리더 되기				
연관 교과 (단원 또는 주제)	• 역사: 조선과 동아시아 전통 사회의 성숙/ 영·정조의 개혁정치 • 진로와 직업: 정치가, 경영인의 리더십 탐구 • 기술가정: 조선시대와 현대사회의 식생활 비교와 음식의 유래				
성취기준	[9역05-06] 영·정조가 실시한 개혁 정치의 내용을 파악하고, 탕평 정치를 통해 이루고자 한 지향점을 이해한다.				
성취수준	상	영·정조가 실시한 개혁정치의 내용을 파악하고, 붕당정치와 탕평정치를 중심으로 조선 후기 정치 변화를 설명할 수 있다.			
	중	영·정조가 실시한 개혁 정치의 내용을 파악하고, 탕평정치를 설명할 수 있다.			
	하	영·정조가 실시한 개혁 정치의 내용을 파악할 수 있다.			
교수·학습 자료	• 준비물: 포스트잇(76×76mm) 팀별 1묶음씩, 12색 유성펜 팀별 1세트씩, 전지 팀별 2장씩, 의견 표시용 스티커, 셀로판테이프 팀별 1개씩, 다짐나무 • 질문지 유인물				
지도상의 유의점	• 학생이 영·정조의 업적과 리더십을 설명할 수 있도록 지도한다. • 긍정적 핵심 질문을 할 수 있도록 교사가 미리 질문지를 준비한다.				

〈표 5-23〉 '영·정조와 같은 리더 되기' 교수·학습 과정안

단계		교수·학습 활동	시간	자료 및 유의점
도입	AI 활동 소개 하기	• 팀별로 인사하기 • 학습 주제 및 활동 소개하기 -AI 활동 소개 : 좋은 경험을 찾아 이를 토대로 우리가 해야 할 일을 계획하는 활동을 소개한다. -학습 주제인 영·정조의 개혁정치를 통해 리더십의 개념, 리더의 조건, 역할 등을 소개한다.	10′	ppt 자료

전개	긍정 주제 찾기	• 영조와 정조의 업적 알아보기
		 -자신이 생각하는 영·정조 업적에 대해 자유롭게 이야기한다.
		• 영·정조의 개혁 정치 알아보기
		 -각자 영·정조의 정치적 업적과 리더십 덕목을 2개씩 포스트잇에 작성한다.
		  ① 영조: 탕평책 → 탕평채 음식 유래, 압슬형과 부관참시 폐지, 삼복법 시행, 사가의 형벌 금지, 동색금혼패, 오가작통법, 궁전 및 둔전에도 과세 부과, 감선과 금주령
		  ② 정조: 과거제도 개선, 제(田制)개혁, 탕평책 실시, 규장각 설치, 장용청 설치, 수원화성 축조, 신해통공, 초계문신제, 서얼 등용, 공장안 폐지
		   -팀별로 팀원들이 작성한 포스트잇을 모은 후 각자 영·정조의 업적과 리더십 덕목 중 최고로 생각하는 내용 세 개를 골라 스티커를 붙인다.
		   -투표 결과 많은 표를 받은 내용 네 개를 골라 교사에게 제출한다.
		• 긍정 주제 찾기
		 -학생이 제출한 포스트잇의 의견을 유목화하여 긍정 주제를 도출한다.
			20′	포스트잇을 모은 후 최고의 것에 투표한다.

	발견 하기	• 영·정조의 훌륭한 리더의 모습 찾아보기 -과거에 접했던 영상(역사 드라마, 영화), 일화, 교과서 내용을 통해 알고 있는 영·정조의 모습을 떠올려 보세요. -질문지를 활용하여 영·정조의 업적이 조선 후기 실생활에 미친 영향은 어떠했는지 1:1 인터뷰로 자세하게 묻고 이야기한다. -그때 어떤 기분이었나요? -그때 어떤 생각을 했나요? -팀별로 인터뷰 결과를 공유·정리한다.	20′	-질문지 유인물 -인터뷰 내용 공유

꿈꾸기	• 훌륭한 리더의 모습을 구체적으로 상상하기 −팀별로 발견하기 단계에서 찾은 영·정조의 업적에 대한 내용을 토대로 훌륭한 리더의 모습을 구체적으로 상상하여 표현한다. • 팀별 활동 발표하기 −팀별로 표현한 훌륭한 리더의 모습을 벽에 붙이고 발표한다.	15′	팀별로 전지, 12색 유성펜 1세트 활용

설계
및
다짐
하기
	• 훌륭한 리더가 되기 위해 우리가 해야 할 일 도출하기
	−훌륭한 리더가 되기 위해 우리가 해야 할 일을 세 가지씩 찾아
	  적는다.
	• 훌륭한 리더가 되기 위한 실천 계획 수립하고 다짐하기
	−실천 계획을 세운다.
	−세 가지씩 적은 개인 의견을 모아 팀별로 훌륭한 리더의 품성을
	  갖기 위한 '우리의 다짐'을 작성한다.
	−완성한 팀은 다짐나무에 게시한 후, 팀원 전체가 내용을 읽고 선
	  서한다.
		15′	포스트잇,
			다짐나무

정리	• 성찰하기 −두 명씩 짝을 지어 오늘 활동을 통해 배운 점을 한 가지씩 이야 기한다. −팀별로 한 명의 학생이 발표한다. • 정리하기 −영·정조의 개혁정치 내용을 정리한다.	10′	

〈표 5-24〉 '영·정조와 같은 리더 되기' 평가 계획과 학교생활기록부 기록 예시

평가계획	평가방법	일화기록법, 자기평가, 상호평가
	평가준거	영·정조의 개혁정치 내용을 명확하게 말할 수 있는가?
		토의 시 서로 협동하고 다른 사람의 의견을 존중하며 자신의 생각을 표현하는가?
		훌륭한 리더의 품성을 갖기 위한 내용이 실생활에서 실천 가능한 것인가?
교과 세부능력 특기 사항 기록 예시		• '영·정조와 같은 리더 되기' AI 활동에서 훌륭한 리더와 관련된 자신의 경험을 통해 영·정 조의 업적을 새로운 시각에서 바라볼 수 있는 종합적인 사고력을 보여 주어 다른 친구들로부 터 큰 호응을 얻음 • '영·정조의 개혁정치'를 구체적인 사례를 들어 정확하게 설명하고, 리더십과 연결하여 훌륭 한 리더의 품성을 기를 수 있는 실천 계획을 잘 작성하였으며, 영·정조의 애민정신을 자신 의 장래 희망인 정치가가 갖춰야 할 따뜻한 인간미로 받아들여 국민들의 삶의 안정을 추구하 는 태도와 연계하여 토의하는 모습이 인상적이었음

〈표 5-25〉 발견하기 단계의 질문지

훌륭한 리더의 모습

기자 : _____ 답변한 사람 : _____

1. ( )	지금까지 영상이나 서적 등을 통해 접한 영·정조의 ( )한 모습을 떠올려 보세요. 영상이나 책에서 그려진 영·정조의 ( ) 모습은 어떠했는지 자세하게 이야기해 주세요. 왕의 ( )모습을 보면서 어떤 생각을 했나요? **시대별로 훌륭한 리더가 우리에게 주는 의미와 가치는 무엇일까요?**
답변 내용	
2. ( )	지금까지 영상이나 서적 또는 직접 체험 등을 통해 접한 또는 훌륭하다고 느낀 지도자(역대 왕, 대통령, 기업가, 정치가, 선생님, 학생회장, 학급반장, 학급부서별 부장 등)의 ( )한 모습을 떠올려 보세요. 그 리더의 ( ) 모습은 어떠했는지 자세하게 이야기해 주세요. **그 사람이 훌륭한 리더라고 생각한 것은 어떤 점(인간성, 좋은 성품, 업적 등)인가요? 그 점에 대해서 설명해 주세요.**
답변 내용	
3. ( )	지금까지 영상이나 서적 또는 직접 체험 등을 통해 접한 지도자의 ( )한 모습을 떠올려 보세요. 지도자의 ( ) 모습 중에 내가 닮고 싶고, 내가 기르고 싶은 점은 어떤 것이 있나요? 자세하게 이야기해 주세요.
답변 내용	
4. ( )	지금까지 영상이나 서적 또는 직접 체험 등을 통해 본 적이 있는 지도자의 ( )한 모습을 떠올려 보세요. 그 영상이나 책에서 그려진 지도자의 ( ) 모습은 어떠했는지 자세하게 이야기해 주세요. **지도자의 ( ) 모습을 보면서 어떤 생각을 했나요?**
답변 내용	

활용 Tip

- 4D 프로세스를 시작하기 전에 도출한 긍정 주제를 질문지에 먼저 기입하게 한다.
- 기자 이름과 답변하는 사람의 이름을 기입한다.
- 기자는 제시된 질문을 중심으로 질문하고, 답변하는 사람의 특성을 고려하여 다른 표현을 사용해도 된다. 질문에 대한 답변의 주요 내용을 질문지에 기록한다.
- 답변하는 사람은 자신의 경험과 생각을 성의 있게 대답한다.

〈표 5-26〉 다짐하기 단계의 활동지

훌륭한 리더가 되기 위한 우리의 다짐

훌륭한 리더의 품성을 갖기 위해 다음의 사항을 꼭 지키겠습니다.

1.

2.

3.

4.

5.

20   년   월   일

○○ _____ 학교

(서명)	(서명)	(서명)
(서명)	(서명)	(서명)

활용 Tip

• '우리의 다짐'은 가능하면 모둠별로 작성하는 것이 바람직하지만, 개별적으로 작성할 수도 있다.
• 다짐 내용에 대해 이름을 쓰고 서명하는 것은 학생들의 실천 의지를 높여 준다. 교사도 함께 서명을 한다면 학생들이 더욱 책임감 있게 행동할 것이다.
• 다짐 내용은 반드시 학급 내 전체 학생 앞에서 발표하도록 한다.
• 1~2주 또는 방학 등의 일정 기간이 지난 후 다짐 내용에 대한 실천을 점검하는 성찰 활동을 하는 것이 바람직하다.

(2) AI를 활용한 기술·가정과 관련 주제 선택 활동

공통 과정의 기본 교과 중 기술·가정과와 연계한 주제 선택 활동을 중심으로 중학교 2학년의 '주생활 문화와 주거공간 활용' 내용을 [그림 5-5]와 같이 '환경 친화적인 지속가능한 주생활과 주거환경'이라는 AI 프로그램으로 개발하였다.

단계	도입	전개				정리
		긍정 주제 찾기	발견하기	꿈꾸기	설계 및 다짐하기	
주요 활동	• AI 프로그램 소개하기 • 학습 주제 안내하기	• 환경 친화적인 지속가능한 주생활과 주거 환경 관련 경험, 생각 떠올려 보기 • 긍정 주제 찾기	• 환경 친화적인 지속가능한 주생활과 주거 환경 관련 경험을 찾기 위한 인터뷰와 인터뷰내용 공유하기	• 20년 후 내가 살고 싶은 친환경 주거생활 모습을 구체적으로 상상하고 표현하기 • 팀별로 발표하기	• 누구나 살고 싶은 친환경 마을을 만들기 위해 우리가 해야 할 일 도출하기 • 실천 계획 수립하기 • 다짐하기	• 성찰하기 • 정리하기
방법		명목집단법	1:1 인터뷰	월드 카페	명목집단법	

[그림 5-5] '환경 친화적인 지속가능한 주생활과 주거 환경' AI 프로그램 진행 절차

〈표 5-27〉〈표 5-28〉은 [그림 5-5]에 제시된 진행 절차에 따라 구체적인 수업 운영 전략을 제시한 교수·학습 과정안이다. 이 수업은 90분으로 계획되어 있으므로, 블록 수업으로 운영하거나 두 개 차시로 나누어 운영할 수 있다. '환경 친화적인 지속가능한 주생활과 주거 환경' 수업은 학생들이 친환경 주거의 의미와 특징을 알고, 이러한 특징을 가진 주거지와 친환경 주거 생활 경험을 공유할 수 있게 해준다. 학생들은 친환경 주거지를 만들기 위해 실천해야 할 일을 계획하고 다짐하는 과정을 통해 환경 친화적인 주거 생활의 중요성, 지속가능한 주생활과 주거 환경을 유지·발전시키기 위한 실천 전략 등에 대해 학습하게 된다. 이와 같은 학습주제를

선정한 이유는 학생들이 주변 자연환경과 조화를 이루면서 건강하고 쾌적하게 생활할 수 있는 주거 환경을 학습해야 하기 때문이다.

〈표 5-27〉 '환경 친화적이고 지속가능한 주생활과 주거 환경' 지도 계획

학교급	중		학년	2		교과	기술 · 가정
단원명	주생활문화와 주거공간 활동				수업시간		(90)분
주제	환경 친화적인 지속가능한 주생활과 주거 환경						
연관 교과 (단원 또는 주제)	• 지리: 환경 문제와 지속가능한 환경 • 사회: 커뮤니티 매핑을 통한 지속가능한 사회로의 가능성 탐색						
성취기준	• [9기가02-12] 쾌적한 주거 환경 조성을 위한 조건을 분석하고 탐색하여 실생활에 적용한다.						
성취수준	상	건강과 환경을 생각하는 지속가능한 주생활 양식을 알고 이를 생활 속에서 적용하기 위한 실천 방안을 제시할 수 있다.					
	중	건강과 환경을 생각하는 지속가능한 주생활 양식에는 어떠한 것이 있는지 설명할 수 있다.					
	하	지속가능한 주생활 양식이 무엇인지에 대해 말할 수 있다.					
교수 · 학습 자료	• 준비물: 포스트잇(76×76mm) 팀별 1묶음씩, 12색 유성펜 팀별 1세트씩, 전지 팀별 2장씩, 의견 표시용 스티커, 셀로판테이프 팀별 1개씩 • 질문지 유인물						
지도상의 유의점	• 6인 1팀으로 활동할 수 있도록 책상을 배치한다. • 자신의 의견을 자유롭게 제시할 수 있는 학습 분위기를 조성한다. • 친환경 주거의 의미와 특징을 설명할 수 있도록 지도한다. • 환경 친화적인 주거환경이 지속가능하도록 환경을 보존하는 태도를 갖게 지도한다.						

〈표 5-28〉 '환경 친화적이고 지속가능한 주생활과 주거 환경' 교수 · 학습 과정안

단계		교수 · 학습 활동	시간	자료 및 유의점
도입	AI 활동 소개 하기	• 팀별로 인사하기 • 학습 주제 및 활동 소개하기 −AI 활동 소개: 좋은 경험을 찾아 이를 토대로 우리가 해야 할 일을 계획하는 활동을 소개한다. • 학습 목표 안내하기 −친환경 주거의 의미와 특징을 설명할 수 있다. −친환경 주거 생활 실천을 통해 지속가능한 주거 환경을 만들 수 있다.	10′	ppt 자료

전개	긍정 주제 찾기	• 환경 친화적인 지속가능한 주거 환경 관련 경험, 생각 떠올려 보기
		 −주변에서 영상이나 주택 잡지, 체험을 통해 보거나 살고 있거나 살고 싶은 친환경 마을을 떠올려 보세요.
		 −내가 살고 싶은 친환경 주거지의 모습을 발표한다.
		 −친환경 주거: 생태 주거, 환경 공생 주거, 지속가능한 주거 등 자연환경과 조화되고 자원과 에너지를 생태학적 관점에서 최대한 효율적으로 이용하여 건강한 주생활이 가능하도록 계획된 주거다.
		 −친환경 주거의 특징
		   ① 친환경 재료(나무, 돌, 흙, 짚 등)를 사용하여 건강하고 쾌적한 생활환경 제공
		   ② 태양열 · 지열 · 풍력 · 바이오매스 · 폐에너지를 이용한 주거생활
		   ③ 자원을 순환시키는 주거생활
		   ④ 주변 자연환경과 조화를 이루며 자연을 체험하면서 건강하고 쾌적하게 생활할 수 있는 주거
		• 내가 살고 싶은 친환경 마을 정의하기
		 −내가 살고 싶은 친환경 마을의 키워드를 정한다. (포스트잇 활용)
		   (예: 안전, 건강, 문화, 교육, 역사 등)
		• 내가 살고 싶은 친환경 마을의 키워드에 맞는 주거 특징으로 중요한 것 두 개를 떠올린 후 각자 포스트잇에 작성한다.
		 −태양열 · 지열 · 풍력 · 바이오매스 · 폐에너지를 이용한 첨단 안전 시설
		 −벽면 녹화로 역사 마을 보전
		 −고효율 에너지 절약형 기기 사용
		 −천연 재료나 재활용 가능한 바닥재 사용
		 −단열재, 절수형 변기 · 샤워기 사용
		 −자원(음식 찌꺼기, 오수, 빗물 등) 재활용 등
			20′	팀별로 의견이 적힌 포스트잇을 모은 후 가장 좋은 방법 3개에 의견 표시 스티커 붙이기

		• 팀별로 팀원들이 작성한 포스트잇을 모은 후 각자 친환경 주거 특징으로 중요한 것 세 개를 골라 스티커를 붙여 본다. • 투표 결과 많은 표를 받은 것 세 개를 골라 교사에게 제출한다. • 긍정 주제 도출하기 　−학생들이 제출한 의견을 유목화하여 긍정 주제를 도출한다.		
전개	발견 하기	• 주변의 친환경 마을 사례를 통해 내가 살고 싶은 친환경 마을을 만들기 위한 경험 찾기 　−질문지를 활용하여 친환경 주거지는 어떤 특징이 있는지 1:1 인터뷰로 자세하게 묻고 이야기한다. 　−그때 어떤 기분이었나요? 　−그때 어떤 생각을 했나요? 　−인터뷰 결과 중요 내용을 공유·정리한다.	25′	−질문지 유인물 −인터뷰 내용공유 −친환경 마을 공동체 사례 공유
	꿈꾸기	• 20년 후 내가 살고 싶은 친환경 주거생활의 모습을 구체적으로 상상하기 　−팀별로 발견하기 단계에서 찾은 친환경 주거 생활에 대한 내용을 토대로 20년 후 내가 살고 싶은 친환경 마을의 모습을 구체적으로 상상하여 그림으로 표현한다. • 팀별 활동 발표하기 　−팀별로 20년 후 내가 살고 싶은 친환경 마을의 모습을 벽에 붙이고, 발표한다.	20′	팀별로 전지, 12색 유성펜 1세트 활용
	설계 및 다짐 하기	• 누구나 살고 싶은 친환경 마을을 만들기 위해 우리가 해야 할 일 도출하기 　−누구나 살고 싶은 친환경 주거지를 만들기 위해 우리가 해야 할 일을 세 가지씩 찾아 적는다. • 누구나 살고 싶은 친환경 마을을 만들기 위한 실천 계획 수립하기 　−누구나 살고 싶은 친환경 마을을 만들기 위한 실천 계획을 세운다. • 다짐하기 　−세 가지씩 적은 개인 의견을 모아 팀별로 친환경 주거지를 만들기 위한 '우리의 다짐 5가지'를 작성한다. 　−완성한 팀은 벽면에 게시한다.	10′	포스트잇
정리		• 성찰하기 　−두 명씩 짝을 지어 오늘 활동을 통해 배운 점을 한 가지씩 서로 이야기한다. 　−팀별로 한 명의 학생이 발표한다. • 정리하기 　−친환경 마을을 계속 유지하기 위한 실천 방안을 정리한다.	5′	

〈표 5-29〉 '환경 친화적이고 지속가능한 주생활과 주거 환경' 평가계획과 학교생활기록부 기록
예시

평가 계획	평가 방법	활동의 기록분석법, 일화기록법, 자기평가, 상호평가, 작품평가
	평가 준거	• 친환경 주거지의 특징을 반영한 마을의 모습을 구체적으로 그렸는가? • 모둠 활동 시 흥미와 관심을 갖고 적극적으로 협력하며 책임감있게 참여하였는가? • 친환경 주거지의 특징과 이유를 구체적으로 설명하였는가?
	평가 내용	• 내가 살고 싶은 친환경 마을의 '아름다운 이름'을 짓고, 친환경 마을의 특징을 설명하고 마을 모습을 그린다. －우리말을 사용하여 친환경 마을의 특색을 반영한 마을 이름을 짓는다. －친환경 마을인 이유와 특징을 설명한다. －친환경 마을 모습을 그린다.
교과 세부 능력 및 특기사항 기록 예시		• '친환경 마을의 모습 그리기와 특징 발표하기' 활동에서 친환경 주거의 특징과 형태를 정확히 그림으로 표현하여 설명하고, 독창적으로 친환경 마을의 건물을 배치하며 발표하는 등 실습에 적극적으로 참여함. • 모둠 활동 시 적극적으로 의견을 표현하면서도 타인의 의견을 경청하고 적극 수용하여 모둠원이 즐겁게 참여할 수 있는 분위기를 형성함

〈표 5-30〉 **발견하기 단계의 질문지**

<table>
<tr><td colspan="2" align="center">환경 친화적인 지속가능한 주생활과 주거환경

기자 : _____　답변한 사람 : _____</td></tr>
<tr><td>1. (　　　)</td><td>지금까지 직·간접 경험을 통해 본 적이 있는 친환경 마을 중에서 (　　)한 곳을 떠올려 보세요. 그 마을의 모습은 어떠했는지 자세하게 이야기해 주세요. 그런 마을을 보면서 어떤 생각을 했나요? 그곳에서 오래도록 살면 어떤 기분이 들까요? 그러한 마을이 우리에게 주는 의미와 가치는 무엇일까요?</td></tr>
<tr><td>답변 내용</td><td></td></tr>
<tr><td>2. (　　　)</td><td>지금까지 직·간접 경험을 통해 본 적이 있는 친환경 마을 중에서 (　　)한 곳을 떠올려 보세요. 그 마을의 모습은 어떠했는지 자세하게 이야기해 주세요. 그런 마을을 보면서 어떤 생각을 했나요?</td></tr>
<tr><td>답변 내용</td><td></td></tr>
<tr><td>3. (　　　)</td><td>지금까지 직·간접 경험을 통해 본 적이 있는 친환경 마을 중에서 (　　)한 곳을 떠올려 보세요. 그 마을의 모습은 어떠했는지 자세하게 이야기해 주세요. 그런 마을을 보면서 어떤 생각을 했나요?</td></tr>
<tr><td>답변 내용</td><td></td></tr>
<tr><td>4. (　　　)</td><td>지금까지 영상이나 잡지, 체험 등을 통해 본 적이 있는 친환경 마을 중에서 (　　) 한 곳을 떠올려 보세요. 그 마을의 모습은 어떠했는지 자세하게 이야기해 주세요. 그런 마을을 보면서 어떤 생각을 했나요?</td></tr>
<tr><td>답변 내용</td><td></td></tr>
</table>

활용 Tip

- 4D 프로세스를 시작하기 전에 도출한 긍정 주제를 질문지에 먼저 기입하게 한다.
- 기자 이름과 답변하는 사람의 이름을 기입한다.
- 기자는 제시된 질문을 중심으로 질문하고, 답변하는 사람의 특성을 고려하여 다른 표현을 사용해도 된다. 질문에 대한 답변의 주요 내용을 질문지에 기록한다.
- 답변하는 사람은 자신의 경험과 생각을 성의 있게 대답한다.

〈표 5-31〉 **다짐하기 단계의 활동지**

우리의 다짐

사람들이 살고 싶은 친환경적인 주거지로 만들기 위하여

다음의 사항을 꼭 지키겠습니다.

1.
2.
3.
4.
5.

20 년 월 일
○○ _____ 학교

(서명)	(서명)	(서명)
(서명)	(서명)	(서명)

활용 Tip

- '우리의 다짐'은 가능하면 모둠별로 작성하는 것이 바람직하지만, 개별적으로 작성할 수도 있다.
- 다짐 내용에 대해 이름을 쓰고 서명하는 것은 학생들의 실천 의지를 높여 준다. 교사도 함께 서명을 한다면 학생들이 더욱 책임감 있게 행동할 것이다.
- 다짐 내용은 반드시 학급 내 전체 학생 앞에서 발표하도록 한다.
- 1~2주 또는 방학 등의 일정 기간이 지난 후 다짐 내용에 대한 실천을 점검하는 성찰 활동을 하는 것이 바람직하다.

(3) AI를 활용한 예술 · 체육 활동

자율 과정의 예술 · 체육 활동은 중학교 2학년의 '네트형 경쟁 활동' 단원 내용을 '즐거운 배드민턴 경기하기'라는 AI 프로그램으로 재구성하여 [그림 5-6]과 같이 제시하였다. 이 프로그램은 설계하기와 다짐하기를 통합하여 운영할 수 있도록 계획하였다.

단계	도입	전개				정리	연습
		긍정 주제 찾기	발견하기	꿈꾸기	설계 및 다짐하기		
주요 활동	• AI 프로그램 소개하기 • 학습 주제 안내하기	• 배드민턴 경기와 관련된 경험, 생각 떠올려 보기 • 긍정 주제 도출하기	• 배드민턴을 실제로 해 보았거나 경기 관람을 한 경험을 찾기 위한 인터뷰내용 공유하기	• 배드민턴을 잘하는 모습을 구체적으로 상상하기	• 배드민턴을 잘하기 위해 우리가 해야 할 일 도출하기 • 배드민턴 기능동작과 연습 실천 계획 수립하기 • 다짐하기	• 배운점 • 성찰하기 • 정리하기	• 실천 계획에 따라 연습하기 • 연습 내용에 대한 성찰하기
방법		명목집단법	1:1 인터뷰	월드 카페	명목집단법		2인 1조로 실습

[그림 5-6] '즐거운 배드민턴 경기하기' AI 프로그램 진행 절차

〈표 5-32〉〈표 5-33〉는 [그림 5-6]에 제시된 진행 절차에 따라 구체적인 수업 운영 전략을 제시한 교수 · 학습 과정안이다. 이 수업은 90분으로 계획되어 있다. AI 프로그램은 블록 수업으로 운영하거나 두 개 차시로 나누어 운영하고, 수업 이후에 가능한 만큼 연습 시간을 제공한다. 체육 활동 '즐거운 배드민턴 경기하기'는 학생들이 일상생활에서 쉽게 접할 수 있는 배드민턴이라는 운동을 활용하여 네

트형 경쟁 스포츠를 즐길 수 있는 내용으로 구성하였다. 배드민턴 경기의 특성과 효과를 알고 경기 방법 및 규칙을 익히는 교수·학습 지도 과정에서 배드민턴의 긍정 주제(핵심 동작)를 도출하고, 배드민턴을 쳐 본 경험이나 경기 관람 등에 대한 1:1 교차 인터뷰를 진행한다. 배드민턴을 잘 하는 모습을 구체적으로 상상하고 배드민턴 경기 기능을 잘 익히기 위해 연습해야 할 기능 동작과 연습 계획을 설계한 후 다짐하는 과정으로 진행된다. 자유학기제 예술·체육 활동 AI 프로그램은 학생에게 다양한 예술·체육 활동 기회를 제공하고 주도적으로 건강한 운동 생활을 꾸준히 실천할 수 있게 해 줄 것이다.

〈표 5-32〉 '즐거운 배드민턴 경기하기' 지도계획

학교급	중	학년	2	교과	체육
단원명	III. 경쟁 활동 – 다. 네트형 경쟁 활동 – 2. 배드민턴			수업시간	(90)분
주제	즐거운 배드민턴 경기하기				
연관 교과 (단원 또는 주제)	학교 스포츠 클럽: 배드민턴 경기				
성취기준	[9체03-10] 네트형 경쟁 스포츠에서 활용되는 유형별 경기 기능과 과학적 원리를 이해하고 운동 수행에 적용하며, 운동 수행 과정에서 나타나는 문제점을 분석하고 해결한다. [9체03-11] 네트형 스포츠의 경기 방법과 전략을 이해하고 경기에 활용할 수 있으며, 경기 상황에 맞게 전략을 진단하여 창의적으로 적용한다. [9체03-12] 네트형 경쟁 스포츠에 참여하면서 경기 절차, 상대방, 동료, 심판 및 관중에 대한 예의범절을 지킨다.				
성취수준	상	배드민턴 경기 기능과 과학적 원리를 이해하고 운동 수행에 적용할 수 있으며 경기 방법과 전략을 이해하여 경기상황에 맞게 창의적으로 적용할 수 있다.			
	중	배드민턴 경기 기능을 이해하고 운동 수행에 적용할 수 있으며 경기 방법을 이해할 수 있다.			
	하	배드민턴 경기 기능과 경기 방법을 이해할 수 있다.			
교수 · 학습 자료	• 준비물: 포스트잇(76×76mm) 팀별 1묶음씩, 12색 유성펜 팀별 1세트씩, 전지 팀별 2장씩, 의견 표시용 스티커, 셀로판테이프 팀별 1개씩, 다짐나무 • 질문지 유인물				
지도상의 유의점	• 배드민턴 경기를 이해하기 위해 동영상 자료를 활용한다. • 배드민턴의 의미와 특성, 가치에 대한 학생의 경험을 발표하게 한다. • 배드민턴 경기 기능 동작을 익히게 하고, 핵심 동작을 도출하게 한다. • 네트형 경쟁은 상대방의 기능 수준을 인정하고 경기 시에 상대를 존중하며 운동 예절을 실천할 수 있도록 지도한다.				

〈표 5-33〉 '즐거운 배드민턴 경기하기' 교수 · 학습 과정안

단계		교수 · 학습 활동	시간	자료 및 유의점
도입	AI 활동 소개 하기	• 팀별로 인사하기 • 학습 주제 및 활동 소개하기 　－배드민턴 경기 동영상을 시청하고 학습 주제에 대해 안내한다. 　－AI 활동 소개: 좋은 경험을 찾아 이를 토대로 우리가 해야 할 일을 계획하는 활동을 소개한다. 　－ppt를 보면서 오늘 활동이 무엇인지 인지한다.	10′	ppt 자료
전개	긍정 주제 찾기	• 배드민턴의 특성과 효과 알아보기 　－특성 　　① 계절에 구애를 받지 않는다. 　　② 좁은 장소에서도 여러 사람이 함께 즐길 수 있다. 　　③ 개인의 신체적 특성에 따라 자유롭게 조절할 수 있다. 　　④ 시설과 용구를 마련하는 데 큰 비용이 들지 않는다. 　－효과 　　① 신체적 건강 유지 　　② 정신적 건강 유지 　　③ 사회성 함양 • 경기 예절 알아보기 　－시작 전: 몸풀기와 심판과 상대(복식인 경우 자기 팀원 포함)에게 정중히 인사하기 　－경기 중: 반드시 심판 판정에 따르기, 셔틀콕을 넘겨줄 때는 네트 위로 넘겨주며 자신이 실수한 경우에는 스스로 셔틀콕을 줍기 등 　－경기 후: 심판과 상대에게 수고하였다는 언행 및 예의 갖추기, 코트 주변을 깨끗이 정리하기 • 경기 기능 익히기 　－라켓 잡는 법: 이스턴 그립, 포핸드 그립, 백핸드 그립, 웨스턴 그립 　－서비스: 쇼트 서비스, 롱하이 서비스 　－리시브 방법(쇼트 서비스－네트 상단에서 처리, 롱 서비스－스매시) 　－스트로크: 상대편이 넘긴 셔틀콕을 되받아치는 기술(클리어, 드라이브, 드롭, 스매시, 헤어핀, 푸시 등) 　－클리어 종류(하이 클리어, 드리븐 클리어) 　－드라이브 요령(한 템포 빠르게 타구, 타점의 높이로 힘의 강약 조절 등)	20′	• 배드민턴 라켓, 셔틀콕 • 배드민턴 경기 동영상 • 배드민턴 경기 기능동작 사진 자료

		−드롭 요령 −스매시의 종류 −헤어핀의 효과 −푸시의 종류(포핸드 푸시, 백핸드 푸시) • 긍정 주제 도출하기 　−학생들이 배드민턴 경기 기능 동작을 익히게 한 후, 경기에 이기기 　 위해 꼭 익혀야 하는 중요 핵심 동작을 작성한다. 　−팀별로 팀원들이 작성한 핵심 동작을 적은 포스트잇을 모은 후, 그 　 중에서 각자 중요한 내용 세 개를 골라 스티커를 붙인다. 　−투표 결과, 많은 표를 받은 내용 세 개를 골라 교사에게 제출한다. 　−학생들이 제출한 포스트잇의 의견을 유목화하여 핵심 동작을 도출 　 한다.		
발견 하기	• 배드민턴 경기를 해 본 경험이나 경기관람 경험 발표하기 　−지금까지 배드민턴 경기를 해 본 경험이나 경기를 관람해 본 모습을 　 떠올려 보세요. 　−질문지를 활용하여 직·간접적인 배드민턴 경기 경험에 대해 1:1 　 인터뷰로 자세하게 묻고 이야기 한다. 　−팀별로 인터뷰 내용을 공유·정리한다.	20′	−질문지 유인물 −인터뷰 내용 공유
꿈꾸기	• 배드민턴 경기를 잘 하는 모습을 구체적으로 상상하기 　−팀별로 발견하기 단계에서 찾은 배드민턴 경기에 대한 내용을 　 토대로 최고로 배드민턴 경기를 잘하는 모습을 구체적으로 상상 　 하여 표현한다. 　−배드민턴 경기 기능 용어를 활용하여 표현한다. • 팀별 활동 발표하기 　−팀별로 표현한 배드민턴 경기를 잘하는 모습을 벽에 붙이고, 발표 　 한다.	20′	팀별로 전지, 12 색 유성펜 1세트 활용
설계 및 다짐 하기	• 배드민턴 경기를 잘하기 위해 우리가 연습해야 할 기능 동작과 연습 　계획 설계하기 　−배드민턴을 잘하기 위해 우리가 연습해야 할 기능 동작을 세 가지 　 씩 찾아 적는다. • 배드민턴 경기 기능과 동작을 익히기 위한 실천 계획 수립하기 　−규칙적인 연습 실천 계획을 세운다. • 다짐하기 　−세 가지씩 적은 개인 의견을 모아 팀별로 배드민턴 경기 기능과 　 동작을 잘 익히기 위한 우리의 다짐을 작성한다. 　−완성한 팀은 다짐나무를 게시한 후, 팀원 전체가 내용을 읽고 선서 　 한다.	10′	포스트잇, 다짐나무

| 정리 | • 성찰하기
−두 명씩 짝을 지어 오늘 활동을 통해 배운 점 한 가지씩 서로 이야기 한다.
−팀별로 한 명의 학생이 발표한다.
• 정리하기
−배드민턴 경기 기능을 정리한다. | 10′ | − |

〈표 5-34〉 '즐거운 배드민턴 경기하기' 평가 계획과 학교생활기록부 예시

	평가방법		스트로크 기능과 배드민턴 경기 평가, 체크리스트법, 자기평가, 상호평가
평가 계획	스트로크 기능 평가 내용	기능 종류	• 기능 1: 하이클리어 • 기능 2: 스매싱 • 기능 3: 드롭 • 기능 4: 헤어핀
		측정 방법	• 경기장에 5개의 영역을 그리고 1~5점을 배치한다. • 총 10회 스트로크를 실시하여 영역 안에 들어간 횟수를 기록한다.
		배점 급간	A등급(45점 이상), B등급(40~44점), C등급(35~39점), D등급(30~34점), E등급(29점 이하)
	경기 평가내용	내용	개인별 반코트 단식경기, 2인 1조 복식 경기
		측정 방법	• 반코트 단식 경기를 실시한다. • 2인 1조 복식 경기를 실시한다. • 경기 우승팀 순서대로 등급 비율에 맞게 배점을 부여한다.
		배점 급간	A등급(상위 20%), B등급(20%), C등급(20%), D등급(20%), E등급(20%)
교과 세부능력 특기 사항 기록 예시			• 평소의 자신의 배드민턴 경기 경험이나 타인의 경기를 관찰한 내용을 경기 상황에 맞게 잘 적용하고, 스트로크 실력이 뛰어나 수비수로서 역할 수행을 잘 하는 등 배드민턴 경기 전략을 잘 세움 • 배드민턴 경기에 선수로 참여할 때 심판 판정에 잘 따르며 셔틀콕을 넘겨줄 때에는 네트 위로 넘겨주는 등 상대팀을 배려하는 경기 예절을 보여 주었음 • 배드민턴 수업 진행 시 자발적으로 네트치기, 셔틀콕 줍기 등의 궂은 일에 솔선수범하는 봉사 정신이 투철함 • 배드민턴 경기 시 자기 실력을 충분히 발휘하여 경기 상황에 맞게 적절한 기술을 구사하는 등 경기 운영 능력이 뛰어남

〈표 5-35〉 발견하기 단계의 질문지

배드민턴 경기 활동

기자 : _____　답변한 사람 : _____

1. (　　　　)	지금까지 직·간접적으로 경험한 배드민턴 경기의 (　　) 모습을 떠올려 보세요. 배드민턴 경기의 (　　) 모습은 어떠했는지 자세하게 이야기해 주세요.
답변 내용	
2. (　　　　)	지금까지 직·간접적으로 경험한 최고의 배드민턴 경기의 (　　　) 모습을 떠올려 보세요. 그 경기 모습이 최고라고 생각한 것은 어떤 점 때문인가요? 그 (　　　) 점은 어떠했는지 자세하게 이야기해 주세요.
답변 내용	
3. (　　　　)	지금까지 직·간접적으로 경험한 최고의 배드민턴 경기의 (　　　) 모습을 떠올려 보세요. 그 경기 모습이 최고라고 생각한 것은 어떤 점 때문인가요? 그 (　　　) 점은 어떠했는지 자세하게 이야기해 주세요.
답변 내용	
4. (　　　　)	지금까지 직·간접적으로 경험한 최고의 배드민턴 경기의 (　　　) 모습을 떠올려 보세요. 그 경기 모습이 최고라고 생각한 것은 어떤 점 때문인가요? 그 (　　　) 점은 어떠했는지 자세하게 이야기해 주세요.
답변 내용	

활용 Tip

- 4D 프로세스를 시작하기 전에 도출한 핵심동작을 질문지에 먼저 기입하게 한다.
- 기자 이름과 답변하는 사람의 이름을 기입한다.
- 기자는 제시된 질문을 중심으로 질문하고, 답변하는 사람의 특성을 고려하여 다른 표현을 사용해도 된다. 질문에 대한 답변의 주요 내용을 질문지에 기록한다.
- 답변하는 사람은 자신의 경험과 생각을 성의 있게 대답한다.

〈표 5-36〉 다짐하기 단계의 활동지

즐거운 배드민턴 경기 기능과 동작을 잘 익히기 위한 우리의 다짐

배드민턴 경기 기능과 동작을 잘 익히기 위해

다음의 사항을 꼭 지키겠습니다.

1.
2.
3.
4.
5.

20   년   월   일

○○ _____ 학교

(서명)	(서명)	(서명)
(서명)	(서명)	(서명)

활용 Tip

• '우리의 다짐'은 가능하면 팀별로 작성하는 것이 바람직하지만, 개별적으로 작성할 수도 있다.
• 다짐 내용에 대해 이름을 쓰고 서명하는 것은 학생들의 실천 의지를 높여 준다. 교사도 함께 서명한다면 학생들이 더욱 책임감 있게 행동할 것이다.
• 다짐 내용은 반드시 학급에서 발표하도록 한다.
• 1~2주 또는 방학 등의 일정 기간이 지난 후 다짐 내용에 대한 실천을 점검하는 성찰 활동을 하는 것이 바람직하다.

(4) AI를 활용한 동아리 활동

　박물관은 학교 교육 활동에서 창의적 체험 활동을 할 수 있는 가장 좋은 곳이다. 전시된 다양한 전시물을 통해 인문학을 접할 수 있는 곳이며 진로 탐색의 장이기도 하다. 즉, 박물관은 단순히 체험만 하는 장소가 아닌, 문화를 나누고 다양성을 이해할 수 있는 창의 인재 양성을 위한 교육의 장소이다. 따라서 박물관을 살아 있는 교육의 장소로 삼고 각 박물관의 특색에 맞게 편성된 다양한 프로그램을 활용한다면 바람직한 진로 선택의 기회가 될 것이다. 박물관 탐방은 관심 분야가 비슷한 학생들끼리 소집단으로 편성하여 여러 박물관으로 분산하여 활동하도록 한다. 보고서 작성 및 발표 등을 통해 박물관 탐방의 욕구를 증대하는 기회를 부여한다. '박물관은 살아 있다!'라는 AI 프로그램으로 박물관 탐방을 구성하여 [그림 5-7]과 같이 제시하였다.

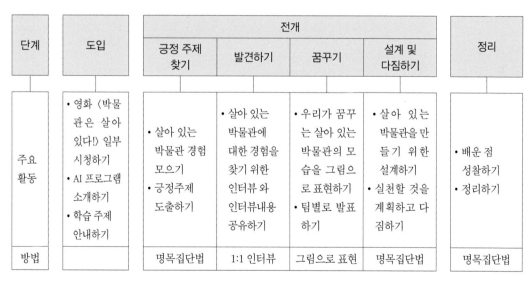

단계	도입	전개				정리
		긍정 주제 찾기	발견하기	꿈꾸기	설계 및 다짐하기	
주요 활동	• 영화 〈박물관은 살아 있다!〉 일부 시청하기 • AI 프로그램 소개하기 • 학습 주제 안내하기	• 살아 있는 박물관 경험 모으기 • 긍정주제 도출하기	• 살아 있는 박물관에 대한 경험을 찾기 위한 인터뷰와 인터뷰내용 공유하기	• 우리가 꿈꾸는 살아 있는 박물관의 모습을 그림으로 표현하기 • 팀별로 발표하기	• 살아 있는 박물관을 만들기 위한 설계하기 • 실천할 것을 계획하고 다짐하기	• 배운 점 성찰하기 • 정리하기
방법		명목집단법	1:1 인터뷰	그림으로 표현	명목집단법	명목집단법

[그림 5-7] '박물관은 살아 있다!' AI 프로그램 진행 절차

〈표 5-37〉〈표 5-38〉은 [그림 5-7]에 제시된 진행 절차에 따라 구체적인 수업 운영 전략을 제시한 교수·학습 과정안이다. 이 수업은 90분의 학술 문화 활동으로 계획되었다. 블록 수업으로 운영하거나 두 개 차시로 나누어 운영할 수 있다. 박물 관과의 친밀감 형성을 위해 영화 〈박물관은 살아 있다!〉를 시청하면서 학습 주제에 자연스럽게 접근하게 하였다. 살아 있는 박물관 경험 모으기를 통해 학생들이 가고 싶은 박물관의 요소를 도출하고 경험을 공유하는 과정으로 진행한다. 지속가능한 문화유산 보존을 위해 미래의 박물관 모습을 상상하고 그러한 박물관이 되도록 해야 할 일을 설계하는 과정으로 진행한다. 이 프로그램을 통해 학생들은 환경과 문화 보존의 중요성, 공존과 조화를 이루는 방법 등에 대해 학습하게 된다.

〈표 5-37〉 '박물관은 살아 있다!' 지도 계획

학교급	중학교	학년	전학년	교과	자유학기제, 창의적 체험 활동
단원명	박물관			수업시간	(90)분
프로그램명	박물관은 살아 있다!				
연관 교과 (단원 또는 주제)	• 사회 −지리 영역: 문화의 다양성과 세계화 −일반사회 영역: 현대 사회와 문제				
성취기준	박물관의 역할과 기능을 이해하고 박물관이 미래의 지속가능한 문화유산이 되도록 보전하는 방안을 모색한다.				
성취수준	상	박물관의 역할과 기능을 이해하고 지속가능한 문화유산이 되도록 보전하는 방안을 설명할 수 있다.			
	중	박물관의 역할과 기능을 이해하고 지속가능한 문화유산에 대하여 설명할 수 있다.			
	하	박물관의 역할과 기능을 설명할 수 있다.			
교수·학습 자료	• 팀별 준비물: 포스트잇(76×76mm) 1묶음씩, 12색 유성펜 1세트씩, 전지 2장씩, 의견표시용 스티커, 셀로판테이프 1개씩, 다짐나무 • 질문지 유인물				
지도상의 유의점	• 6인 1팀으로 활동할 수 있도록 책상을 배치한다. • 박물관은 과거와 현재, 미래 문화유산 보존 장소라는 인식을 하도록 한다. • 주제 선정 및 프로젝트 수행이 자율적으로 이루어지도록 한다.				

〈표 5-38〉 '박물관은 살아 있다!' 교수 · 학습 과정안

단계		교수 · 학습 활동	시간	자료 및 유의점
도입	AI 활동 소개 하기	• 팀별로 인사하기 • 학습 주제 및 활동 소개하기 　－학습 주제: 박물관은 살아 있다! 　－〈박물관은 살아 있다!〉의 영화 일부를 시청하며 박물관에 대한 관심을 갖는다. 　－AI 활동 소개: 좋은 경험을 찾아 이를 토대로 우리가 해야 할 일을 계획하는 활동을 소개한다.	10′	〈박물관은 살아 있다!〉 동영상
전개	긍정 주제 찾기	• 박물관 알아보기 　－박물관의 개념과 역할, 기능, 종류에 대해 발표하게 한다. 　① 박물관이란? 오래된 유물이나 문화적 · 학술적 의의가 깊은 자료를 수집하여 보관하고 전시하는 곳 　② 박물관의 역할: 지역 주민들의 문화적 욕구 충족, 지역의 고유한 생활양식이나 문화적인 정체성 확보 및 지역민의 교류와 문화의 다양성을 경험하는 네트워크의 장으로 활용, 사회교육적 기능과 활동적인 영역, 정보의 제공과 엔터테인먼트(즐거움)의 기능 수반 　③ 박물관의 기능: 수집, 보존(보관), 전시, 연구, 교육 등 　④ 박물관의 종류: 지역의 생활양식과 그 소산물에 의해 설립되는데, 전통적 개념의 종합 박물관, 민속 박물관 외에 자연사 박물관(화석, 공룡), 생활사 박물관(공예품, 조각, 유리), 과학 박물관(해양, 소리, 과학, 우주), 기업 박물관(커피, 라면 등), 테마 박물관(전쟁, 인권 등), 야외 박물관, 수족관, 대학 박물관, 전시관, 동물원 등 다양한 테마로 발전 • 긍정 주제 도출하기 　－살아 있는 박물관이란 어떤 박물관인지를 생각하며 앞에 제시된 박물관의 기본 사항을 참고로 하여 박물관이 살아 있도록 하기 위해 가장 필요한 요소를 각자 세 가지 이상 생각하여 포스트잇에 작성한다. 　－팀별로 의견이 적힌 포스트잇을 모은 후 각자 그 중 중요한 내용 세 개를 골라 스티커를 붙인다. 　－팀별로 스티커를 가장 많이 받은 내용 네 개씩 교사에게 제출한다. 　－학생들이 제출한 포스트잇을 모아 학생들의 의견을 듣고 유목화하여 긍정 주제를 도출한다.	15′	포스티잇을 모은 후 최고의 것에 투표한다.
	발견 하기	• 박물관 견학 및 체험 활동에 대한 경험 찾기 　－질문지를 활용하여 1:1 인터뷰를 한다. 　－인터뷰 결과를 공유, 정리한다.	20′	－질문지 유인물 －인터뷰 내용 공유

	꿈꾸기	• 20년 후의 우리가 쉽게 찾아갈 수 있는 친근하고 살아 있는 박물관의 모습을 상상하기 −팀별로 발견하기 단계에서 찾은 내용을 토대로 10년 후 박물관의 모습을 상상하여 그림으로 표현한다. −박물관은 인류의 문화유산을 보존하고 전시하는 곳이기에 문화유산을 박물관에서 지속가능하게 보존·전시할 것인지를 동시에 생각하며 그림을 그린다. • 팀별 활동 발표하기 −팀별로 작업한 내용을 벽에 붙이고, 각 팀의 논의 내용을 발표한다.	20′	팀별로 전지, 12색 유성펜 1세트 활용
	설계 및 다짐 하기	• 박물관이 친근하고 살아 있는 장소가 되기 위해 우리가 해야 할 일 설계하기 −살아 있는 박물관이 되기 위해 우리는 무엇을 어떻게 해야 할까요? • 다짐하기 −각자 세 가지씩 의견을 제시한 후 의견을 모아 팀별로 '우리의 다짐'을 작성한다. −완성한 팀은 다짐나무에 게시한 후 팀별로 내용을 읽고 선서한다.	20′	포스트잇, 다짐나무
정리		• 성찰하기 −두 명씩 짝을 지어 오늘 활동을 통해 배운 점을 한 가지씩 서로 이야기해 보세요. −팀별로 한 명의 학생이 발표한다. • 정리하기 −박물관의 역할에 대해 정리한다.	5′	

〈표 5-39〉 '박물관은 살아 있다!' 평가계획과 학교생활기록부 기록 예시

평가 계획	평가방법	활동의 기록분석법, 일화기록법
	평가준거	박물관의 역할과 기능에 대하여 설명할 수 있는가?
		박물관 관람 시 지켜야 할 예절에 대하여 설명할 수 있는가?
		살아 있는 박물관이란 어떤 박물관인지 표현할 수 있는가?
		박물관에 친근하게 접근할 수 있는 방법을 모색하고 구체적으로 실천할 수 있는가?
		지속가능한 박물관이 되기 위한 방안을 토론을 통해 도출할 수 있는가?
창의적 체험 활동 상황 동아리 활동 특기사항 기록 예시		(박물관 동아리반: 자율 동아리) 우리나라 고대사에 관심이 많은 학생으로 스스로 주제를 정하여 휴일마다 박물관을 탐방하여 문제를 해결함. ○○ 박물관에서 도슨트로 자원봉사를 하며 참가자들의 관람 안내 및 해설에 도움을 줌. 특히 진로선택도 박물관과 관련된 일로 정하여 주니어해설사 자격 취득 관련 자료를 수집·공유하는 한편, 자발적으로 주니어해설사 양성 과정에 참여하여 자격증 취득을 위해 노력하는 것이 인상적임

〈표 5-40〉 **발견하기 단계의 질문지**

'박물관은 살아 있다!'		
	기자 : _____ 답변한 사람 : _____	
1. ( )	지금까지 방문했던 박물관에서 보고, 듣고, 체험한 ( ) 일을 떠올려 보세요. 그때 있었던 일을 자세하게 이야기해 주세요. 그때 어떤 기분이었나요? 그리고 그때 어떤 생각을 했나요?	
답변 내용		
2. ( )	지금까지 방문했던 박물관에서 보고, 듣고, 체험한 ( ) 일을 떠올려 보세요. 그때 있었던 일을 자세하게 이야기해 주세요. 그때 어떤 기분이었나요? 그리고 그때 어떤 생각을 했나요?	
답변 내용		
3. ( )	지금까지 방문했던 박물관에서 보고, 듣고, 체험한 ( ) 일을 떠올려 보세요. 그때 있었던 일을 자세하게 이야기해 주세요. 그때 어떤 기분이었나요? 그리고 그때 어떤 생각을 했나요?	
답변 내용		
4. ( )	지금까지 방문했던 박물관에서 보고, 듣고, 체험한 ( ) 일을 떠올려 보세요. 그때 있었던 일을 자세하게 이야기해 주세요. 그때 어떤 기분이었나요? 그리고 그때 어떤 생각을 했나요?	
답변 내용		

활용 Tip

• 4D 프로세스를 시작하기 전에 도출한 긍정 주제를 질문지에 먼저 기입하게 한다.
• 기자 이름과 답변하는 사람의 이름을 기입한다.
• 기자는 제시된 질문을 중심으로 질문하고, 답변하는 사람의 특성을 고려하여 다른 표현을 사용해도 된다. 질문에 대한 답변의 주요 내용을 질문지에 기록한다.
• 답변하는 사람은 자신의 경험과 생각을 성의 있게 대답한다.

〈표 5-41〉 **다짐하기 단계의 활동지**

살아 있는 박물관을 만들기 위한 우리의 다짐

우리는 박물관 탐방을 통해 미래 인류 문화유산을 보존하기 위해

다음의 사항을 꼭 지키겠습니다.

1.

2.

3.

4.

5.

20   년   월   일

○○ _____ 학교

(서명)	(서명)	(서명)
(서명)	(서명)	(서명)

활용 Tip

• '우리의 다짐'은 가능하면 팀별로 작성하는 것이 바람직하지만, 개별적으로 작성할 수도 있다.

• 다짐 내용에 대해 이름을 쓰고 서명하는 것은 학생들의 실천 의지를 높여 준다. 교사도 함께 서명한다면 학생들이 더욱 책임감 있게 행동할 것이다.

• 다짐 내용은 반드시 학급에서 발표하도록 한다.

제3부

AI로 창의적 체험 활동하기

창의적 체험 활동은 학생들이 배움의 주체가 되어 건전하고 다양한 집단 활동에 자발적으로 참여하는 실천 활동이다.

개정 교육과정의 꽃이라고 하는 창의적 체험 활동은 공동체 의식을 함양하고 개인의 소질과 잠재능력을 계발·신장하고 창의적인 태도를 기르는 것을 목표로 한다. 학생들은 AI를 활용한 창의적 체험 활동을 통해 공동의 목표를 갖고 서로 협력하여 아이디어를 도출하고 실천계획을 수립하는 경험을 하게 된다.

제3부에서는 창의적 체험 활동의 네 영역과 안전교육을 위한 구체적인 사례와 운영전략을 안내할 것이다.

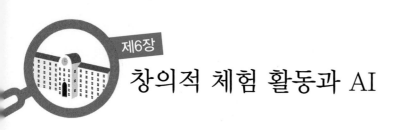

창의적 체험 활동과 AI

제6장

창의적 체험 활동은 교과와의 상호 보완적 관계 속에서 앎을 적극적으로 실천하고 심신을 조화롭게 발달시키기 위하여 실시하는 교과 이외의 활동이다(교육부 고시 제2015-75호[별책42]). 창의적 체험 활동은 고유의 영역을 독립적으로 운영하거나 교육적 필요에 따라 교과 및 기타 교육 활동과 연계하여 운영할 수 있는데, 이때 학생들이 적극적으로 참여할 수 있는 다양한 활동으로 구성하는 것이 중요하다. AI는 학생들이 스스로 탐색하고, 공유하고, 계획하고, 성찰하는 기회를 제공하므로, 창의적 체험 활동을 위한 훌륭한 방법론이 될 수 있다.

1. 창의적 체험 활동에 대한 이해

1) 창의적 체험 활동이란

창의적 체험 활동은 학생들이 건전하고 다양한 집단 활동에 자발적으로 참여하여 나눔과 배려를 실천함으로써 공동체 의식을 함양하고 개인의 소질과 잠재력을 계발·신장하여 창의적인 삶의 태도를 기르는 것을 목표로 한다. 구체적인 내용은 다음과 같다.

첫째, 특색 있는 활동에 자율적으로 참여하여 일상의 문제를 합리적이고 창의적으로 해결할 수 있는 능력을 기른다. 둘째, 동아리에 자발적으로 참여하여 소질과 적성을 계발하고 일상의 삶을 풍요롭게 가꾸어 나갈 수 있는 심미적 감성을 기른다. 셋째, 나눔과 배려를 실천하고, 환경을 보존하는 생활습관을 형성하여 더불어 사는 삶의 가치를 체득한다. 넷째, 흥미, 소질, 적성을 파악하여 자아 정체성을 확립하고, 자신의 진로를 개발하여 지속적으로 발전시킨다.

초등학교의 창의적 체험 활동은 공동체 생활에 필요한 기본 생활 습관을 형성하고 개성과 소질을 탐색하고 발견하는 데 중점을 둔다. 중학교의 창의적 체험 활동은 자아 정체성을 확립하고 다른 사람과 더불어 살아가는 태도를 증진하며 자신의 진로를 적극적으로 탐색하는 활동을 한다. 고등학교의 창의적 체험 활동은 공동체 의식의 확립을 기반으로 나눔과 배려를 실천하고, 진로를 설계하고 준비하는 데 주안점을 둔다.

2) 창의적 체험 활동의 영역과 활동

창의적 체험 활동은 크게 자율 활동, 동아리 활동, 봉사 활동, 진로 활동의 4개 영역으로 구성되고, 학생의 발달 단계와 교육적 요구 등을 고려하여 학교급별, 학년(군)별, 학기별로 영역 및 활동을 선택하여 집중적으로 운영할 수 있다. 또한 교육적 효과를 높이기 위하여 교과와 창의적 체험 활동의 영역 및 활동 등을 연계·통합하여 주제 중심으로 편성·운영하기도 한다. 창의적 체험 활동의 4개 영역별 주요 활동 및 학교급별 교육 중점은 〈표 6-1〉과 같다(교육부 고시 제2015-80호[별책2]).

〈표 6-1〉 **창의적 체험 활동 영역별 활동 체계표**

영역	활동		학교급별 교육의 중점
자율 활동	• 자치 · 적응 활동 • 창의 주제 활동 등	초	• 입학 초기 적응 활동 • 사춘기 적응 활동 • 민주적 의사결정의 기본 원리 이해 및 실천 • 즐거운 학교생활 및 다양한 주제 활동
		중	• 원만한 교우 관계 형성 • 자주적이고 합리적인 문제 해결 능력 함양 • 폭넓은 분야의 주제 탐구 과정 경험
		고	• 공동체 구성원으로서 주체적 역할 수행 • 협력적 사고를 통한 공동의 문제 해결 • 진로 · 진학과 관련된 전문 분야의 주제 탐구 수행
동아리 활동	• 예술 · 체육 활동 • 학술 문화 활동 • 실습 노작 활동 • 청소년 단체 활동 등	초	• 다양한 경험과 문화 체험을 통한 재능 발굴 • 신체 감각 익히기와 직접 조작의 경험 • 소속감과 연대감 배양
		중 · 고	• 예술적 안목의 형성, 건전한 심신 발달 • 탐구력과 문제해결력 신장 • 다양한 문화 이해 및 탐구 • 사회 지도자로서의 소양 함양
봉사 활동	• 이웃돕기 활동 • 환경보호 활동 • 캠페인 활동 등	초	봉사 활동의 의의와 가치에 대한 이해 및 실천
		중 · 고	학생의 취미, 특기를 활용한 봉사 실천
진로 활동	• 자기이해 활동 • 진로 탐색 활동 • 진로 설계 활동 등	초	• 긍정적 자아 개념 형성 • 일의 중요성 이해 • 직업 세계의 탐색 • 진로 기초 소양 함양
		중	• 긍정적 자아 개념 강화 • 진로 탐색
		고	• 자신의 꿈과 비전을 진로 · 진학과 연결 • 건강한 직업의식 확립 • 진로 계획 및 준비

(1) 자율 활동

자율 활동은 학생들이 자발적으로 참여하는 활동으로 다양한 행사와 창의 특색 활동을 포함한다. 학생들은 자율 활동을 통해 자신이 속해 있는 단체에 대한 소속 감을 갖고 공동체 의식을 함양하며, 변화하는 환경에 적극적으로 대처할 수 있는 능력을 키우게 된다. 자율 활동은 자치 · 적응 활동과 창의 주제 활동으로 구성되며 각 활동 영역의 활동 목표와 실천 가능한 활동 내용은 〈표 6-2〉와 같다.

〈표 6-2〉 **자율 활동 영역의 활동 목표와 내용**

활동	활동 목표	활동 내용
자치 · 적응 활동	성숙한 민주 시민으로 살아 갈 수 있는 역량을 함양하고, 신체적 · 정신적 변화에 적응 하는 능력을 길러 변화하는 환경에 적극적으로 대처한다.	• 기본생활 습관 형성 활동: 예절, 준법, 질서 등 • 협의 활동: 학급회의, 전교회의, 모의의회, 토론회, 자치법정 등 • 역할 분담 활동: 1인 1역 등 • 친목 활동: 교우 활동, 사제동행 활동 등 • 상담 활동: 학습, 건강, 성격, 교우 관계 상담 활동, 또래 상담 활동 등
창의 주제 활동	학교, 학년(군), 학급의 특색 및 학생의 발달 단계에 맞는 다양하고 창의적인 주제를 선택하여 활동함으로써 창의 적 사고 역량을 기른다.	• 학교 · 학년 · 학급 특색 활동: 100권 독서하기, 줄넘기, 경어 사용하기, 연극놀이, 뮤지컬, 텃밭 가꾸기 등 • 주제 선택 활동: 주제 탐구형 소집단 공동 연구, 자유 연구, 프로젝트 학습(역사 탐방 프로젝트, 박물관 견학 활동) 등

(2) 동아리 활동

동아리 활동은 서로 같은 취미나 특기 · 적성을 가진 학생들이 모여 자신의 소질과 적성을 창의적으로 계발하고 발전시킴으로써 자아 실현의 기초를 형성하고 사회 성과 협동심을 기르기 위한 집단 활동이다. 동아리 활동은 예술 · 체육 활동, 학술 문화 활동, 실습 노작 활동, 청소년 단체 활동의 4개 영역의 활동으로 구성되며 각 영역의 활동 목표와 실천 가능한 활동 내용은 〈표 6-3〉과 같다.

〈표 6-3〉 동아리 활동 영역의 활동 목표와 내용

활동	활동 목표	활동 내용
예술 · 체육 활동	자신의 삶을 폭넓고 아름답게 가꿀 수 있는 심미적 감성 역량을 함양하고, 건전한 정신과 튼튼한 신체를 기른다.	• 음악 활동: 성악, 합창, 뮤지컬, 오페라, 오케스트라, 국악, 사물놀이, 밴드, 난타 등 • 미술 활동: 현대미술, 전통미술, 회화, 조각, 사진, 애니메이션, 공예, 만화, 벽화, 디자인, 미술관 탐방 등 • 연극 · 영화 활동: 연극, 영화 평론, 영화 제작, 방송 등 • 체육 활동: 씨름, 태권도, 택견, 전통무술, 구기운동, 수영, 요가, 하이킹, 등산, 자전거, 댄스 등 • 놀이 활동: 보드 게임, 공동체 놀이, 마술, 민속놀이 등
학술 문화 활동	다양한 학술 분야와 문화에 대해 관심을 가지고 체험 위주의 활동을 통하여 지적 탐구력과 문화적 소양을 기른다.	• 인문 소양 활동: 문예 창작, 독서, 토론, 우리말 탐구, 외국어 회화, 인문학 연구 등 • 사회과학 탐구 활동: 답사, 역사 탐구, 지리 문화 탐구, 다문화 탐구, 인권 탐구 등 • 자연과학 탐구 활동: 발명, 지속가능 발전 연구, 적정 기술 탐구, 농어촌 발전 연구, 생태 환경 탐구 등 • 정보 활동: 컴퓨터, 인터넷, 소프트웨어, 신문 활용 등
실습 노작 활동	일의 소중함과 즐거움을 깨닫고 필요한 기본 기능을 익혀 일상생활에 적용한다.	• 가사 활동: 요리, 수예, 재봉, 꽃꽂이, 제과 · 제빵 등 • 생산 활동: 재배, 원예, 조경, 반려동물 키우기, 사육 등 • 노작 활동: 목공, 공작, 설계, 제도, 로봇 제작, 조립, 모형 제작, 인테리어, 미용 등 • 창업 활동: 창업 연구 등
청소년 단체 활동	신체를 단련하고 사회 구성원 및 지도자로서의 소양을 함양한다.	국가가 공인한 청소년 단체의 활동: 스카우트연맹, 걸스카우트연맹, 청소년연맹, 아람단, 청소년적십자단, 우주소년단, 해양소년단 등

(3) 봉사 활동

봉사 활동은 어떤 대가를 바라고 활동하는 것이 아니라 자발적인 의도에서 개인이나 단체가 다른 사람을 돕거나 사회에 기여하는 무보수의 지속 활동을 말한다. 나눔과 배려를 통해 이웃을 사랑하는 마음과 호혜 정신을 기르며, 더불어 사는 공동체 의식을 갖도록 하는 데 그 의의가 있다. 봉사 활동은 이웃돕기 활동, 환경보호 활동, 캠페인 활동으로 구성되며 각 활동 영역의 활동 목표와 실천 가능한 활동 내용은 〈표 6-4〉와 같다.

〈표 6-4〉 **봉사 활동 영역의 활동 목표와 내용**

활동	활동 목표	활동 내용
이웃돕기 활동	타인을 이해하고 배려할 수 있는 공동체 역량을 함양한다.	• 친구 돕기 활동: 학습이 느린 친구 돕기, 장애 친구 돕기 등 • 지역사회 활동: 불우이웃 돕기, 난민 구호 활동, 복지시설 위문, 재능 기부 등
환경보호 활동	환경을 보호하는 마음과 공공시설을 아끼는 마음을 기른다.	• 환경 정화 활동: 깨끗한 환경 만들기, 공공시설물 보호, 문화재 보호, 지역사회 가꾸기 등 • 자연보호 활동: 식목 활동, 자원 재활용, 저탄소 생활 습관화 등
캠페인 활동	사회 현상에 관심을 갖고 참여함으로써 사회적 역할과 책임을 분담하고 사회 발전에 이바지하는 태도를 기른다.	• 공공질서, 환경 보전, 헌혈, 각종 편견 극복 캠페인 활동 등 • 학교폭력 예방, 안전사고 예방, 성폭력 예방 캠페인 활동 등

(4) 진로 활동

진로 활동은 개인이 자신의 특징, 소질과 적성, 능력 등을 이해하고 이를 바탕으로 자신의 정체성을 확립함으로써 진로를 계획하고 준비하며 탐색 및 선택할 수 있도록 도와주는 활동이다. 진로 활동은 자기이해 활동, 진로 탐색 활동, 진로 설계 활동으로 구성되며 각 활동 영역의 활동 목표와 실천 가능한 활동 내용은 〈표 6-5〉와 같다.

〈표 6-5〉 **진로 활동 영역의 활동 목표와 내용**

활동	활동 목표	활동 내용
자기 이해 활동	긍정적 자아 개념을 형성하고 자신의 소질과 적성에 대하여 이해한다.	• 강점 증진 활동: 자아 정체성 탐구, 자아 존중감 증진 등 • 자기 특성 이해 활동: 직업 흥미 탐색, 직업 적성 탐색 등
진로 탐색 활동	일과 직업의 가치, 직업 세계의 특성을 이해하여 건강한 직업의식을 함양하고, 자신의 진로와 관련된 교육 및 직업 정보를 탐색하고 체험한다.	• 일과 직업 이해 활동: 일과 직업의 역할과 중요성 및 다양성 이해, 직업 세계의 변화 탐구, 직업 가치관 확립 등 • 진로 정보 탐색 활동: 교육 정보 탐색, 진학 정보 탐색, 학교 정보 탐색, 직업 정보 탐색, 자격 및 면허 제도 탐색 등 • 진로 체험 활동: 직업인 인터뷰, 직업인 초청 강연, 산업체 방문, 직업 체험관 방문, 인턴, 직업 체험 등
진로 설계 활동	자신의 진로를 창의적으로 계획하고 실천한다.	• 계획 활동: 진로 상담, 진로 의사 결정, 학업에 대한 진로 설계, 직업에 대한 진로 설계 등 • 준비 활동: 일상생활 관리, 진로 목표 설정, 진로 실천 계획 수립, 학업 관리, 구직 활동 등

(5) 안전한 생활[1]

'안전한 생활'은 초등학교 1~2학년 학생들이 일상생활과 재난 상황에서 접하게 되는 위험을 알고 안전하게 생활하는 방법을 익혀 위험을 예방하고 위험 상황에 대처할 수 있는 능력을 기르는 데 중점을 둔다(교육부 고시 제2015-75호[별책42]). 특히 일상생활 중에 직면하게 되는 위험한 상황에는 어떤 것이 있는지 알고 대처하는 방법을 익혀 안전하게 생활하는 것을 목표로 하고 있다. '안전한 생활'에서는 위험을 식별하기, 예방하기, 위험 상황에서 벗어나기, 위험 상황 알리기로 대표되는 기능을 익힌다. 이를 구현하기 위해 생활안전, 교통안전, 신변안전, 재난안전의 4개 영역으로 구분하여 소주제인 핵심 개념과 그에 따른 내용 요소를 제시하고 있다. '안전한 생활'은 독립적으로 가르치거나 '바른 생활' '슬기로운 생활' '즐거운 생활'의 각 영역(대주제) 또는 창의적 체험 활동과 연계하여 지도할 수 있다. '안전한 생활'의 내용

---

[1] 안전교육은 창의적 체험 활동의 주요 영역은 아니지만, 현재 안전교육이 강조되고 있어서 이 장에서 함께 다룬다.

체계는 〈표 6-6〉과 같다.

〈표 6-6〉 '안전한 생활' 내용 체계

영역	핵심 개념	일반화된 지식	내용	기능
생활 안전	학교에서의 안전 생활	안전한 학교생활을 위해 지켜야 할 규칙이 있다.	• 실내 활동 시 안전 규칙 • 학용품 및 도구의 안전한 사용 • 놀이 기구의 안전한 사용	• 위험 식별하기 • 예방하기 • 위험 상황에서 벗어나기 • 위험 상황 알리기
	가정에서의 안전 생활	가정에서 안전을 위해 지켜야 할 수칙이 있다.	• 가정에서의 사고 예방 • 생활도구의 안전한 사용 • 응급 상황 대처	
	사회에서의 안전 생활	사회에서 안전을 위해 지켜야 할 수칙이 있다.	• 야외 활동 안전 • 시설물 안전 • 공중위생	
교통 안전	보행자 안전	안전을 위해 보행자가 지켜야 할 수칙이 있다.	• 신호등과 교통 표지판 • 보행자 수칙 • 골목에서 놀 때의 안전	
	자전거, 자동차 안전	자전거와 자동차 및 대중교통을 이용할 때 지켜야 할 안전 수칙이 있다.	• 자전거 탈 때의 안전 • 자동차 이용 시 안전 수칙 • 대중교통 이용 시 안전 수칙	
신변 안전	유괴, 미아 사고 예방	유괴 예방법과 미아가 되었을 때의 대처 방법을 안다.	• 낯선 사람의 접근에 대한 대처 방법 • 미아가 되었을 때의 대처 방법	
	학교폭력/성폭력/가정폭력	학교폭력의 유형을 알고 예방하는 방법을 숙지한다.	• 집단 따돌림의 유형과 예방 • 학교폭력의 유형과 예방	
		성폭력/가정폭력의 위험성을 알고 대처할 수 있다.	• 좋은 접촉과 나쁜 접촉 • 가정폭력 발생 시의 도움 요청과 신고	
재난 안전	화재	화재가 발생하면 안전 수칙에 따라 신속하게 대피한다.	• 화재의 예방 • 화재 발생 시의 대피법	
	자연 재난	자연 재난 발생 시의 행동 요령을 익혀 생활화한다.	• 지진, 황사, 미세먼지 대처 방법 • 계절의 변화에 따른 자연 재난 발생 시의 대처 방법	

2. AI가 어울리는 창의적 체험 활동

　창의적 체험 활동은 교과 외 활동으로서 앎을 적극적으로 실천하고 나눔과 배려를 할 줄 아는 미래 지향적 인재 양성을 목적으로 도입되었다. 그러나 교과 중심의 교육 활동에서 이러한 목적에 부합한 범교과 학습 주제나 그에 적절한 교수·학습 활동을 전개하기는 쉽지 않다. 구성원의 다양한 경험과 의견에 귀 기울이고 참여와 협력이 중요한 AI의 철학은 창의적 체험 활동과 잘 부합된다. 이는 교과 활동을 통해 습득한 지식을 구체적인 체험 활동 속에서 타인에 대한 존중과 나눔, 배려를 실천하는 실천가로서의 경험을 갖도록 할 수 있기 때문이다. AI가 어울리는 창의적 체험 활동은 범교과 학습 주제로 다루는 안전한 생활, 건강 교육, 인성 교육, 진로 교육, 민주 시민 교육, 인권 교육, 독도 교육, 환경 교육, 지속가능발전 교육, 다문화 교육 등을 들 수 있으며 〈표 6-7〉은 이를 창의적 체험 활동의 4개 영역 속에서 통합하여 지도할 수 있는 프로그램을 제시한 것이다.

〈표 6-7〉 **창의적 체험 활동과 안전한 생활을 위한 AI 주제**

영역	활동 영역	학습 주제	AI 주제
자율 활동	• 자치·적응 활동 • 창의 주제 활동	• 입학 초기 적응 활동, 사춘기 적응 활동 • 타인에 대한 이해 활동 • 즐거운 학교생활 및 다양한 주제 활동 • 민주적 의사 결정 이해 및 실천 활동 • 원만한 교우 관계 형성 활동 • 자주적이고 합리적인 문제 해결 능력 함양 활동 • 공동체 구성원으로서 주체적 역할 수행 활동 • 협력적 사고를 통한 공동의 문제 해결 활동	• 내 인생의 주인공은 바로 나! • 자치규약으로 세우는 우리들 세상 • 더불어 사는 우리의 미래 • 내가 만드는 인생 곡선 • 비폭력 대화로 행복 열기 • 큰 그림으로 하나 되어요

동아리 활동	• 예술 · 체육 활동 • 학술 문화 활동 • 실습 노작 활동 • 청소년 단체 활동	• 문화 체험을 통한 재능 발굴 활동 • 신체 감각 익히기 활동 • 직접 조작 경험의 학술 문화 활동 • 소속감과 연대감 배양 활동 • 예술적 안목의 형성 활동 • 다양한 문화 이해 및 탐구 활동 • 사회 지도자로서의 소양 함양 활동	• 음악, 미술, 문학, 체육, 역사 동아리 • 오케스트라 주인공 • 마음이 끌리는 풍경 • 마음을 그리는 시화 • 에코 작품으로 꿈꾸는 세상 • 서틀콕으로 하나 되는 세상 • 고지도 속 독도를 찾아라!

봉사
활동
	• 이웃돕기 활동
	• 환경보호 활동
	• 캠페인 활동
		• 봉사 활동의 의의와 가치에 대한 이해 및 실천
		  활동
		• 학생의 취미, 특기를 활용한 봉사 실천 활동
		• 저탄소 생활 습관화 자연보호 활동
		• 공공질서, 교통안전, 환경보전, 편견 극복 캠페
		  인 활동
		• 학교폭력 예방, 안전사고 예방, 성폭력 예방
		  캠페인 활동
		• 문화재 보호 환경 정화 활동
		• 지역사회 가꾸기 활동
			• 친환경 생태 체험으로 가꾼 텃밭
			• 지구는 생명체
			• 지구 사랑 교감 명상 및 실천 걷기
			• 위기의 지구, 당신이 유일한 희망
			• 사랑의 엽서 쓰기 활동
			• 친구야 함께 가자
			• 생태 공동체 삶

진로 활동	• 자기이해 활동 • 진로 탐색 활동 • 진로 설계 활동	• 긍정적 자아 개념 형성, 강화 활동 • 일의 중요성 이해 활동 • 직업 세계의 탐색 활동 • 진로 기초 소양 함양 활동 • 건강한 직업의식 확립 활동	• 강점 증진 활동 • 자기이해 및 심성 계발, 자기 정체성 탐구, 자아 존중감 증진 등 • 나를 사랑하는 명상 체험 • 역사 인물 롤 모델 찾아 떠나는 여행 • 지피지기 • 자기생애 설계 • 말하는 대로 자라는 가치
안전한 생활	• 생활 안전 • 교통 안전 • 신변 안전 • 재난 안전	• 안전한 학교, 가정, 사회 생활 • 도로, 대중교통 이용 시 안전 생활 • 유괴와 미아 사고 예방 생활 • 폭력의 대처 방법 • 화재와 자연 재난 발생 시 행동 요령	• 너와 내가 실천하는 웃음꽃 학교! • 우리가 꿈꾸는 세상 함께 만들어 가요. • 안전 생활로 아름다운 세상 그려요. • 친구야! 마음이 아프다. • 위기의 지구! 자연 재난으로 경고! • 당신이 유일한 희망 • 나와 너 그리고 우리 모두를 위한 길

3. 창의적 체험 활동을 위한 AI 프로세스 활용

　　창의적 체험 활동은 학생의 요구, 학교의 실정, 지역의 특수성, 교사의 필요, 창의적 체험 활동 주제에 따라 독립적으로 운영하거나 2개 이상의 활동 영역을 통합하여 운영할 수 있다. 이때 AI 프로세스는 적용 과제나 상황에 따라 4D 프로세스 중 몇 단계를 선택하여 2D나 3D 프로세스로 변형하여 운영할 수 있으며, 각 단계를 한 차시 또는 여러 차시로 진행할 수도 있다. 예를 들어, 현장 방문 체험 활동을 AI로 운영할 경우, 교실 수업에서 먼저 체험 활동 주제와 관련된 긍정 주제를 선정하는 활동부터 시작한다. 긍정 주제가 선정되면 이를 토대로 '발견하기–꿈꾸기–설계하기' 활동을 진행한 후 현장 방문 체험을 통해 설계하기 단계에서 계획한 내용을 실천하고, 이후에 '다짐하기'와 성찰 활동을 진행할 수 있다. 학생들이 스스로 긍정 주제를 선정하는 것이 어렵다고 판단될 때는 교사가 준비한 긍정 주제를 제시하고, 이를 중심으로 '발견하기–꿈꾸기–설계하기–실행하기' 활동을 한다. 4번째 단계인 '실행하기' 단계에서 실천 다짐한 내용을 생활 속에서 실천하고 체득할 수 있도록 하고자 하는 경우에는 실천 계획 수립 후 1~2주 정도의 실천 가능한 시간을 확보하여 학생들이 충분히 실천의 기회를 갖도록 한다. 실천 이후에는 서로의 실천 내용을 공유하고 실천의 결과를 격려하고 나누는 시간을 가질 수 있다. 중요한 것은 4D 프로세스의 전체 혹은 일부를 활용하더라도, AI 프로그램을 통해 무엇이 변화되었는지를 성찰하고, 의미 있는 내용을 공유하는 것이다.

제7장

AI로 하는 창의적 체험 활동

창의적 체험 활동은 기본적으로 자율성에 바탕을 둔 집단 활동의 성격을 지니고 있으며 개인의 개성과 창의성을 키우는 데 도움이 된다. 또한 긍정 경험의 발견과 공유에 초점을 두고 AI를 창의적 체험 활동에 활용하면 학생들도 타인과 소통하고 서로의 경험을 나누면서 바람직한 변화와 성장을 할 수 있다. 여기서는 자율 활동, 동아리 활동, 봉사 활동, 진로 활동 및 안전 교육에 AI를 적용한 구체적인 사례를 소개할 것이다.

1. AI로 하는 자율 활동

자율 활동은 학생들이 자발적으로 참여하는 활동이다. 이러한 활동을 통해 유의미한 성과를 거두기 위해서는 자기주도적으로 타인과 소통하고 서로의 경험을 나누고 실천해야 한다. AI는 다른 사람의 의견을 경청하고 자신의 경험을 발표하고 공유하는 활동을 위한 적합한 과정을 제시할 것이다.

1) 자율 활동을 위한 AI 주제

자율 활동은 활동 결과보다는 학생들이 실천하는 과정에서 배우게 되는 것에 더 큰 교육적인 의미를 둔다. 자율 활동에서 AI로 다루기 적합한 주제들은 〈표 7-1〉과 같이 모두 학생들의 자율적인 실천이 요구되는 주제들로 자치·적응 활동, 창의 주제 활동 영역에서 다양하게 다룰 수 있다.

〈표 7-1〉 **자율 활동을 위한 AI 주제**

영역	AI 주제
자치·적응 활동	• 입학, 진급, 전학 등에 따른 적응활동 -즐거운 우리 반 만들기 • 예절, 질서 등의 기본 생활습관 형성 활동, 축하, 친목, 사제동행 -우리 학급에서 지켜야 할 규칙만들기 • 학습, 건강, 성격, 교우 등의 상담 활동 -또래 상담과 멘토-멘티 활동하기 • 1인 1역할, 학급회 및 학급 부서 활동 -우리 학급에서 나는 어떤 역할을 해야 할까? • 학생회, 협의 활동, 운영위원 활동, 모의 의회, 토론회 -학생자치회가 주도하는 학생자치활동을 어떻게 민주적 방식으로 운영할 수 있을까?
창의 주제 활동	• 학생 특색 활동 -나의 소질 기르기, 나의 뿌리 알아보기, 나의 꿈, 나의 희망 찾기 • 학급 특색 활동 -좋은 학급 만들기(독서하는 학급, 발표 잘하는 학급, 학급 꾸미기) -모둠 활동, 학급 신문 만들기, 칭찬 엽서 쓰기, 친구 사랑의 날 운영하기 • 학년 특색 활동 -칭찬 릴레이, 독서 감상문, 학년 학예회, 미니 올림픽 • 학교 특색 활동 -교과서 물려주기, 효 실천 프로그램, 인성 퀴즈 대회, 전교생 국악 교육, 의형제 나눔 활동, 맞춤형 체력인증제

- 지역 특색 활동
  - 지역 문화 조사하기, 문화재 답사하기, 지역의 축제 조사하고 참여하기
- 학교 전통 수립 활동
  - 타임캡슐 매설, 에너지사랑단 활동하기
- 학교 전통 계승 활동
  - 마을 애향대 조직, 선배 초청하여 이야기 나누기
- 주제 선택 활동
  - 주제 탐구형 소집단 공동 연구, 자유 연구, 프로젝트 학습(역사 탐방 프로젝트, 박물관 견학 활동)을 학생주도적으로 진행하기

2) AI로 하는 자율 활동 수업 사례

학생들은 자신의 일을 스스로 하는 경험을 통해 자주적인 습관과 태도를 기르며 가정과 학교에서 작은 일이라도 자신이 해야 할 일을 스스로 찾아서 하려는 마음을 가져야 한다. 자율 활동 중에서 '내 인생의 진정한 주인공은 바로 나!'라는 내용으로 '나의 생활을 반성하고 자주적인 생활 실천 계획 세우기'에 관해 AI 프로그램을 [그림 7-1]과 같이 운영하였다.

단계	도입	전개				정리
		긍정 주제 찾기	발견하기	꿈꾸기	설계 및 다짐하기	
주요 활동	• AI 프로그램 소개하기 • 학습 주제 안내하기	• 자주적인 생활에 대한 소중함과 그 경험 도출하기 • 긍정 주제 도출하기	• 자주적인 생활과 관련된 경험 인터뷰하기와 인터뷰 내용 공유하기	• 진정한 자주적인 모습을 구체적으로 상상하고 표현하기 • 팀별로 발표하기	• 해야 할 일 도출하기 • 실천 계획 수립하기 • 다짐하기	• 성찰하기 • 실천에 대해 점검하고 새로 다짐하기
방법		명목집단법	1:1 인터뷰	월드 카페	명목집단법	

[그림 7-1] '내 인생의 진정한 주인공은 바로 나!' AI 프로그램 진행 절차

〈표 7-2〉〈표 7-3〉은 [그림 7-1]에 제시된 진행 절차에 따라 구체적인 수업 운영 전략을 제시한 교수·학습 과정안이다. 이 수업은 80~100분으로 계획되어 있어 블록 수업으로 운영하거나 두 개 차시로 나누어 운영할 수 있다. '내 인생의 진정한 주인공은 바로 나!'는 초·중·고등학생을 대상으로 자율적인 생활을 하기 위해 나의 계획 세우기라는 주제로 학생들이 자주적으로 생활을 실천하고 다짐하는 과정으로 진행된다. 이 프로그램을 통해 자기의 일을 스스로 하면 자신뿐만 아니라 주변 사람들에게도 도움이 된다는 것을 깨달을 수 있다. 또한 자주적인 생활을 할 수 있는 전략을 찾아보고 자신의 다짐을 발표하면서 스스로 계획하고 실천하는 마음과 태도를 함양할 수 있다.

〈표 7-2〉 '내 인생의 진정한 주인공은 바로 나!' 지도 계획

영역	자율 활동	활동	적응활동
대상	초·중등학교	시간	80~100분
프로그램명	내 인생의 진정한 주인공은 바로 나!		
연관교과 (단원 또는 주제)	1. 자주적인 생활의 중요성을 알기 2. 내 인생의 진정한 주인공이 되기 위해 스스로 해야 할 일은 무엇일까?		
학습목표	• 내가 스스로 실천할 수 있는 일을 말할 수 있다. • 자주적으로 해결한 일의 경험을 발표할 수 있다. • 자신이 생각하는 자주적인 생활의 의미를 알고 그림으로 표현할 수 있다. • 여러 사람의 의견을 듣고 자신의 입장을 발표할 수 있다.		
교수·학습자료	• 준비물: 포스트잇(76×76mm) 팀별 1묶음씩, 12색 유성펜 팀별 1세트씩, 전지 팀별 2장씩, 의견 표시용 스티커, 셀로판테이프 팀별 1개씩, 다짐나무 • 질문지 유인물		
지도상의 유의점	• 6인 1팀으로 활동할 수 있도록 책상을 배치한다. • 결과보다는 계획과 실천이 중요함을 알도록 한다. • 배려와 공동체 의식 함양으로 협력과 호혜정신을 기를 수 있도록 한다.		

〈표 7-3〉 '내 인생의 진정한 주인공은 바로 나!' 교수·학습 과정안

단계		교수·학습 활동	시간	자료 및 유의점

도입	AI 활동 소개하기	• 팀별로 인사하기
		• 학습 주제 및 활동 소개하기
		  −AI 활동 소개: 좋은 경험을 찾아 이를 토대로 우리가 해야 할 일을 계획하는 활동을 소개한다.
		  −ppt를 보면서 주제가 무엇이며 왜 이러한 활동을 하는지 이해한다.
		• 주제: 자주적인 생활의 중요성을 알고 스스로 할 수 있는 일이 무엇인지 계획 세우기
			10′	ppt 자료

전개	긍정 주제 찾기	• 긍정 주제 찾기 활동에 대해 안내하기
		  −각자 자기가 생각하는 '나의 일을 스스로 할 때 좋은 점'을 생각해 본다. 각자의 생각을 모아 학급 전체의 의견을 모으는 활동의 가치를 안내한다.
		• 스스로 실천했던 자주적인 생활에 대한 소중함과 경험 공유하기
		  −'나의 일을 스스로 하면 좋은 점'을 세 개씩 각자 포스트잇에 작성한다.
		• 긍정 주제 도출하기
		  −학생들이 제출한 포스트잇의 의견을 유목화하여 긍정 주제를 도출한다.
			20′	포스트잇을 모은 후 중요한 것에 투표한다.

	발견하기	• 스스로 실천했던 자주적인 생활과 관련된 경험 찾기
		  −질문지를 활용하여 스스로 실천했던 자주적인 생활에 대해 1:1 인터뷰로 자세하게 묻고 이야기한다.
		  −지금까지 학교를 다니면서 (　　)을 경험한 일을 떠올려 보세요.
		  −그때 있었던 일을 자세하게 이야기해 주세요.
		  −그때 어떤 기분이었나요?
		  −그리고 그때 어떤 생각을 했나요?
		  −인터뷰 결과 중요 내용을 명목집단법을 통하여 공유, 정리한다.
			20′	

	꿈꾸기	• 스스로 실천하는 모습 상상하기
		  −팀별로 발견하기 단계에서 찾은 스스로 해 보기의 구체적인 사례와 내용을 토대로 '자주적으로 실천하는 모습'을 상상하여 그림으로 표현한다.
		• 팀별 활동 발표하기
		  −팀별로 '자주적으로 실천하는 모습'을 표현한 그림을 벽에 붙이고 표현하고자 한 내용을 발표한다.
			15′	팀별로 전지, 12색 유성펜 1세트

설계 및 다짐 하기	• 스스로 실천할 일을 위해 우리가 할 일 도출하기 　–스스로 해야 할 일을 세 가지씩 적는다. 　–이때 교사는 학생들에게 자주적인 생활의 좋은 점을 알고, 잘하지 못하더라도 스스로 노력해야 한다는 것을 강조하고 다양한 활동이 나올 수 있도록 유도한다. • 스스로 노력하기 위해 실천 계획 수립하기 　–스스로 하는 노력의 소중함을 알고 실천 계획을 세운다. • 다짐하기 　–세 가지씩 적은 개인 의견을 모아 팀별로 '우리의 다짐'을 작성한다. 　–완성한 팀은 다짐나무 앞에서 팀원이 선서한 후 게시한다.	10′	포스트잇, 다짐나무
정리	• 성찰하기 　–두 명씩 짝을 지어 오늘 활동을 통해 배운 점을 한 가지씩 서로 이야기한다. 　–팀별로 한 명의 학생이 발표한다. • 정리하기 　–스스로 할 수 있는 일을 실천하는 것에 대한 주요 개념을 정리한다.	5′	

〈표 7-4〉 '내 인생의 진정한 주인공은 바로 나!' 평가 계획과 학교생활기록부 기록 예시

평가 계획	평가방법	일화기록법(인터뷰 장면), 자기평가, 상호평가
	평가준거	해야 할 일을 자주적으로 도출하고 생활 속에서 실천할 수 있는 나의 다짐을 잘 작성하여 발표하였는가?
		해야 할 일을 자주적으로 도출하였는가?
		해야 할 일을 자주적으로 도출하는 데 어려움이 있으나 생활 속에서 실천할 수 있는 나의 다짐을 작성하였는가?
창의적 체험 활동 특기 사항 기록 예시	• 내 생활의 주인공으로 스스로 계획하고 실천하며 이를 토대로 자주적으로 해야 할 일을 도출하는 데 창의적임 • 생활 속에서 실천할 수 있는 나의 다짐을 잘 작성하며 자신이 다짐한 내용을 성실하게 실천함 • AI 활동 전 과정에서 토의 시 서로 협동하고 다른 사람의 의견을 존중하며 자신의 생각을 표현하는 능력이 뛰어남 • AI 4D 프로세스 활동에서 스스로 해야 할 일에 대한 의견을 나누고 도출하는 과정에서 적극적으로 참여하여 팀원들을 리드하고 배려하면서 토의를 잘 진행하였음	

〈표 7-5〉 **발견하기 단계의 질문지**

'내 인생의 진정한 주인공은 바로 나!'

기자 : _____　답변한 사람 : _____

1. (　　　)	지금까지 자주적인 생활을 위해 내가 실천한 일 중 (　　)을 떠올려 보세요. (　　) 에 대해 자세히 이야기해 주세요. 활동이 나에게 주는 의미와 가치는 무엇일까요?
답변 내용	
2. (　　　)	지금까지 자주적인 생활을 위해 내가 실천한 일 중 (　　)을 떠올려 보세요. (　　) 에 대해 자세히 이야기해 주세요. 활동이 나에게 주는 의미와 가치는 무엇일까요?
답변 내용	
3. (　　　)	지금까지 자주적인 생활을 위해 내가 실천한 일 중 (　　)을 떠올려 보세요. (　　) 에 대해 자세히 이야기해 주세요. 활동이 나에게 주는 의미와 가치는 무엇일까요?
답변 내용	

활용 Tip

• 4D 프로세스를 시작하기 전에 도출한 긍정 주제를 질문지에 먼저 기입하게 한다.
• 기자 이름과 답변하는 사람의 이름을 기입한다.
• 기자는 제시된 질문을 중심으로 질문하고, 답변하는 사람의 특성을 고려하여 다른 표현을 사용해도 된다. 질문에 대한 답변의 주요 내용을 질문지에 기록한다.
• 답변하는 사람은 자신의 경험과 생각을 성의 있게 대답한다.

〈표 7-6〉 **다짐하기 단계의 활동지**

우리의 다짐

'내 인생의 진정한 주인공'이 되기 위해

다음의 사항을 꼭 지키겠습니다.

1.

2.

3.

4.

5.

20   년   월   일

○○ _____ 학교

(서명)	(서명)	(서명)
(서명)	(서명)	(서명)

활용 Tip

- '우리의 다짐'은 가능하면 팀별로 작성하거나, 개별적으로 작성한다.
- 다짐 내용에 대해 이름을 쓰고 서명하는 것은 학생들의 실천 의지를 높여 준다. 교사도 함께 서명을 한다면 학생들이 더욱 책임감 있게 행동할 것이다.
- 다짐 내용은 반드시 학급에서 발표하도록 한다.
- 1~2주 또는 방학 등의 일정 기간이 지난 후 내 인생의 진정한 주인공이 되기 위한 자신의 다짐을 잘 실천하고 있는지 다짐 내용에 대한 실천을 점검하는 성찰 활동을 하는 것이 바람직하다.

2. AI로 하는 동아리 활동

동아리 활동은 공통의 관심사와 동일한 취미, 특기, 재능 등을 지닌 학생들이 함께 모여서 자발적인 참여와 운영으로 자신들의 능력을 창의적으로 표출해 내는 것이 주 활동인 집단 활동으로, 다음과 같은 특성을 지닌다.

첫째, 특별활동이나 단체 활동과 같이 집단 활동의 성격을 가지고 있지만 활동 주체가 청소년들로 자치적인 측면이 강조되는 독특한 활동이다. 둘째, 일회성이 아닌 지속성을 가지고 하는 활동으로 임의적으로 이루어지는 집단 여가 활동과 구분되는 활동이다. 셋째, 소질과 흥미가 비슷한 또래와 원만한 인간관계를 형성하고 공동체 의식과 협동심, 원활한 의사소통 능력을 신장하는 활동이다.

1) 동아리 활동을 위한 AI 주제

동아리 활동은 예술 · 체육 활동, 학술 문화 활동, 실습 노작 활동, 청소년 단체 활동의 4개 영역으로 구성된다.

'예술 · 체육 활동'은 예술적 소질과 적성을 발견하는 활동과 체육 활동으로, 예술적 측면에서 본인의 소질과 적성을 발견하는 활동과 신체적 활동을 통한 건전한 가치관과 협동심을 배양하는 체육 활동을 다룬다. '학술 문화 활동'은 인문학적 소질과 적성을 발견하는 활동으로 학생들의 탐구 능력을 배양하고 더불어 살아가는 사회 환경을 조성하기 위해 자기주도학습 능력을 신장하고 타인에 대한 이해와 원활한 의사소통 능력을 신장하는 활동이다. '실습 노작 활동'은 일의 소중함과 즐거움에 대해 인식하고, 이에 필요한 기본 기능을 습득하여 일상생활에 적용하고 공동체 속에서 협동심을 기를 수 있는 활동이다. '청소년 단체 활동'은 공동체 의식 함양과 원만한 인간관계 형성 활동으로 좁은 의미에서는 본인이 하고 싶은 활동에 참여하여 자신의 소질과 능력을 계발하고 넓은 의미로는 원만한 인간관계 형성으로 지도자의 소양을 함양하여 진로 선택의 기회를 제공한다. AI로 할 수 있는 동아리 활동 주제는 〈표 7-7〉과 같다.

〈표 7-7〉 **동아리 활동을 위한 AI 주제**

영역	대주제	소주제	AI 주제
예술 · 체육 활동	• 소질과 적성의 발견 • 건전한 가치관 함양 • 협동심 배양 활동	• 나의 예술적 소질과 적성을 발견하는 활동 −회화, 조각, 서예, 전통예술, 현대예술, 뮤지컬, 오페라, 연극, 영화, 방송, 성악, 기악 등 • 체육 활동 −하이킹, 야영, 민속놀이, 구기, 육상, 수영, 체조, 배드민턴, 씨름, 태권도, 택견, 무술 등	• 미술 전시회 관람 후, 미술작품 공유하기 • 연극, 영화 속의 주인공 되기 • 배드민턴 경기를 통해 협동심 기르기
학술 문화 활동	• 자기주도학습력 신장 • 타인에 대한 이해 • 원활한 의사소통 능력 신장	• 인문학적 소질과 적성 발견 활동 −문예 창작, 역사 등 • 탐구 능력 배양 활동 −과학 탐구, 사회 조사, 인터넷, 신문 활용, 발명 등 • 더불어 살아가는 사회 환경 조성 활동 −다문화 탐구 등	• 박물관은 살아있다! • 다문화 친구들과 함께 행복한 학교 생활하기 • 고지도 속의 독도를 찾아라!
실습 노작 활동	• 창의적 활동 • 자신의 진로 탐색 활동	요리, 수예, 꽃꽂이, 조경, 사육, 재배, 설계, 목공, 로봇 제작 등	• 반려동물 키우기 실습으로 생명의 소중함 알기 • 요리실습을 통해 건강한 식생활 실천하기
청소년 단체 활동	• 공동체 의식 함양 • 원만한 인간관계 형성 활동 • 지도자 소양 함양	스카우트연맹, 걸스카우트연맹, 청소년연맹, 청소년적십자, 우주소년단, 해양소년단 등	• 청소년 단체활동을 통해 리더십 기르기

2) 동아리 활동 관련 수업 사례

우리나라의 고지도 가운데 가장 훌륭한 지도라고 할 수 있는 '대동여지도'에는 독도가 그려져 있지 않다. 독도가 우리 영토가 아니라서 안 그린 것도 아니며 김정호가 독도에 가 보지 않아서 안 그린 것은 더더욱 아니다.

왜 '대동여지도'에는 독도가 그려져 있지 않을까? 그리고 왜 우리나라 고지도상의 독도는 울릉도의 동쪽, 남쪽, 남서쪽, 심지어는 서쪽에 그려졌을까? 이렇게 독도의 위치가 다양한 이유가 무엇일까?

독도가 우리 영토라고 주장을 하지만 실증적으로 입증하지 못하고 있는 것이 오늘날 독도 교육의 실상이다. 따라서 이 장에서는 '고지도 속의 독도를 찾아라!'라는 프로그램으로 독도교육을 한 역사동아리 활동사례를 소개하고자 한다. 이 프로그램을 통해 학생들은 올바른 지도 읽기로 독도가 실증적으로 우리 영토임을 알고 올바른 영토관을 확립하는 한편, 우리 선조들의 과학적인 지도 제작 방법을 알게 된다.

'고지도 속의 독도를 찾아라!' AI 프로그램 진행 절차는 [그림 7-2]와 같다.

단계	도입	전개				정리
		긍정 주제 찾기	발견하기	꿈꾸기	설계 및 다짐하기	
주요 활동	• 영화 〈고산자〉 일부 시청 • AI 프로그램 소개하기 • 학습 주제 안내하기	• 고지도상의 독도 위치가 다르게 나타난 경험 모으기 • 긍정주제 찾기	• 독도에 대한 경험을 찾기 위한 인터뷰와 인터뷰 내용 공유하기	• 올바른 영토관을 갖기 위해 미래의 독도 모습 표현하기 • 팀별로 발표하기	• 독도가 우리 영토인가에 대한 증명 방법을 설계하기 • 실천할 것을 계획하고 다짐하기	• 성찰하기 • 정리하기
방법	• 동기 유발 • 영화 시청	명목집단법	1:1 인터뷰	월드 카페	명목집단법	

[그림 7-2] '고지도 속의 독도를 찾아라!' AI 프로그램 진행 절차

〈표 7-8〉〈표 7-9〉는 구체적인 수업 운영 전략을 제시한 교수·학습 과정안이다. 수업은 80~100분으로 계획되어 있고 블록 시간 운영 및 별도의 두 개 차시로 운영할 수 있다. 이 프로그램은 4D 프로세스 전 과정을 운영할 수도 있고 설계하기와 다짐하기를 통합하여 운영할 수도 있다.

〈표 7-8〉 '고지도 속의 독도를 찾아라!' 지도 계획

영역	동아리 활동	활동	학술문화 활동
대상	초·중·고등학교	시간	80~100분
프로그램명	'고지도 속의 독도를 찾아라!'		
연관교과 (단원 또는 주제)	역사(한국사): 우리나라 고지도에 나타난 독도의 위치 알기, 우리나라 고지도만이 독도의 위치를 정확히 그린 사실 알기		
학습목표	• 지도의 중요성을 설명할 수 있다. • 대동여지도 속에 독도가 표시되지 않은 이유를 설명할 수 있다. • 고지도상에 그려진 '한국령 독도'의 인문학적 진실을 찾아 실증적으로 설명할 수 있다. • 감정에 치우치기 쉬운 독도 교육을 탈피하여 보다 객관적이고 실증적인 자세로 '올바른 독도 영토관'을 가질 수 있다. • 자신이 생각하는 독도의 모습을 그림으로 표현할 수 있다. • 여러 사람의 의견을 듣고 자신의 입장을 발표할 수 있다.		
교수·학습자료	• 준비물: 포스트잇(76×76mm) 팀별 1묶음씩, 12색 유성펜 팀별 1세트씩, 전지 팀별 2장씩, 의견 표시용 스티커, 셀로판테이프 팀별 1개씩, 다짐나무 • 질문지 유인물		
지도상의 유의점	• 6인 1팀으로 활동할 수 있도록 책상을 배치한다. • 영토문제에서 지도의 중요성을 인지하도록 한다. • 우리나라 고지도의 우수성을 설명할 수 있도록 한다. • 국제적으로 문제화된 영토 문제에 대해 실증적인 자료를 제시할 줄 알고 이성적으로 대처할 수 있도록 한다.		

〈표 7-9〉 '고지도 속의 독도를 찾아라!' 교수 · 학습 과정안

	단계	교수 · 학습 활동	시간	자료 및 유의점
도입	AI 활동 소개 하기	• 팀별로 인사하기 • 학습 주제 및 활동 소개하기 　-주제: '고지도 속의 독도를 찾아라!' 　-영화 〈고산자〉의 일부를 시청한다. 　-'대동여지도'를 보여 주고 독도가 표기되었는지를 질문하며 고지도에 대한 관심을 고양시킨다. 　-AI 활동 소개: 좋은 경험을 찾아 이를 토대로 우리가 해야 할 일을 계획하는 활동을 소개한다.	10′	영화 〈고산자〉 동영상
전개	긍정 주제 찾기	• '독도'에 대해 생각하기 　-우리나라 고지도에 독도의 위치가 모두 다르게 표기된 이유를 각자 세 가지 이상 생각하여 포스트잇에 작성한다. 　▶ 보충 설명: 우리나라 고지도에는 독도(우산도)의 위치가 울릉도의 동쪽, 남쪽, 남서쪽, 서쪽에 그려져 있다. 이는 독도의 위치를 알지 못하여 그린 것이 아니라 지도 제작의 과학성을 의미한다. 즉, 당시의 지도제작술은 목판 인쇄로서 조선 8도가 동일한 크기의 목판에 작성되어야 하는데 당시 독도는 강원도에 속해 있어 독도의 위치로 인해 강원도 폭만 일정한 목판 안에 제작할 수 없어, 독도를 목판 안에 넣기 위해 가로 또는 세로로 한 번 또는 두 번 접어 넣었기 때문에 독도의 위치가 다양하게 나타난 것이다. 　-팀별로 의견이 적힌 포스트잇을 모은 후 그중에서 각자 중요한 것 세 개를 골라 스티커를 붙인다. 　-팀별로 스티커를 가장 많이 받은 것 네 개씩 교사에게 제출한다. • 긍정 주제 도출하기 　-학생들이 제출한 포스트잇을 모아 의견을 듣고 유목화하여 긍정 주제를 도출한다.	20′	포스트잇을 모은 후 중요한 것에 투표한다.
	발견하기	• 독도에 대한 경험 찾기 　-질문지를 활용하여 1:1 인터뷰를 할 수 있도록 안내한다. 　-인터뷰 결과를 공유 · 정리할 수 있도록 안내한다.	20′	-질문지 유인물 -인터뷰 내용 공유

꿈꾸기	• 30년 후 독도의 모습을 상상하기 　-팀별로 발견하기 단계에서 찾은 내용을 토대로 30년 후 　독도의 모습을 세계에 알리는 방법을 상상하여 그림으로 　표현한다. • 팀별 활동 발표하기 　-팀별로 작업한 것을 벽에 붙이고, 각 팀의 논의 내용을 　발표한다.	15´	팀별로 전지, 12색 유성펜 1세트 활용
설계 및 다짐하기	• 독도가 우리 영토인가에 대한 증명 방법을 설계하기 　-고지도에 그려진 '독도'의 위치에 대한 확산적 사고를 통 　해 우리 영토인가를 증명한다. • 다짐하기 　-각자 세 가지씩 의견을 제시한 후 의견을 모아 팀별로 '우 　리의 다짐'을 작성한다. 　-완성된 팀은 '우리의 다짐' 글을 다짐나무 앞에서 팀원이 　선서를 한 후 게시한다.	10´	포스트잇, 다짐나무
정리	• 성찰하기 　-두 명씩 짝을 지어 오늘 활동을 통해 배운 점을 한 가지씩 　서로 이야기한다. 　-팀별로 한 명의 학생이 발표한다. • 정리하기 　-오늘 활동의 의미와 주요 내용을 설명한다.	5´	

〈표 7-10〉 '고지도 속의 독도를 찾아라!' 평가 계획과 학교생활기록부 기록 예시

평가 계획	평가방법	일화기록법, 활동기록분석법
	평가준거	우리나라 고지도상에서 독도의 위치를 찾을 줄 아는가?
		대동여지도에 독도가 없는 사실을 설명할 수 있는가?
		우리나라 고지도의 우수성을 입증할 수 있는가?
		독도가 우리 영토라는 사실을 실증적으로 입증할 수 있는가?
창의적 체험 활동 상황 동아리 활동 특기사항 기록 예시	(역사 동아리반: 자율 동아리) 독도에 관심이 많은 학생으로 독도에 대한 기본 개념과 지식을 다른 학생들보다 더 심화된 지식을 가지고 있음. 반크 등 독도 관련 사이트에 가입하여 활동할 정도로 독도에 대한 열정이 높으며, 한편, 독도가 우리 영토임을 알리는 논거를 실증적 지도를 통해 논리적으로 제시함. 독도 주간에는 독도 홍보 포스터 제작에 디자인부터 색채, 마무리 작업까지 적극 참여하여 홍보물을 제작함	

〈표 7-11〉 **발견하기 단계의 질문지**

좋은 경험 찾기

기자 : _____   답변한 사람 : _____

1. (　　　　)	지금까지 알아 온 독도에 관해 직·간접적으로 경험한 일을 떠올려 보세요. 그중 (　　　　)에 대한 것을 자세하게 이야기해 주세요. 그때 어떤 생각을 했나요?
답변 내용	
2. (　　　　)	지금까지 알아 온 독도에 관해 직·간접적으로 경험한 일을 떠올려 보세요. 그중 (　　　　)에 대한 것을 자세하게 이야기해 주세요. 그때 어떤 생각을 했나요?
답변 내용	
3. (　　　　)	지금까지 알아 온 독도에 관해 직·간접적으로 경험한 일을 떠올려 보세요. 그중 (　　　　)에 대한 것을 자세하게 이야기해 주세요. 그때 어떤 생각을 했나요?
답변 내용	

활용 Tip

• 4D 프로세스를 시작하기 전에 도출한 긍정 주제를 질문지에 먼저 기입하게 한다.
• 기자 이름과 답변하는 사람의 이름을 기입한다.
• 기자는 제시된 질문을 중심으로 질문하고, 답변하는 사람의 특성을 고려하여 다른 표현을 사용해도 된다. 질문에 대한 답변의 주요 내용을 질문지에 기록한다.
• 답변하는 사람은 자신의 경험과 생각을 성의 있게 대답한다.

〈표 7–12〉 **다짐하기 단계의 활동지**

독도는 우리 땅!

우리는 실증적 · 객관적 입장에서 독도가 우리의 영토임을

세계에 알리기 위해 다음의 사항을 꼭 지키겠습니다.

1.
2.
3.
4.
5.

20   년   월   일

○○ _____ 학교

(서명)	(서명)	(서명)
(서명)	(서명)	(서명)

활용 Tip

• '우리의 다짐'은 가능하면 팀별로 작성하는 것이 바람직하지만, 개별적으로 작성할 수도 있다.
• 다짐 내용에 대해 이름을 쓰고 서명하는 것은 학생들의 실천 의지를 높여 준다. 교사도 함께 서명을 한다면 학생들이 더욱 책임감 있게 행동할 것이다.
• 다짐 내용은 반드시 학급에서 발표하도록 한다.
• 1~2주 또는 방학 등의 일정 기간이 지난 후 다짐 내용에 대한 실천을 점검하는 성찰 활동을 하는 것이 바람직하다.

3. AI로 하는 봉사 활동

봉사 활동은 어떤 대가를 목적으로 하는 활동이 아니라 자발적인 의도에서 개인이나 단체로 다른 사람을 돕거나 사회에 기여하는 무보수의 지속적 활동을 말한다. 학생들은 봉사 활동의 결과보다는 실천하는 과정에서 더 많은 것을 배운다. 또한 학생들은 봉사 활동 과정에서 지역사회의 발전을 위해 애쓰는 태도를 함양할 수 있다. 교사는 학생이 봉사 활동을 실천하기 이전에 사전 교육을 충분히 실시하여 봉사의 의미와 교육적 가치를 알 수 있도록 지도해야 한다. 또한 봉사 활동 결과를 평가할 때는 일상생활 속에서 봉사를 지속적으로 실천할 수 있는 태도를 기르는 데 중점을 두어야 한다. AI는 학생 스스로 봉사 활동을 실천하는 과정을 통해 타인에 대한 배려심과 공동체 의식을 함양하고, 협력과 호혜 정신을 기를 수 있도록 도와주는 방법론이다.

1) 봉사 활동을 위한 AI 주제

봉사 활동과 AI를 연계할 때는 학생 전원이 학급 생활에 필요한 한 가지 이상의 일을 분담하여 자율적으로 실천할 수 있는 것을 주제로 선정하되, 필요할 경우 역할을 교체하여 다양한 경험을 할 수 있도록, 즉 봉사 활동에 대한 계획 수립, 준비, 시행, 성찰의 과정에 학생들이 적극적으로 참여할 수 있어야 한다. 학교 봉사 활동은 필요한 경우 지역사회와의 연계성을 고려하고, 지역사회의 요청에 의한 봉사 활동은 그 교육적 가치를 충분히 검토하여 선택적으로 운영한다.

봉사 활동은 이웃돕기 활동, 환경보호 활동, 캠페인 활동 등 학생들의 실천이 요구되므로 AI에 적합한 주제는 〈표 7-13〉과 같이 제안할 수 있다.

〈표 7-13〉 **봉사 활동을 위한 AI 주제**

영역	활동 내용	AI주제

이웃돕기 활동	• 교내봉사 활동
	  −학습이 느린 친구 돕기, 장애 친구 돕기 등
	• 지역사회 봉사 활동
	  −복지시설 위문, 공공시설, 병원, 농어촌 등 에서의 일손 돕기
	  −불우이웃 돕기, 복지시설 위문, 재능기부 등
	  −재해 구호, 국제협력과 난민 구호 활동 등
		−너와 나의 만남, 작은 지구촌 만들기
		−행복을 전하는 작은 음악회
		−내 마음이 들리니?
		−친구야 함께 가자

환경보호 활동	• 환경정화활동
	  −깨끗한 환경 만들기, 공공시설물 보호, 문화 재 보호, 지역사회 가꾸기 등
	• 자연보호활동
	  −식목활동, 자원 재활용, 저탄소 생활 습관화 등
		−친환경생태체험으로 가꾸는 텃밭 이야기
		−따뜻한 마음을 전하는 지구촌 소통 이야기
		−지구사랑 실천 걷기
		−꼬리에 꼬리를 무는 저탄소 생활 실천
		−생태계 보존과 복원을 위한 봉사 활 동
		−정크 아트(Junk Art)로 태어난 갤러리

캠페인 활동	• 캠페인 활동
	  −공공질서, 교통안전, 환경보전, 헌혈, 각종 편견극복 캠페인 활동
	  −학교 폭력 예방, 안전사고 예방, 성폭력 예 방 캠페인 활동 등
		−인권 향기 솔솔 풍기는 학급 만들기
		−안전사고 예방 홍보 대사가 되어 박 람회 개최하기
		−학교 폭력 예방 용기 바이러스
		−위기의 지구, 당신이 유일한 희망

2) AI로 하는 봉사 활동 수업 사례

환경의 소중함을 알고 생태계 보존을 위해 내가 할 수 있는 일은 무엇일까? 우리 의 삶과 지구 환경의 관련성을 이해하고 자연과 인간의 평화로운 공존을 위해 우리 는 무엇을 해야 할까?라는 생각을 학생들이 할 수 있도록 수업에 중점을 두었다. 수 업주제는 생태계를 보존하고 복원하기 위한 마음을 스스로 다질 수 있도록 '생태계 보존과 복원을 위한 봉사 활동'으로 정하였다. '생태계 보존과 복원을 위한 봉사 활

단계	도입	전개				정리
		긍정 주제 찾기	발견하기	꿈꾸기	설계 및 다짐하기	
주요 활동	• AI 프로그램 소개하기 • 학습 주제 안내하기	• 생태계 보존에 관련된 경험 도출하기 • 긍정 주제 도출하기	• 생태계 보존의 소중함을 알고 관련 경험 인터뷰하기와 인터뷰 내용 공유하기	• 생태계 보존과 복원으로 인간과 자연의 공존 모습을 구체적으로 상상하고 표현하기 • 팀별로 발표하기	• 생태계보존을 위해 봉사할 일 도출하기 • 실천 계획 수립하기 • 다짐하기	• 성찰하기 • 실천을 점검하고 새로 다짐하기
방법		명목집단법	1:1 인터뷰	월드 카페	명목집단법	명목집단법

[그림 7-3] '생태계 보존과 복원을 위한 봉사 활동' AI 프로그램 진행 절차

동' AI 프로그램 진행절차는 [그림 7-3]과 같다.

〈표 7-14〉〈표 7-15〉는 [그림 7-3]에 제시된 진행 절차에 따라 구체적인 수업 운영 전략을 제시한 교수 · 학습 과정안이다.

이 수업은 80~100분으로 계획되어 있어 블록 수업으로 운영하거나 두 개 차시로 나누어 운영할 수 있다. 주요 학습 내용은 생태계 구성 요소 간의 상호 작용과 생태계 균형의 중요성을 이해하는 것이다. 그리고 비생물적 환경 요인이 생물에게 미치는 영향과 생물이 환경에 적응한 사례, 환경오염으로 인한 생태계 파괴 사례를 알고 생태계 보존의 필요성과 이를 위한 사람들의 노력과 계획을 도출하는 것이다. '생태계 보존과 복원을 위한 봉사 활동' 프로그램을 통해 학생들은 환경 보호와 보존의 소중함을 공감하고 의견을 나눈다. 학생들은 소통하는 과정에서 지속가능한 발전의 중요성을 알고 환경을 가꾸고 보존할 수 있는 가치관 함양과 태도를 기를 수 있다.

〈표 7-14〉 '생태계 보존과 복원을 위한 봉사 활동' 지도 계획

영역	봉사 활동	활동	자연보호 활동
대상	초 · 중 · 고등학교	시간	80~100분
프로그램명	생태계 보존과 복원을 위한 봉사 활동		
연관교과 (단원 또는 주제)	우리의 삶과 지구 환경의 관련성을 이해하고 자연과 인간의 평화로운 공존을 위한 다짐하기		
학습목표	• 생태계 보존을 위한 실천방안을 제시할 수 있다. • 자신이 생각하는 자연과 인간의 공존의 의미를 알고 그림으로 표현할 수 있다. • 여러 사람의 의견을 듣고 자신의 입장을 발표할 수 있다.		
교수 · 학습 자료	• 준비물: 포스트잇(76×76mm) 팀별 1묶음씩, 12색 유성펜 팀별 1세트씩, 전지 팀별 2장씩, 　의견 표시용 스티커, 셀로판테이프 팀별 1개씩, 다짐나무 • 질문지 유인물		
지도상의 유의점	• 6인 1팀으로 활동할 수 있도록 책상을 배치한다. • 실생활과 자연을 접할 수 있는 학습 기회를 제공한다. • 자연과 인간의 평화로운 공존을 위한 봉사 활동의 실천이 될 수 있도록 한다.		

〈표 7-15〉 '생태계 보존과 복원을 위한 봉사 활동' 교수 · 학습 과정안

단계		교수 · 학습 활동	시간	자료 및 유의점
도입	AI 활동 소개 하기	• 팀별로 인사하기 • 학습 주제 및 활동 소개하기 　-AI 활동 소개: 좋은 경험을 찾아 이를 토대로 우리가 해야 할 일을 　　계획하는 활동을 소개한다. 　-ppt를 보면서 주제가 무엇이며 왜 이러한 활동을 하는지 이해한다. 　-주제: 생태계 보존과 복원을 위한 봉사 활동	10′	ppt 자료
전개	긍정 주제 찾기	• 긍정 주제 찾기에 대해 안내하기 　-자연과 인간의 평화로운 공존을 위한 방법이 무엇인지 조사한다. • 공유 및 정리하기 　-자연과 인간의 평화로운 공존을 위한 방안을 세 개씩 각자 포스트 　　잇에 작성한다. 　① 환경의 소중함을 알고 생태계 복원 사례 　② 내가 실천할 수 있는 생태계 보호 실천 방안 　③ 실천하였을 때 느끼는 보람	20′	포스트잇을 모 은 후 중요한 것에 투표한다.

	• 생태계 보존을 위해 할 수 있는 봉사 활동에 대해 발표하기 　–가정에서 할 수 있는 봉사 활동 　–학교에서 할 수 있는 봉사 활동 　–스스로 실천할 수 있는 봉사 활동 　–팀별로 작성한 포스트잇을 모은 후 개별적으로 가장 공감이 가는 　　내용을 세 개씩 선택해 스티커를 붙인다. 　–투표 결과 많은 표를 받은 것 네 개를 골라 교사에게 제출한다. • 긍정 주제 도출하기 　–학생들이 제출한 포스트잇의 의견을 유목화하여 긍정 주제를 도출 　　한다.		
발견 하기	• 지금까지 생태계 보존을 위해 실천했던 봉사 활동에 대한 경험 찾기 　–미리 준비한 질문지의 (　　) 안에 논의를 통해 도출한 긍정 주제를 　　기입한다. 　–지금까지 생태계 보존을 위해 실천한 봉사 활동 중 (　　)과 관련된 　　일을 떠올려 보세요. 그때 있었던 일을 자세하게 이야기해 주세요. 　　그때 어떤 기분이었나요? 그리고 그때 어떤 생각을 했나요? 　–인터뷰 결과 중요내용을 명목집단법을 통하여 공유·정리한다.	20′	–질문지 유인물 –인터뷰 내용 　공유
꿈꾸기	• 생태계 보존과 복원으로 인간과 자연이 공존하는 모습을 상상하여 　그림으로 표현하기 　–생태계 보존의 소중함을 위해 실천한 봉사 활동을 하는 중 구체적 　　인 사례와 내용을 토대로 자주적으로 실천했을 때의 보람을 알고 　　그 모습을 상상하여 그림으로 표현한다. • 팀별 활동 발표하기 　–생태계 보존의 소중함을 느꼈던 경험을 팀별로 벽에 붙이고 발표한다.	15′	팀별로 전지, 12색 유성펜 1 세트
설계 및 다짐 하기	• 실천 계획 수립 및 다짐하기 　–스스로 하는 노력의 소중함을 알고 실천 계획을 세워 보도록 한다. 　–세 가지씩 적은 개인 의견을 모아 팀별로 '우리의 다짐'을 작성한다. 　–완성한 팀은 다짐나무 앞에서 팀원이 선서한 후 게시한다. 　–교사는 학생들에게 스스로 실천하는 봉사 활동의 좋은 점을 알고, 　　잘하지 못하더라도 스스로 노력해야 한다는 것을 강조하고 다양한 　　활동이 나올 수 있도록 유도한다.	10′	포스트잇, 다짐나무

| 정리 | • 성찰하기
–두 명씩 짝을 지어 오늘 활동을 통해 배운 점을 한 가지씩 서로 이야기한다.
–팀별로 한 명의 학생이 발표한다.
• 정리하기
–우리의 삶과 지구 환경의 관련성 및 생태계 보존 활동에 대해 정리한다. | 5′ | |

〈표 7-16〉 '생태계 보존과 복원을 위한 봉사 활동' 평가 계획과 학교생활기록부 기록 예시

평가 계획	평가방법	일화기록법, 자기평가, 활동기록분석법
	평가준거	봉사 활동에 대한 인터뷰를 통하여 서로의 경험을 나누고, 다짐을 잘 작성하여 발표하는가?
		다른 사람의 의견을 존중하며 자신의 생각과 보람 있는 봉사 활동에 대한 다짐과 발표를 하는가?
		우리의 삶과 지구 환경의 관련성을 이해하고 자연과 인간의 평화로운 공존을 위해 봉사 활동을 실천할 수 있는가?
창의적 체험 활동 상황 봉사 활동 특기 사항 기록 예시		• 우리의 삶과 지구 환경의 관련성을 이해하고 자연과 평화로운 공존을 위해 생태계 보존과 복원을 위해 할 수 있는 봉사 활동을 알고 실천함 • 생태계 보존과 복원을 위해 실천했던 좋은 경험을 찾아 이를 토대로 우리가 할 봉사 활동을 도출하는 데 창의적임 • AI 활동 전 과정을 통해 토의 시 서로 협동하고 다른 사람의 의견을 존중하며 자신의 생각을 표현하는 능력이 뛰어남 • AI 4D 프로세스 활동에서 생태계 보존과 복원을 위해 실천할 수 있는 봉사 활동의 진정한 의미를 찾고 지속적으로 실천하는 태도를 가짐

〈표 7-17〉 **발견하기 단계의 질문지**

생태계 보존의 소중함을 느꼈던 경험 찾기

기자 : _____   답변한 사람 : _____

1. ( )	지금까지 생태계 보존을 위해 실천한 봉사 활동 중 ( )과 관련된 일을 떠올려 보세요. 그때 있었던 일을 자세하게 이야기해 주세요. 그때 어떤 기분이었나요? 그리고 그때 어떤 생각을 했나요?
답변 내용	
2. ( )	지금까지 생태계 보존을 위해 실천한 봉사 활동 중 ( )과 관련된 일을 떠올려 보세요. 그때 있었던 일을 자세하게 이야기해 주세요. 그때 어떤 기분이었나요? 그리고 그때 어떤 생각을 했나요?
답변 내용	
3. ( )	지금까지 생태계 보존을 위해 실천한 봉사 활동 중 ( )과 관련된 일을 떠올려 보세요. 그때 있었던 일을 자세하게 이야기해 주세요. 그때 어떤 기분이었나요? 그리고 그때 어떤 생각을 했나요?
답변 내용	

활용 Tip

• 4D 프로세스를 시작하기 전에 도출한 긍정 주제를 질문지에 먼저 기입하게 한다.
• 기자 이름과 대변하는 사람의 이름을 기입한다.
• 기자는 제시된 질문을 중심으로 질문하고, 답변하는 사람의 특성을 고려하여 다른 표현을 사용해도 된다. 질문에 대한 답변의 주요 내용을 질문지에 기록한다.
• 우리의 삶과 지구 환경의 평화로운 공존을 위해 복원을 경험한 것을 찾아 기입한다.
• 생태계 보존과 복원을 위해 실천했던 좋은 경험을 찾아 이를 토대로 우리가 할 봉사 활동을 도출한다.

〈표 7-18〉 **다짐하기 단계의 활동지**

우리의 다짐

생태계 보전을 위해 다음의 사항을 꼭 지키겠습니다.

1.

2.

3.

4.

5.

20   년   월   일

○○ _____ 학교

(서명)	(서명)	(서명)
(서명)	(서명)	(서명)

활용 Tip

- '우리의 다짐'은 가능하면 팀별로 작성하는 것이 바람직하지만, 개별적으로 작성할 수도 있다.
- 다짐 내용에 대해 이름을 쓰고 서명하는 것은 학생들의 실천 의지를 높여 준다. 교사도 함께 서명한다면 학생들이 더욱 책임감 있게 행동할 것이다.
- 다짐 내용은 반드시 학급에서 발표하도록 한다.
- 1~2주 또는 방학 등의 일정 기간이 지난 후 봉사 활동에 대한 실천 의지를 점검하는 성찰 활동을 하는 것이 바람직하다.

4. AI로 하는 진로 활동

진로 활동이란 자신의 정체성을 확립하고 진로를 계획·준비하며, 적절한 시기에 탐색하고 선택할 수 있도록 도와주는 활동으로 다음과 같은 특성을 지닌다.

첫째, 자신의 특기, 적성, 능력 등을 이해하고 이를 바탕으로 자신의 정체성을 확립하여 자신만의 독특한 진로를 탐색한다. 둘째, 각종 검사, 상담을 통해 진로 정보를 탐색하고 자신이 진로를 개척한다. 셋째, 진로와 직업 선택의 중요성을 인식하고 자신의 적성과 소질에 맞는 진로를 탐색하고 설계한다. 넷째, 학업과 직업 세계를 이해하는 직업 체험 활동 기회를 통해 진로를 결정하고 준비한다. AI와 진로 활동을 연계하면 진로를 설계하고 탐색하며 발견해 나가는 과정에서 자기이해를 바탕으로 정보와 지식을 얻을 수 있으며 타인과 경험을 공유할 수 있다.

1) 진로 활동을 위한 AI 주제

진로 활동은 자기이해활동, 진로탐색활동, 진로설계활동으로 구성되어 있다(교육부 고시 제2015-74호). 자기이해활동에서는 긍정적 자아 개념을 형성하여 자신의 소질과 적성을 이해하고 자기 생애를 설계하며 가치관을 확립하는 활동을 한다. 진로탐색활동에서는 긍정적 자아 개념을 강화하여 건강한 직업의식을 함양하고 자신의 진로와 관련된 직업 정보를 탐색하며 체험한다. 진로설계활동에서는 자신의 꿈과 비전을 진학과 연결하여 건강한 직업의식을 확립하고 자신의 진로를 계획하고 준비한다. AI로 활용 가능한 진로 활동 주제는 〈표 7-19〉와 같다.

〈표 7-19〉 진로 활동을 위한 AI 주제

내용	대주제	소주제	AI 주제

자기이해 활동	• 긍정적 자아 개념 형성
	• 자신의 소질과 적성 이해
		• 강점 증진 활동
		  −자기이해 및 심성 계발, 자기 정체성 탐구, 자아 존중감 증진 등
		• 자기 특성 이해 활동
		  −자기 생애 설계, 가치관 확립 활동, 각종 진로 검사 등
			• 나는 누구인가?
			• 나를 사랑하는 명상
			• 지피지기면 백전백승
			• 내가 꿈꾸는 미래의 모습
			• 말하는 대로 자라나는 가치 나무

진로 탐색 활동	• 일과 직업의 가치
	• 직업 세계의 특성 이해
	• 건강한 직업의식 함양
	• 자신의 진로와 관련된 교육
	• 직업 정보 탐색과 체험
		• 일과 직업 이해 활동
		  −학업 정보 탐색, 입시 정보 탐색, 학교 정보 탐색, 학교 방문 등
		• 진로 정보 탐색 활동
		  −직업 정보 탐색, 자격 및 면허 제도 탐색, 직장 방문, 직업 훈련, 취업 등
		• 진로 체험 활동
		  −직업인 인터뷰, 직업인 초청 강연, 산업체 방문, 직업 체험 방문
			• 세계는 넓고 할 일은 많다!
			• 부모님! 존경합니다. 그리고 사랑합니다
			• 나의 미래 직장을 탐방해 보아요
			• 전문가와 만나는 진로컨설팅
			• 진로박람회 관람 후 모의면접 체험하기

진로 설계 활동	• 자신의 진로 계획과 실천하기
	• 진로 준비 활동
		• 계획활동
		  −학업 및 직업에 대한 진로 설계, 진로 지도 및 상담 활동, 진로의 사결정 등
		• 준비활동
		  −일상생활관리, 진로목표설정, 진로실천계혹 수립, 학업관리, 구직활동 등
			• 나의 꿈, 나의 행복, 나의 미래를 찾아라
			• 선배가 남긴 발자취를 따라 떠나는 나의 미래
			• 역사 위인과 인물을 찾아 go! go!

2) AI로 하는 진로 활동 수업 사례

초 · 중 · 고등학교에서 학생들은 미래의 꿈에 대해 이야기를 나누고 보람 있는 직업을 선택하기 위하여 구체적으로 해야 할 일에 대해 진로 계획을 세우는 다양한 활동을 한다. 자신의 꿈의 소중함을 알고 진로를 계획하는 학생들이 꿈과 진로가 다

단계	도입	전개				정리
		긍정 주제 찾기	발견하기	꿈꾸기	설계 및 다짐하기	
주요 활동	• AI 프로그램 소개하기 • 학습 주제 안내하기	• 꿈의 소중함과 관련된 경험 도출하기 • 긍정 주제 도출하기	• 꿈의 소중함을 알고 미래 자신의 진로 계획에 대해 인터뷰하고 인터뷰 내용 공유하기	• 자신들이 원하는 진로에 대한 모습을 구체적으로 상상하고 표현하기 • 팀별로 발표하기	• 해야 할 일 도출하기 • 실천 계획 수립하기 • 다짐하기	• 성찰하기 • 정리하기
방법		명목집단법	1:1 인터뷰	월드 카페	명목집단법	

[그림 7-4] '세계는 넓고 할 일은 많다!' AI 프로그램 진행 절차

르지만 서로의 진로 선택을 존중하고 공감하며 소통할 수 있도록 AI 프로그램을 계획하였다. '세계는 넓고 할 일은 많다!' AI 프로그램 진행절차는 [그림 7-4]와 같다.

〈표 7-20〉〈표 7-21〉은 [그림 7-4]에 제시된 진행 절차에 따라 구체적인 수업 운영 전략을 제시한 교수·학습 과정안이다.

이 수업은 80~100분으로 계획되어 있어 블록 수업으로 운영하거나 두 개 차시로 나누어 운영할 수 있다. '세계는 넓고 할 일은 많다!'는 초·중·고등학교 학생들이 자신의 꿈에 대해 조사하고 탐구하는 내용을 바탕으로 나의 미래에 대해 실천 계획을 구체적으로 세워 보는 활동이다. 이 프로그램을 통해 학생들은 새롭고 풍부한 상상을 하여 자신들의 생각을 넓혀 나갈 수 있으며 진로에 대한 관심과 흥미를 높일 수 있다.

〈표 7-20〉 '세계는 넓고 할 일은 많다!' 지도 계획

영역	진로 활동	활동	진로 탐색 활동
대상	초·중·고등학교	시간	80~100분
프로그램명	세계는 넓고 할 일은 많다!		
연관교과 (단원 또는 주제)	진로와 직업		
학습목표	• 꿈의 소중함을 알고 자신의 진로에 대한 계획을 세울 수 있다. • 여러 사람의 꿈과 직업에 대해 듣고 다양한 직업 세계를 이해하고 관심과 흥미를 높일 수 있다.		
교수·학습 자료	• 준비물: 포스트잇(76×76mm) 팀별 1묶음씩, 12색 유성펜 팀별 1세트씩, 전지 팀별 2장씩, 의견 표시용 스티커, 셀로판테이프 팀별 1개씩, 다짐나무 • 질문지 유인물		
지도상의 유의점	• 4인 1팀으로 활동할 수 있도록 책상을 배치한다. • 다양한 사례 발표로 긍정적인 정서 함양과 교육적 가치가 있도록 한다. • 궁금한 것을 알기 위해 명확하게 질문할 수 있도록 한다.		

〈표 7-21〉 '세계는 넓고 할 일은 많다!' 교수·학습 과정안

단계		교수·학습 활동	시간	자료 및 유의점
도입	AI 활동 소개	• 팀별로 인사하기 • 학습 주제 및 활동 소개하기 　-AI 활동 소개: 좋은 경험을 찾아 이를 토대로 우리가 해야 할 일을 계획하는 활동을 소개한다. 　-동영상을 보면서 주제가 무엇이며 왜 이러한 활동을 하는지 이해한다. • 주제: 세계는 넓고 할 일은 많다!	10′	꿈을 이룬 사람에 대한 동영상, ppt
전개	긍정 주제 찾기	• 미래의 자신의 꿈 발표하기 　-꿈이 소중한 이유를 이야기한다. 　-각자 자신의 꿈과 그렇게 결심한 이유를 이야기한다. 　-미래의 자신의 꿈을 이루기 위해 내가 해야 할 일 세 가지를 적는다. • 공유 및 정리하기 　-미래의 자신의 꿈을 이루기 위해 내가 해야 할 중요한 것 세 개를	20′	포스트잇을 모은 후 중요한 것에 투표한다.

	골라 스티커를 붙인다. －팀별로 스티커를 가장 많이 받은 것 네 개씩 골라 교사에게 제출한다. • 긍정 주제 도출하기 －학생들이 제출한 포스트잇을 모아 학생들의 의견을 듣고 유목화하여 긍정 주제를 도출한다.			
발견 하기	• 지금까지 경험한 직업에 대한 다양한 경험 찾기 －지금까지 영상이나 책, 체험을 통해 경험한 직업에 대해 발표한다. －그 직업이 최고의 직업이라고 생각한 이유는? (보수, 다른 사람의 눈에 비치는 모습, 신성한 노동, 존경받고 안정된 지위 등) －내가 해 보고 싶은 미래의 직업은? －미래 나의 직업을 갖기 위해 어떤 노력을 해야 할까?	20′	－질문지 유인물 －인터뷰 내용 공유
꿈꾸기	• 나의 미래의 꿈을 이룬 모습 상상하기 －꿈을 이룬 모습을 상상하여 그림으로 표현한다. • 팀별 활동 발표하기	15′	팀별로 전지, 12색 유성펜 1세트 활용
설계 및 다짐 하기	• 명목집단법을 활용하여 정리하기 －보람 있는 직업, 신성한 직업을 갖기 위해 우리가 해야 할 일을 도출한다. －나의 꿈을 이루기 위하여 해야 할 일을 세 가지씩 찾아 적는다. • 미래의 보람 있는 직업을 갖기 위한 실천 계획 수립하기 －보람 있는 직업, 신성한 직업을 갖기 위한 나의 계획을 세운다. • 다짐하기 －세 가지씩 적은 개인 의견을 모아 팀별로 '우리의 다짐'을 작성한다. －완성한 팀은 다짐나무 앞에서 팀원이 선서한 후 게시한다.	10′	포스트잇, 다짐나무
정리	• 성찰하기 －두 명씩 짝을 지어 오늘 활동을 통해 배운 점을 한 가지씩 서로 이야기한다. －팀별로 한 명의 학생이 발표한다. • 정리하기 －나의 꿈을 이루기 위한 노력의 가치와 의미에 대해 정리한다.	5′	

〈표 7-22〉 '세계는 넓고 할 일은 많다!' 평가 계획과 학교생활기록부 기록 예시

평가 계획	평가방법	일화기록법, 활동의 기록분석법, 자기평가
	평가준거	인터뷰 활동을 통하여 직업에 대한 서로의 경험을 나누고, 보람 있는 직업과 신성한 노동에 대한 나의 생각을 논리적으로 발표하는가?
		미래의 나의 진로에 대해 이야기해 보고 그 직업을 갖기 위해 어떤 노력을 해야 하는지 발표하는가?
창의적 체험 활동 상황 특기 사항 기록 예시		• 미래의 나의 진로에 대해 이야기하고 보람 있는 직업을 찾아 이를 토대로 해야 할 일을 도출하는 데 창의적임 • 인터뷰 활동을 통하여 직업에 대한 서로의 경험을 나누고 보람 있는 직업과 신성한 노동에 대한 생각을 논리적으로 발표함 • 직업에 대한 나의 생각과 보람 있는 직업과 노동에 대한 나의 생각을 잘 발표함

〈표 7-23〉 **발견하기 단계의 질문지**

'세계는 넓고 할 일은 많다!'	
	기자 : _____ 답변한 사람 : _____
1. (　　　)	지금까지 영상이나 책, 체험을 통해 경험한 직업 중 (　　　)의 특성을 갖고 있는 직업을 떠올려 보세요. 그 직업에 대한 영상이나 책, 나의 삶에서 경험한 직업에 대한 나의 생각과 노동에 대한 나의 생각을 조리 있게 발표해 보세요. 그러한 직업이 나에게 주는 의미와 가치는 무엇일까요?
답변 내용	
2. (　　　)	지금까지 영상이나 책, 체험을 통해 경험한 직업 중 (　　　)의 특성을 갖고 있는 직업을 떠올려 보세요. 그 직업에 대한 영상이나 책, 나의 삶에서 경험한 직업에 대한 나의 생각과 노동에 대한 나의 생각을 조리 있게 발표해 보세요. 그러한 직업이 나에게 주는 의미와 가치는 무엇일까요?
답변 내용	
3. (　　　)	지금까지 영상이나 책, 체험을 통해 경험한 직업 중 (　　　)의 특성을 갖고 있는 직업을 떠올려 보세요. 그 직업에 대한 영상이나 책, 나의 삶에서 경험한 직업에 대한 나의 생각과 노동에 대한 나의 생각을 조리 있게 발표해 보세요. 그러한 직업이 나에게 주는 의미와 가치는 무엇일까요?
답변 내용	

활용 Tip

- 4D 프로세스를 시작하기 전에 도출한 긍정 주제를 질문지에 먼저 기입하게 한다.
- 기자 이름과 답변하는 사람의 이름을 기입한다.
- 기자는 제시된 질문을 중심으로 질문하고, 답변하는 사람의 특성을 고려하여 다른 표현을 사용해도 된다. 질문에 대한 답변의 주요 내용을 질문지에 기록한다.
- 답변하는 사람은 자신의 경험과 생각을 성의 있게 대답한다.

〈표 7-24〉 **다짐하기 단계의 활동지**

우리의 다짐

미래의 보람 있는 꿈을 이루기 위해 다음의 사항을 꼭 지키겠습니다.

1.

2.

3.

4.

5.

20   년   월   일
○○ _____ 학교

(서명)	(서명)	(서명)
(서명)	(서명)	(서명)

활용 Tip

• '우리의 다짐'은 가능하면 팀별로 작성하는 것이 바람직하지만, 개별적으로 작성할 수도 있다.
• 다짐 내용에 대해 이름을 쓰고 서명하는 것은 학생들의 실천 의지를 높여 준다. 교사도 함께 서명을 한다면 학생들이 더욱 책임감 있게 행동할 것이다.
• 다짐 내용은 반드시 학급에서 발표하도록 한다.
• 1~2주 또는 방학 등의 일정 기간이 지난 후 다짐 내용에 대한 실천을 점검하는 성찰 활동을 하는 것이 바람직하다.

5. AI로 하는 안전한 생활

학교 현장에서 학생의 안전에 대한 교육은 매우 중요하다. 안전한 생활은 학생들이 일상생활과 재난 상황에서 접하게 되는 위험을 알고 안전하게 생활하는 방법을 익혀 위험을 예방하며 위험 상황에 대처하는 능력을 기르는 데 중점을 둔다(교육부 고시 제2015-74호). 특히 초등학교 1~2학년의 안전한 생활은 생활안전, 교통안전, 신변안전, 재난안전의 4개 영역으로 구분하며 학교안전교육 표준안의 타 교과 연계 및 창의적 체험 활동을 활용하여 체험 중심 안전교육 프로그램을 운영할 수 있다. AI로 하는 안전한 생활은 학생 스스로 안전한 생활을 실천하면서 위험을 예방하고 대처하는 능력을 기르며 이를 성찰하는 기회를 제공할 수 있다.

1) 안전한 생활을 위한 AI 주제

안전한 생활에서는 위험에 대한 식별하기, 예방하기, 위험 상황에서 벗어나기, 위험 상황을 알리기로 대표되는 기능을 익히는 데 중점을 둔다. 안전교육을 위한 AI 주제들은 〈표 7-25〉와 같이 생활안전 교통안전, 신변안전, 재난안전 영역으로 분류하여 제시할 수 있다.

〈표 7-25〉 **안전교육을 위한 AI 주제**

영역	핵심개념	내용 요소	AI 주제
생활 안전	학교에서의 안전생활	• 실내 활동 시 안전 규칙 　－교실, 복도 통행 규칙 　－화장실 사용 규칙 • 학용품 및 도구의 안전한 사용 　－칼, 가위, 컴퍼스, 자, 연필의 바른 사용 • 놀이 기구의 안전한 사용 　－운동장 사용 규칙 　－시소, 늘임봉, 늑목 등 놀이기구의 바른 　　사용법	• 안전한 생활을 위한 학급 규칙이 　생겼어요 • 우리 학교(학급)의 준법 돋보기 • 함께하는 마음, 나누는 기쁨, 서로 　돕고 살아요 • 우리 모두를 위한 안전한 교실 만들기 • 모두가 행복한 공동체 의식으로 　공익을 위하여 • 함께 지키는 공중 위생! 건강을 약속 　해요 • 우리 가족은 안전 지킴이! • 생명을 살리는 물놀이 안전 교육
	가정에서의 안전생활	• 가정에서의 사고 예방 • 생활 도구의 안전한 사용 • 응급 상황 대처	
	사회에서의 안전생활	• 야외 활동 안전 • 시설물 안전 • 공중위생	
교통 안전	보행자 안전	• 신호등과 교통 표지판 • 보행자 수칙(횡단보도, 지하도, 육교) • 골목에서 놀 때의 안전	• 나와 우리 모두를 위한 안전, 우리 　함께 지켜요 • 질서는 안전하고 편해요 • 성숙한 마음으로 규칙 지키기 • 나와 너, 우리, 교통 안전을 지켜요 • 자전거를 안전하게 타는 방법 알기
	자전거, 자동차 안전	• 자전거 탈 때의 안전 　－자전거 탈 때 안전 장구 갖추기 　－안전하게 자전거 탈 곳 알기 　－핸들, 페달, 바퀴, 브레이크 등의 구조 　　알기와 탑승 • 대중교통 이용 시 안전 수칙 • 자동차 이용 시 안전 수칙 　－자동차 사고의 원인과 사고 예방법	

신변 안전	유아 · 미아 사고 예방	• 낯선 사람의 접근에 대한 대처 방법 • 미아가 되었을 때의 대처 방법	• 학교폭력 없는 행복한 우리 반 만들기 • 나의 몸은 소중해요
	학교폭력/ 성폭력/ 가정폭력	• 집단 따돌림의 유형과 예방 • 학교폭력 유형과 예방 • 좋은 접촉과 나쁜 접촉 • 가정폭력 발생 시의 도움 요청과 신고	• 친구야, 친하게 지내자! • 행복한 가정 만들기 • 가족 구성원이 모두 함께 해요 • 서로 존중하는 인권은 우리의 보물!
재난 안전	화재	• 화재 예방 • 화재 발생 시의 대피법	• 화재예방을 위해 우리는 무엇을 해 야 할까? • 나와 너 우리 모두를 위한 길 • 자연 재앙 누가 만들었을까요? • 책임을 다하는 내가 될래요 • 마을 지킴이는 우리 모두가!
	자연 재난	• 지진, 황사, 미세먼지 대처 방법 • 계절의 변화에 따른 자연 재난 발생 시의 대처 방법	

*교육부 고시 제2015-74호 [별책 42] 창의적 체험 활동(안전한 생활포함) 교육과정

2) AI로 하는 안전한 생활 수업 사례

학생들은 AI로 하는 안전교육에 스스로 참여하고 경험하는 과정에서 자기 관리 역량을 개발할 수 있고 일상생활과 재난의 위험상황에 대처하는 능력과 실천하려는 태도를 기를 수 있다. 안전교육 중 교통안전 영역에서 '안전하게 자전거 타기'이라는 주제로 학생들이 자전거 탈 때 필요한 안전 장구와 자전거 구조, 안전하게 자전거 타는 방법 등을 알고, 안전수칙을 잘 실천할 수 있도록 [그림 7-5]와 같이 AI 프로그램을 계획하여 운영하였다.

단계	도입	전개				정리
		긍정 주제 찾기	발견하기	꿈꾸기	설계 및 다짐하기	
주요 활동	• AI 프로그램 소개하기 • 학습 주제 안내하기	• 자전거를 탔을 때의 경험 도출하기 • 긍정 주제 도출하기	• 자전거를 탔을 때의 경험을 인터뷰하고, 내용 공유하기	• 자전거를 안전하게 타는 모습을 구체적으로 상상하고 표현하기 • 팀별로 발표하기	• 자전거 탈 때 안전 수칙 도출하기 • 실천 계획 수립하기 • 다짐하기	• 성찰하기 • 정리하기
방법		명목집단법	1:1 인터뷰	월드 카페	명목집단법	

[그림 7-5] '안전하게 자전거 타기' AI 프로그램 진행 절차

〈표 7-26〉〈표 7-27〉은 [그림 7-5]에 제시된 진행 절차에 따라 구체적인 수업 운영 전략을 제시한 교수·학습 과정안이다.

이 수업은 80분으로 계획되어 있어 블록 수업으로 운영하거나 두 개 차시로 나누어 운영할 수 있다. AI 프로그램은 '안전하기 자전거 타기'이라는 주제로 자전거를 탔을 때의 경험에 대해 이야기 나누어 보고, 자전거를 안전하게 타기 위한 안전 수칙을 만들어서 실천할 수 있도록 다짐하고 성찰하는 과정으로 진행된다.

〈표 7-26〉 '안전하게 자전기 타기' 지도 계획

영역	안전한 생활	활동	적응활동
대상	초등학교	시간	(80) 분
프로그램명	안전하게 자전거 타기		
연관교과 (단원 또는 주제)	교통 안전, 이렇게 실천해요.		
학습목표	• 자전거를 안전하게 타는 방법을 말할 수 있다. • 자전거를 안전하게 타기 위한 안전 수칙을 실천할 수 있다. • 여러 사람의 의견을 듣고 자신의 입장을 발표할 수 있다.		
교수 · 학습자료	• 준비물: 포스트잇(76×76mm), 팀별 1묶음씩, 12색 유성펜 팀별 1세트씩, 전지 팀별 2장씩, 의견표시용 스티커, 셀로판테이프 팀별 1개씩 • 질문지 유인물		
지도상의 유의점	• 4인 1팀으로 활동할 수 있도록 책상을 배치한다. • 일상생활에서 접하게 되는 위험을 알게 하고 안전하게 생활하는 방법을 익히도록 지도한다. • 위험을 예방하고 위기 상황에 대처할 수 있는 능력을 기르도록 지도한다. • 긍정적 핵심 질문을 할 수 있도록 교사가 미리 질문지를 준비한다.		

〈표 7-27〉 '안전하게 자전거 타기' 교수 · 학습 과정안

단계		교수 · 학습활동	시간	자료 및 유의점
도입	AI 활동 소개 하기	• 팀별로 인사하기 • 학습주제 및 AI 활동 소개하기 –'안전하게 자전거 타기'이라는 AI 수업 활동이 어떻게 진행되는지 이해한다. –AI활동 소개: 좋은 경험을 찾아 이를 토대로 우리가 해야 할 일을 계획하는 활동을 소개한다.	10′	ppt 자료
전개	긍정 주제 찾기	• 긍정 주제 찾기 활동에 대해 안내하기 –자전거 탈 때 필요한 안전 장구, 안전하게 자전거를 탈 곳과 타는 방법 등을 생각한다. –각자의 생각을 모아 학급 전체의 의견을 모으는 명목집단법을 안내한다.	20′	포스트잇을 모은 후 중요한 것에 투표한다.

	• 긍정주제 도출하기 　-자전거를 안전하게 타는 방법을 세 개씩 각자 포스트잇에 　작성한다. 　-팀별로 작성한 포스트잇을 모은 후 개별적으로 가장 공감 　이 가는 내용을 3개씩 선택해 스티커를 붙인다. 　-투표 결과 많은 표를 받은 것 4개를 골라 교사에게 제출 　한다. 　-학생들이 제출한 포스트잇의 의견을 유목화하여 긍정주 　제를 도출한다.		
발견 하기	• 자전거를 안전하게 탄 경험 찾기 　-논의를 통해 도출한 긍정 주제를 미리 준비한 질문지의 　(　　)안에 기입하고 1:1 인터뷰를 할 수 있도록 안내한다. 　-지금까지 자전거를 안전하게 타기 위해 (　　)했던 경험한 　일을 떠올려보세요. 그때 있었던 일을 자세하게 이야기해 　주세요. 그때 어떤 기분이었나요? 그리고 그때 어떤 생각을 　했나요? 　-팀별로 발견하기 단계에서 찾은 안전하게 자전거를 탔던 　구체적인 사례와 내용 발표하기 　-인터뷰의 주요 내용을 명목집단법을 활용하여 공유, 정리 　한다.	20'	-질문지 유인물 -인터뷰내용 공유
꿈꾸기	• 자전거를 안전하게 잘 타는 모습 상상하기 　-발표 내용을 토대로 자전거를 안전하게 잘 타는 모습을 　상상하여 글과 그림으로 표현한다. • 팀별 활동 발표하기 　-팀별로 자전거를 안전하게 잘 타는 모습을 표현한 그림을 　벽에 붙이고 표현하고자 한 내용을 발표한다.	15'	팀별 전지, 12색유성펜 1세트 활용
설계 및 다짐 하기	• 자전거를 안전하게 잘 타기 위한 안전수칙과 실천 계획 작성하기 　-자전거를 안전하게 잘 타기 위한 안전수칙과 실천 계획을 　작성한다. 　-3가지씩 적은 개인 의견을 모아 팀별로 '우리의 다짐'을 　작성한다. • 자전거를 안전하게 잘 타기 위한 실천 다짐하기 　-완성된 팀의 팀원은 '우리의 다짐'을 작성한 글 앞에서 　선서한 후 게시한다.	10'	포스트잇

| 정리 | • 성찰하기
　-두 명씩 짝을 지어 오늘 활동을 통해 배운 점 한 가지씩
　　서로 이야기한다.
　-각 팀 별 한 명의 학생이 발표한다.
• 정리하기
　-자전거를 안전하게 타기 위한 안전수칙을 잘 지키고 실천
　　할 수 있도록 격려하고 학습내용을 정리한다. | 5′ | |

〈표 7-28〉 '자전거 탈 때의 안전' 평가 계획과 학교생활기록부 기록 예시

평가계획	평가방법	일화기록법, 자기평가, 활동의 기록 분석법
	평가준거	1:1 인터뷰에서 서로 자전거를 탔을 때의 경험을 이야기하고 발표하였는가?
		자전거를 안전하게 타기 위한 안전수칙과 실천 계획을 잘 작성하였는가?
		서로 협동하고 다른 사람의 의견을 존중하며 자신의 생각을 잘 표현하였는가?
창의적 체험 활동 상황 특기 사항 기록 예시	• AI를 기반으로 한 '자전거를 안전하게 타는 방법 알기'를 주제로 한 프로젝트 활동에서 다른 　사람에게 자전거를 안전하게 탔던 경험을 취재하는 인터뷰 활동을 능숙하게 수행함 • 자전거를 안전하게 탔던 경험을 구체적으로 떠올린 후 그때의 마음과 어떤 생각을 했는 　지 자세하게 이야기하며 미래에 가족과 함께 안전하게 자전거 여행을 하는 행복한 모습을 　창의적인 이미지로 표현함 • 자전거를 안전하게 탔던 경험에 대해 인터뷰한 내용을 토대로 팀원들이 함께 협의하여 　자전거를 탈 때 필요한 교통 표지판을 창의적인 이미지로 표현함 • 자전거 보호 장구 착용의 중요성 자료를 바탕으로 자전거를 안전하게 타기 위한 안전수칙 　을 구체적으로 도출하여 실행 계획을 수립함 • 미래에 특별한 사람과 보호장구를 착용하여 자전거를 타고 여행하는 모습을 구체적으로 　상상하여 그림으로 표현함		

〈표 7-29〉 **발견하기 단계의 질문지**

'자전거 탈 때의 안전'

기자 : ＿＿＿＿＿＿＿＿＿   답변한 사람 : ＿＿＿＿＿＿＿

1. (　　　)	지금까지 자전거를 탔을 때 경험했던 (　　　　　)을 떠올려 보세요. 내가 자전거 타는 법을 배운 후 안전하게 탔던 방법 중 가장 기억에 남는 것은 무엇인지 말해 보세요. 그 이유는 무엇인가요?
답변 내용	
2. (　　　)	지금까지 자전거를 탔을 때 경험했던 (　　　　　)을 떠올려 보세요. 내가 자전거 타는 법을 배운 후 안전하게 탔던 방법 중 가장 기억에 남는 (　　　　　)이 최고라고 생각한 이유는 어떤 점 때문인가요? 그 점에 대해서 설명해 주세요.
답변 내용	
3. (　　　)	지금까지 자전거를 탔을 때 경험했던 (　　　　　)을 떠올려 보세요. 내가 자전거 타는 법을 배운 후 안전하게 탔던 방법 중 가장 기억에 남는 (　　　　　)이 최고라고 생각한 이유는 어떤 점 때문인가요? 그 점에 대해서 설명해 주세요.
답변 내용	

활용 Tip

• 4D 프로세스 시작 전 도출한 긍정주제를 질문지에 먼저 기입하게 한다.
• 기자 이름과 답변하는 사람의 이름을 기입한다.
• 기자는 제시된 질문을 중심으로 질문하고, 답변하는 사람의 특성을 고려하여 다른 표현을 사용해도 된다. 질문에 대한 답변의 주요 내용을 질문지에 기록한다.
• 답변하는 사람은 자신의 경험과 생각을 성의 있게 대답한다.

〈표 7-30〉 **다짐하기 단계의 활동지**

우리의 다짐

자전거를 안전하게 타기 위해 다음의 사항을 꼭 지키겠습니다.

1.

2.

3.

4.

5.

20   년   월   일

○○ _____ 학교

(서명)	(서명)	(서명)
(서명)	(서명)	(서명)

활용 Tip

• '우리의 다짐'은 가능한 팀별로 작성하는 것이 바람직하지만, 개별적으로 작성할 수도 있다.

• 다짐 내용에 대해 이름을 쓰고 서명하는 것은 학생들의 실천 의지를 높여 준다. 교사도 함께 서명한다면 학생들이 더욱 책임감 있게 행동할 것이다.

• 다짐 내용은 반드시 학급에서 발표하도록 한다.

• 1~2주 또는 방학 등 일정 시간이 지난 후 다짐 내용에 대한 실천을 점검하는 성찰 활동을 하는 것이 바람직하다.

제4부

AI로 학급 경영하기

AI는 개인과 조직의 최고의 경험과 긍정 경험을 토대로 개인과 조직을 발전시키는 것이다. 조직 혁신 방법론인 AI의 본질이 가장 잘 드러날 수 있는 분야는 학급 경영이다. 학급은 하나의 작은 조직이고 사회다. AI가 기업에서 혁신을 위한 효과적인 방법론으로 활용되는 것처럼 학교에서도 더 좋은 경영 방법론으로 행복한 교육 공동체를 만드는 데 기여할 것이다. AI 과정에서 도출되는 학생 한 명 한 명의 강점과 공동체 생활 중 겪은 그들의 소중한 경험과 다양한 생각은 학급 경영을 위한 소중한 자원이 될 것이다. 제4부에서는 학급 경영의 중요 주제인 학생들이 참여하는 학급 경영, 인성 교육, 다문화 교육을 위해 AI를 활용하는 방법과 전략을 안내한다.

제8장

AI를 활용한 학급 경영

개성 있는 학생들이 모여 만든 하나의 공동체인 학급은 각기 다른 빛깔을 가지고 있다. 학교에서 교사는 지식을 가르치는 것뿐만 아니라 자신이 맡은 학급을 경영해야 하는 학급의 최고경영자다. 교사가 한 학급을 경영하는 것은 다른 어떤 조직을 경영하는 것보다 중요하고 어려운 일이다. 학급 경영의 성공 여부가 학생들의 현재와 미래에 영향을 미치기 때문이다. 그렇다면 교사는 어떠한 마음과 관점으로 학급을 경영해야 할까? 초등학교 1학년부터 이제 막 사춘기를 벗어나 입시나 취업을 준비하는 고등학교 3학년까지, 과거 · 현재 · 미래가 모두 중요한 학생들이 모인 학급을 바라보는 관점은 그 어느 조직을 바라보는 관점보다 긍정적이어야 한다. AI는 이러한 학급 경영을 위한 최고의 철학과 프로그램을 제공한다.

1. 학급 경영 프로그램의 특성

학급 경영은 학급의 교육 목표 달성을 위하여 교육 계획을 수립하고, 인적 · 물적 조직을 정비하여 계획을 실행하고, 학생을 지도하며, 교육 활동을 평가하는 일련의 교육 활동이다. 또한 교수 · 학습 활동과 생활지도가 효율적으로 이루어질 수 있도록 도와주는 교육 지원 활동이다(윤정일 외, 2008; 송기창 외, 2014 재인용). 교육 활동이면서 교육 지원 활동인 학급 경영은 그 강조점을 어디에 두느냐에 따라 다양하게 정의할 수 있다. 일반적으로 질서 유지로서의 학급 경영, 조건 정비로서의 학급 경영, 교육 경영으로서의 학급 경영으로 구분한다(박병량, 2006)(〈표 8-1〉참조).

〈표 8-1〉 **교육 활동 목적에 따른 학급 경영 분류**

구분	주요 관점
질서 유지로서의 학급 경영	• 수업을 방해하거나 학급 질서를 파괴하는 학생의 행동을 다루는 교사의 행동에 초점을 둔 훈육의 관점 • 학생의 문제 행동을 사전에 예방하고 선도하는 일이라고 보는 생활지도의 관점 • 학급 상황에 따라 요구되는 행동을 수행하도록 하는 일이라고 보는 학급 행동지도의 관점
조건 정비로서의 학급 경영	• 수업을 원활하게 할 수 있도록 제반여건을 마련하는 것으로 보는 관점 -보조교사 활용, 학습 기자재 비치 등
교육 경영으로서의 학급 경영	• 학급 경영을 위한 계획, 조직, 지시, 통제, 의사소통을 수행하는 교사의 활동으로 보는 관점

출처: 박병량(2006).

학급 경영에 대한 다양한 개념 중 AI와 가장 잘 어울리는 것은 질서 유지로서의 학급 경영이다. 학급의 학생들이 문제행동을 하지 않고, 서로 협력하며 생활할 수 있도록 AI를 활용할 수 있다.

한편, 학급 경영은 교사와 학생 중 누구의 가치를 중심에 두느냐에 따라 다른 모습을 보인다. 즉, 학급의 구성원인 교사와 학생 중 누구에게 주도권이 있는지, 어떻게 협력하는지에 따라 달리 나타날 수 있다. James와 James(2007)는 〈표 8-2〉와 같이 학급 경영의 관점을 세 가지로 구분하였다. 세 가지 관점 중 학생주도형 학급 경영을 할 때 AI를 활용하면 학생들이 스스로 선택하고 실천할 수 있도록 안내할 수 있다.

〈표 8-2〉 학급 경영을 주도하는 주체에 따른 분류

구분	주요 관점
학생주도형 학급 경영	• 학생이 행동을 스스로 통제하고 다른 사람을 배려하며 현명한 의사결정을 하는 등 민주 시민 　으로서의 자질과 역량을 길러 준다는 관점 • 학생이 교실 내의 규칙, 학습할 주제와 문제, 학습 활동 방법, 평가 기준 등을 포함한 학급 　생활 전반에 걸쳐 선택할 수 있는 권한을 가진다는 관점 • 학생에게 선택의 기회를 주면 학생은 좋은 선택을 하는 방법을 배우게 된다는 관점 • 공동체 내에서 학생은 자기주도적으로 행동할 수 있으며, 자신의 행동에 많은 책임을 지고, 　올바른 결정을 독립적으로 내릴 수 있게 된다는 관점 • 교사의 역할은 학생이 갈등을 생산적으로 다룰 수 있도록 도와주는 것이라고 보는 관점
협력적 학급 경영	• 학생이 학습 활동에 몰두하여 학습에 성공하며, 교사와 동료 학생을 존중하고, 협력을 통해 　학급 지침을 지켜 나간다는 관점 • 학생은 규칙이 존재하는 이유를 이해하며, 규칙의 논리적 타당성을 인정하고, 이를 통해 　자신의 행동을 통제할 수 있는 능력을 가지게 된다는 관점 • 교사와 학생이 함께 규칙과 절차를 만든다는 관점 • 교사가 핵심적인 규칙을 정한 후 학생들이 추가할 수 있도록 허용하거나 학생들에게 규칙을 　제안할 기회를 부여하되 교사가 규칙을 추가하거나 제안된 규칙을 거부할 권리를 가진다는 　관점
교사주도형 학급 경영	• 학급 경영과 관련한 이슈와 고려해야 할 요소를 최소화하고, 학생의 비행을 억제하며, 비행 　이 발생하였을 때 될 수 있는 대로 재빠르게 대처한다는 관점 • 책임감과 배려심을 가진 교사가 제시한 규칙과 지침의 내재화를 통해 학생은 합리적인 의사 　결정 역량을 기를 수 있다는 관점 • 교사의 역할을 생산적인 학습 환경을 만드는 규칙과 지침을 개발하고, 학생이 규칙과 지침을 　이해하고, 따르도록 하는 일관된 보상과 처벌 시스템을 개발하는 것이라고 보는 관점

출처: James & James (2007).

　　종합하면 질서 유지로서의 학급 경영과 학생주도형 학급 경영이라는 목적과 맥락에서 AI를 학급 경영의 구체적인 방법론으로 활용할 수 있다. 이때 활용할 수 있는 AI 주제는 학생들 간의 교우 관계, 학습방법, 효율적인 시간계획 수립과 관리 방법 등이다. 이에 대한 구체적인 사례는 다음과 같다.

2. 학급 경영 프로그램 사례 ①: 즐거운 우리 반 만들기

학생들은 교우관계를 중요하게 생각하기 때문에 학급 경영에서 다루어야 할 주요 주제는 교우관계다. 이 주제는 모든 수준의 학생에게 중요하지만, 특히 사춘기를 경험하는 초등학교 고학년부터 중학교 학생에게 적용하는 것이 바람직하다. 교우관계를 주제로 학생들의 눈높이에 맞춘 '즐거운 우리 반 만들기'라는 AI 프로그램을 운영할 수 있다. 이 프로그램은 [그림 8-1]에 제시한 것처럼 4D 프로세스를 모두 경험할 수 있도록 하되, 수업시간을 고려하여 설계하기와 다짐하기를 통합·운영하였다. [그림 8-1]에는 4D 프로세스 이후에 성찰 활동이 제시되어 있는데, 가능하면 성찰 시간은 학생들이 다짐하기 단계에서 계획한 일들을 실천한 이후에 자신들의 행동에 대해 점검할 수 있도록 최소한 2~3주 정도 이후에 갖는 것이 바람직하다. 또는 정기적으로 한 달에 한 번씩 성찰의 시간을 갖는 것도 좋다.

단계	도입	전개				정리
		긍정 주제 찾기	발견하기	꿈꾸기	설계 및 다짐하기	
주요 활동	• AI 프로그램 소개하기 • 학습주제 안내하기	• 즐거운 학급이 갖추어야 할 긍정 주제 도출하기	• 학급생활에서의 즐거운 경험을 찾기 위한 인터뷰하기 • 인터뷰 내용 공유하기	• 자신들이 원하는 즐거운 학급의 모습을 구체적으로 상상하고 표현하기 • 팀별로 발표하기	• 즐거운 학급을 만들기 위해 해야 할 일과 실천 계획 도출하기 • 다짐하기	• 성찰하기 • 실천 과정과 결과에 대해 점검하기 • 정리하기
방법		명목집단법	1:1 인터뷰	월드 카페	명목집단법	명목집단법

[그림 8-1] '즐거운 우리 반 만들기' AI 프로그램 진행 절차

〈표 8-3〉〈표 8-4〉는 [그림 8-1]에 제시된 진행 절차에 따른 지도계획과 구체적인 수업 운영 전략을 제시한 교수 · 학습 과정안이다. 이 프로그램은 80분으로 계획되어 있는데, 창의적 체험 활동의 자율 활동 시간에 블록 수업으로 활용할 수 있으며, 학급 담임 시간 등을 활용한다면 4D 프로세스의 한 단계씩 나누어 운영할 수도 있다.

〈표 8-3〉 '즐거운 우리 반 만들기' 지도 계획

영역	창의적 체험 활동(초)		수업시간	80분
프로그램명	즐거운 우리 반 만들기			
학습목표	• 즐거운 학급이 되기 위해 필요한 요인을 도출할 수 있다. • 즐거운 학급이 되기 위해 각자 해야 할 일을 명확하게 말할 수 있다. • 토의 시 서로 협동하고, 다른 사람의 의견을 존중하고, 배려하는 태도를 지니며 자신의 생각을 표현할 수 있다. • 한 학급의 구성원으로써 소속감과 공동체 의식을 함양하고 이를 발휘할 수 있는 실천적 태도를 가질 수 있다.			
교수 · 학습 자료	• 준비물: 포스트잇(76×76mm) 팀별 1묶음씩, 12색 유성펜 팀별 1세트씩, 전지 팀별 2장씩, 의견 표시용 스티커, 셀로판테이프 팀별 1개씩, 다짐나무 • 질문지 유인물			
지도상의 유의점	• 6인 1팀으로 활동할 수 있도록 책상을 배치한다. • 명확하게 질문할 수 있도록 지도한다. • 학급 운영을 위한 규칙과 실천 계획을 학생 스스로 수립하는 것의 가치를 인지할 수 있도록 지도한다.			

〈표 8-4〉 '즐거운 우리 반 만들기' 교수·학습 과정안

단계		교수·학습 활동	시간	자료 및 유의점
도입	AI 활동 소개 하기	• 팀별로 인사하기 • 활동 주제 및 방법 소개하기 　−AI 활동 소개: 좋은 경험을 찾아 이를 토대로 우리가 해야 할 일을 계획하는 활동 　−ppt를 보면서 오늘 활동이 무엇인지 인지한다. 　−오늘 활동 주제가 무엇이며, 왜 이러한 활동을 하는지 이해한다. (주제: 즐거운 우리 반 만들기)	10′	ppt 자료
전개	긍정 주제 찾기	• 즐거운 우리 반이 되기 위한 긍정 주제 찾기 활동에 대해 안내하기 　−각자 즐거운 학급의 주요 특징을 생각한다. 　−각자의 생각을 모아 학급 전체의 의견을 모으는 활동의 가치를 안내한다. • 즐거운 우리 반의 모습 공유 및 정리하기 　−즐거운 우리 반 모습의 특징을 각자 세 개씩 포스트잇에 작성한다. 예) 고운 말 쓰기, 서로를 이해하기, 남 탓하지 않기, 양보와 배려하기, 친하게 지내기, 다 같이 놀기, 맛있는 간식 나눠 먹기, 함께 축구하기, 많이 웃기 등 　−팀별로 팀원들이 포스트잇에 작성한 의견을 모은 후 그중에서 가장 공감이 가는 내용을 각자 세 개씩 선택하여 스티커를 붙인다. 　−투표가 끝나면 팀별로 스티커를 많이 받은 의견을 네 개씩 골라 교사에게 제출한다. • 긍정 주제 도출하기 　−학생들이 제출한 포스트잇의 의견을 학생들과 함께 유목화하여 긍정 주제를 도출한다.	20′	포스트잇을 모은 후 중요한 것에 투표한다.
	발견 하기	• 지금까지 경험한 즐거운 학급 생활에 대한 경험 찾기 　−미리 준비한 질문지의 (　　) 안에 논의를 통해 도출한 긍정 주제를 기입한다. 　−2인 1조로 짝을 지은 후, 질문들을 이용하여 서로의 경험과 생각에 대해 질문하고 답변한다. 　−역할을 바꾸어 질문하고 답변한다. • 팀별로 모여 인터뷰 내용을 함께 공유한다.	20′	−질문지 유인물 −인터뷰 내용 공유

	꿈꾸기	• 즐거운 우리 반의 모습 구체적으로 상상하기 －팀별로 발견하기 단계에서 찾은 즐거운 학급의 특징에 대한 구체적인 사례와 내용을 토대로 '즐겁게 생활하고 있는 우리 반'의 모습을 상상하여 그림으로 표현한다. • 팀별 활동 발표하기 －팀별로 그림으로 표현한 '즐거운 우리 반' 모습을 벽에 붙이고, 그림에 대한 설명과 내용을 발표한다.	15′	팀별로 전지, 12색 유성펜 1세트 활용
	설계 및 다짐 하기	• 즐거운 우리 반이 되기 위해 우리가 해야 할 일 도출하기 －명목집단법을 이용하여 즐거운 우리 반이 되기 위해 우리가 해야 할 일을 도출한다. 이때 교사는 학생들에게 '즐거운 우리 반이 되기 위해 누가 노력해야 할까요?'라고 질문하고, 다양한 주체가 나올 수 있도록 유도한다. 학생들의 답변을 토대로 '학급 학생, 학급 임원, 담임교사, 교과 전담 교사' 등으로 주체를 구분한 후 주체별로 해야 할 일을 구분하여 적는다. • 즐거운 우리 반을 만들기 위한 실천 계획 수립하기 －설계하기 단계에서 도출된 내용을 중심으로 즐거운 우리 반이 되기 위해 해야 할 일을 구체적으로 계획한다. －완성한 팀은 다짐나무 앞에서 팀원이 선서한 후 게시한다.	10′	포스트잇, 다짐나무
정리		• 성찰하기 －두 명씩 짝을 지어 오늘 활동을 통해 배운 점을 한 가지씩 서로에게 이야기한다. －팀별로 한 명의 학생이 발표한다. －즐거운 우리 반이 되기 위해 각자 다짐한 일을 꼭 실천할 수 있도록 당부하고 격려한다.	5′	

'즐거운 우리 반 만들기'교육 활동은 〈표 8-5〉의 평가 계획을 토대로 학생들의 활동을 관찰하고 결과물을 평가하여 학교생활기록부에 기록한다.

〈표 8-5〉 '즐거운 우리 반 만들기' 평가 계획과 학교생활기록부 기록 예시

	평가방법	활동의 기록분석법, 일화기록법
평가 계획	평가준거	즐거운 학급이 되기 위한 조건을 명확하게 말할 수 있는가?
		토의 시 서로 협동하고 다른 사람의 의견을 존중하며 자신의 생각을 표현하고 있는가?
		즐거운 학급을 만들기 위한 계획이 구체적이고 실천 가능한가?
창의적 체험 활동 특기 사항 기록 예시		• 즐거운 학급을 만들기 위해 우리가 해야 할 일을 구체적으로 도출함 • AI 활동 전 과정을 통해 토의 시 서로 협동하고 다른 사람의 의견을 존중하며 자신의 생각을 표현하는 능력이 뛰어남 • AI 4D 프로세스에서 즐거운 학급에 대한 경험과 의견을 나누는 과정에 적극 참여함

〈표 8-6〉 **발견하기 단계의 질문지**

즐거운 학급 생활에 대한 좋은 경험 찾기

기자 : _____   답변한 사람 : _____

1. ( )	지금까지 학교를 다니면서 ( )을 경험한 일을 떠올려 보세요. 그때 있었던 일을 자세하게 이야기해 주세요. 그때 어떤 기분이었나요? 그리고 그때 어떤 생각을 했나요?
답변 내용	
2. ( )	지금까지 학교를 다니면서 ( )을 경험한 일을 떠올려 보세요. 그때 있었던 일을 자세하게 이야기해 주세요. 그때 어떤 기분이었나요? 그리고 그때 어떤 생각을 했나요?
답변 내용	
3. ( )	지금까지 학교를 다니면서 ( )을 경험한 일을 떠올려 보세요. 그때 있었던 일을 자세하게 이야기해 주세요. 그때 어떤 기분이었나요? 그리고 그때 어떤 생각을 했나요?
답변 내용	
4. ( )	지금까지 학교를 다니면서 ( )을 경험한 일을 떠올려 보세요. 그때 있었던 일을 자세하게 이야기해 주세요. 그때 어떤 기분이었나요? 그리고 그때 어떤 생각을 했나요?
답변 내용	

활용 Tip

• 4D 프로세스를 시작하기 전에 도출한 긍정 주제를 질문지에 먼저 기입하게 한다.
• 기자 이름과 답변하는 사람의 이름을 기입한다.
• 기자는 제시된 질문을 중심으로 질문하고, 답변하는 사람의 특성을 고려하여 다른 표현을 사용해도 된다. 질문에 대한 답변의 주요 내용을 질문지에 기록한다.
• 답변하는 사람은 자신의 경험과 생각을 성의 있게 대답한다.

〈표 8-7〉 **다짐하기 단계의 활동지**

우리의 다짐

즐거운 우리 반을 만들기 위해 우리는 다음의 사항을 꼭 지키겠습니다.

1.

2.

3.

4.

5.

20   년   월   일
○○ _____ 학교

(서명)	(서명)	(서명)
(서명)	(서명)	(서명)

활용 Tip

• '우리의 다짐'은 가능하면 팀별로 작성하는 것이 바람직하지만, 개별적으로 작성할 수도 있다.
• 다짐 내용에 대해 이름을 쓰고 서명하는 것은 학생들의 실천 의지를 높여 준다. 교사도 함께 서명한다면 학생들이 더욱 책임감 있게 행동할 것이다.
• 다짐 내용은 반드시 학급에서 발표하도록 한다.
• 1~2주 정도의 일정 기간이 지난 후 다짐 내용에 대한 실천을 점검하는 성찰 활동을 하는 것이 바람직하다.

'즐거운 우리 반 만들기' 프로그램 실제 운영 사례

'즐거운 우리 반 만들기' 프로그램을 재구성하여 B 초등학교에서 수업을 실시하였다. B 초등학교에서는 프로그램을 5회로 나누어 운영하였다. 한 회 프로그램은 80분(2차시)이고, 총 소요시간은 400분이다. 이때 학생들이 다짐한 내용을 실천할 수 있는 시간을 주기 위해 4회차와 5회차 사이에는 10일의 간격을 두었다.

❗ B 초등학교의 '즐거운 우리 반 만들기' 프로그램

회차	단계	구분	세부 활동	시간
1	도입	오리엔테이션	• AI 프로그램 소개하기 • 자기소개 및 팀명 만들고 세우기	20′
		• 즐거운 우리 반의 특징 • 긍정주제 도출	즐거운 우리 반을 만들기 위한 긍정주제 찾기	60′
2	발견하기	최고의 경험 찾기	• 1:1 교차 인터뷰하기 　−긍정 주제와 관련된 학급에서의 즐거운 경험 모으기 • 학급에서의 즐거운 경험 나누기	80′
3	꿈꾸기	즐거운 학급의 미래 모습	• 우리가 꿈꾸는 즐거운 학급의 모습을 그림으로 표현하기 • 팀별로 '즐거운 우리 반' 모습 발표하기	80′
4	설계하기	무엇을 할 것인가?	'즐거운 우리 반'이 되기 위해 우리가 해야 할 일과 내가 실천할 내용 계획하기	80′
	다짐하기	실천을 위한 다짐하기	'즐거운 우리 반'이 되기 위해 계획한 실천 내용 다짐하기	
5		성찰하기	실천 내용 공유 및 성찰하기	80′

① 도입 단계

도입 단계에서는 AI 프로그램에 대해 간략히 소개한 후 학생들이 자기소개하는 시간을 가졌다. 이후 학생들이 '즐거운 우리 반'이 되기 위해 중요한 긍정 주제를 선정하였다. 긍정 주제는 다음 그림과 같이 즐거운 학급이 되기 위해 중요한 요인을 학생들이 3~5개씩 포스트잇에 작성한 후 내용을 분류하는 방식으로 도출하였다. 학생들이 도출한 긍정 주제는 서로 존중하기, 긍정적 마인드 갖기, 서로 배려하기, 다 함께 친하게 지내기였다. 각 긍정 주제에 포함된 구체적인 내용은 다음 표와 같다.

❗ 긍정 주제 도출하기

❗ 학생들이 도출한 '즐거운 우리 반'의 긍정 주제

긍정 주제	하위 내용
서로 존중하기	고운 말 쓰기, 서로 이해하기, 남 탓하지 않기
긍정적 마인드 갖기	서로의 장점 찾기, 긍정적으로 생각하기, 많이 웃기
서로 배려하기	양보와 배려하기, 규칙과 질서 지키기
다 함께 친하게 지내기	친하게 지내기, 다 같이 놀기, 서로 소통하기

② 발견하기 단계

발견하기 단계에서 학생들은 미리 준비된 질문지에 긍정 주제를 기입한 후 1:1 교차 인터뷰를 실시하였고, 인터뷰 결과를 발표하였다. 학생들은 발표자의 발표 내용을 듣고 중요하다고 생각되는 내용을 포스트잇에 작성한 후 준비된 전지에 붙여 공유하였다. 다음 그림은 학생들이 활용한 질문지(왼쪽)와 인터뷰 내용을 팀별로 공유한 결과(오른쪽)다. 학생들이 도출한 성공 경험 사례는 다음 표와 같다.

! 발견하기 단계에서 사용한 질문지와 인터뷰 내용 공유 결과

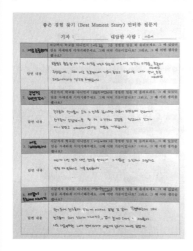 

! 발견하기 단계에서 찾은 성공 경험 사례

긍정 주제	사례
서로 존중하기	• 학급회의 때 친구들의 의견을 존중하였다. • 팀 과제를 할 때 내가 낸 의견대로 하여 기분이 좋고 책임감이 느껴졌으며 더 잘하고 싶어졌다.
긍정적 마인드 갖기	• 수업시간에 '친구 칭찬하기' 활동을 할 때 친구의 장점을 찾아 칭찬했는데, 나도 좋았고 친구도 좋아했다. • 친구와 말다툼을 했지만, 긍정적으로 생각해서 화해를 했더니 기분이 좋아졌다.
서로 배려하기	• 친구가 넘어졌는데 양호실에 갈 수 있도록 도와주었다. • 회의에 가야 해서 급했는데, 친구가 급식을 먼저 받으라고 해 주었다.
다 함께 친하게 지내기	• 우리 반에 친구들과 잘 어울리지 못하는 친구들이 몇 명 있었는데, 여자아이들이 다 같이 놀 수 있도록 노력하여 지금은 다 같이 친하게 지낸다. • 친구들과 잘 못 지내는 친구를 데리고 가서 다른 친구들과 함께 게임을 하였다.

③ 꿈꾸기 단계

꿈꾸기 단계는 공동 그림 그리기 활동으로 이루어졌다. 다음 그림은 꿈꾸기 단계에서 학생들이 작업한 내용이다. 학생들은 함께 그린 그림이 무엇을 표현한 것인지 서로의 팀에게 설명하였다.

! **꿈꾸기 단계 활동 결과**

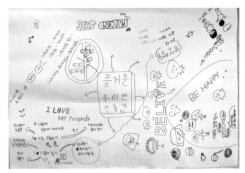 

④ 설계하기 단계

꿈꾸기 단계 이후 설계하기 단계의 활동을 하였다. 설계하기에서는 즐거운 우리 반(학급)
이 되기 위해 해야 할 일을 논의하였다. 교사는 학생들에게 '여러분 반이 즐거운 반이 되기 위
해 누가 노력해야 할까요?' 라고 질문했고, 학생들은 학급 학생들, 학급 임원, 담임교사, 교과
전담 교사가 함께 노력해야 한다고 대답하였다. 학생들의 의견을 반영하여 다음 그림과 같이
학급 학생들, 학급 임원, 담임교사, 교과 전담 교사가 해야 할 일을 구분하여 계획하였다. 다음
표는 학생들이 제시한 내용의 예다.

! **설계하기 단계의 내용 공유 결과**

! **즐거운 우리 반을 만들기 위해 해야 할 일**

긍정 주제 / 구분	서로 존중하기	긍정적 마인드 갖기	서로 배려하기	다 같이 친하게 지내기
학급 학생	• 서로 기분 좋은 칭찬하기 • 아침에 서로 인사 나누기 • 욕설이나 나쁜 말 하지 않기	• 많이 웃기 • 싸우거나 갈등이 있을 때 긍정적으로 생각하기 • 재미있는 이야기 자주하기 • 서로 칭찬하기	• 준비물을 가져오지 않은 친구에게 준비물을 빌려주기 • 질서 지키기 • 욕 하지 않기	• 남녀 상관없이 친하게 지내기 • 욕설하지 않기 • 아침에 서로 인사 나누기 • 점심시간에 남녀 차별 없이 놀기
학급 임원	• 친구들이 장난칠 때 그 친구의 마음을 이해하기 • 친구가 이야기할 때 귀담아 듣기 • 학급 학생들의 의견을 잘 듣기	• 서로의 장점을 찾아 칭찬하기 • 시험을 못 본 친구들에게 더 잘할 수 있다고 말해 주기 • 친구들의 단점을 보지 않도록 하기	• 힘든 일은 임원들이 먼저 하기 • 학급 친구들을 먼저 배려하기 • 반 친구들을 위해 양보하기	• 따돌림받는 친구들에게 먼저 다가가기 • 교사에게 고자질 하지 않기 • 혼자 노는 친구와 같이 놀기
담임 교사	• 아이들의 말을 존중하여 듣기 • 아이들을 차별하지 않기 • 아이들을 평등하게 대하기	• 아이들이 서로 칭찬할 수 있는 시간 마련해 주기 • 칭찬박스 만들기 • 아이들의 단점을 콕 집어 이야기하지 않기	• 교사가 먼저 학생을 배려하기 • 서로 이야기할 수 있는 시간을 많이 주기	• 자신의 취미, 특기 등을 말해서 다 함께 놀 수 있는 것을 찾을 수 있도록 돕기 • 아이들이 다 함께 놀도록 지도하기
교과 전담 교사	• 아이들의 말을 무시하지 않기 • 영어시간에 조금 못해도 잘할 수 있도록 도와주기	• 기분 좋은 말하기 • 아이들이 잘못했을 때 화만 내지 말고 긍정적으로 생각하기	• 시험 못 봤다고 망신 주지 않기 • 체육시간에 자유시간 많이 주기	• 체육 교사가 아이들이 함께 놀 수 있는 게임 많이 알려 주기 • 수업 중 재미있는 활동 많이 하기

⑤ 다짐하기 단계

설계하기 단계 이후 학생들은 '즐거운 우리 반'을 만들기 위해 자신들이 해야 할 일을 '우리의 다짐' 활동지에 작성하고, 실천을 다짐하는 서명을 하였다. 또한 같은 팀 학생들의 활동지에 적힌 내용을 보고 격려하며 서명하였다.

❗다짐하기 활동 결과

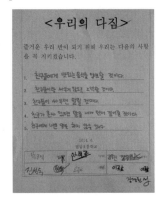
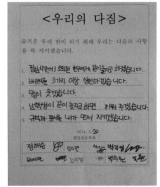
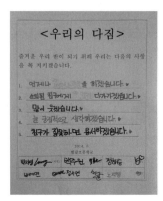

⑥ 성찰하기

학생들은 자신들이 다짐한 내용을 실천한 결과를 발표하였다. 다음 표는 학생들이 발표한 실천 결과에 대한 것이다.

❗실천 결과 주요 발표 내용

발표학생	발표 내용
A	실천하는 과정에서 다른 친구들이 기분 나빠하는 것이 줄어들었다. 기분 좋은 말을 사용하다 보니 친구들과 더 친하게 지내게 되었다.
B	처음에는 맛있는 음식이 나왔을 때 친구들에게 양보하는 게 힘들었지만 양보하다 보니 실천하는 것이 수월해졌다.
C	친구의 장점을 찾아 이야기하니 듣는 사람들도 좋아하였다.
D	친구의 말을 존중하려고 했는데, 친구들이 욕을 많이 해서 실천하기 어려웠다. '친구 놀리지 않기'는 잘 지키지 못했다. 앞으로 잘 지키겠다.
E	갑자기 실천하려니 조금 힘들었다. 임원의 역할을 잘하는 것은 지켰지만, 혼자 있는 친구를 돕고, 싸움을 말리겠다는 계획은 실천하지 못했다.
F	친구를 이해하면서 서로 믿음이 커졌다. 앞으로도 친구들을 배려하겠다.
G	왕따 친구에게 다가가는 게 어려웠다. 그러나 반 친구들이 다 같이 놀 수 있도록 보드게임을 같이 하자고 제안하였고 모두 즐거워하였다.
H	실천하려고 노력했다. 친구들에게 먼저 인사하기 등은 지키기 쉬웠지만, 왕따, 혼자 있는 친구에게 다가가는 것은 쉽지 않았다. 또 서로의 장점을 찾아보니 더 친해질 수 있었다. 앞으로도 많은 노력을 하겠다.

I	소외된 친구에게 말을 거는 것은 용기가 부족해서 하지 못했다. 그러나 다른 것은 모두 실천했고, 그로 인해 반 분위기가 좋아지는 것을 경험했다.
J	친구의 말을 잘 들어주는 것이 좋은 경험이었고, 앞으로도 잘 실천하겠다.
K	친구와 사이좋게 지내려고 노력했다. 그 결과 매우 뿌듯했다. 준비물을 안 가져온 친구들에게 준비물도 잘 빌려주었다. 반을 즐겁게 하는 재미있는 활동을 못해서 아쉽지만, 앞으로도 잘 실천하겠다.
L	친구의 장점을 찾아보는 과정에서 친구에 대해 잘 알게 되었고, 준비물을 가져오지 않은 짝에게 가위를 빌려주었는데 기분이 좋았다. 또 친구의 실수에 대해 그냥 넘어갔다. 그래서 싸움이 일어나지 않았다.
M	친구가 튀는 행동을 했을 때 지적했다. 그러나 친구들의 장점을 찾아보려고 노력했고, 이야기하였다. 그래서 사이가 좋아졌다.
N	실천하려고 노력했고, 잘 지켰다. 그러나 솔선수범은 하지 못했다.
O	실천하려고 노력했고, 친구가 잘못했을 때 용서했더니 싸움이 없어졌다. 앞으로는 나 뿐만 아니라 반 아이들이 모두 서로 배려할 수 있도록 노력하겠다.
P	소외된 친구와 같이 놀자고 하는 것은 어려웠지만, 그 친구에게 준비물을 빌려주는 등의 일은 하였다. 남학생과 함께 놀지는 못했고, 규칙과 질서를 먼저 지켰더니 반 학생들도 질서를 지키려고 노력하였다.
Q	나쁜 언어를 사용했다. 앞으로는 쓰지 않으려고 노력하겠다.
R	친구가 가지고 있는 장점을 찾아 칭찬해 주었더니 친구가 좋아하였고 나도 기분이 좋았다.

프로그램을 정리하는 성찰 활동에서 학생들은 즐거운 학급을 만드는 것에 대해 구체적으로 생각할 기회가 있어서 매우 좋았다고 평가하였고, 교사들은 학생들의 의견을 보고 매우 만족해하였다.

출처: 장경원(2014a).

3. 학급 경영 프로그램 사례 ②: 계획하고 실천하는 나

학급 경영을 위한 AI 프로그램을 개발하기 위해 교사들에게 질문을 하였다. 교사들은 고등학생들이 방학 중 자기주도학습을 잘 수행할 수 있도록 학생 스스로 계획을 수립할 수 있는 프로그램이 필요하다고 하였다. 이러한 필요에 따라 '목표 수립 및 실천 능력'에 초점을 맞추어 프로그램을 개발하였다. 긍정 주제는 프로그램 기획 단계에서 미리 선정할 수도 있고, 프로그램에 참여한 사람들의 의견을 토대로 도출할 수도 있다. 기획 과정에서 이 프로그램의 긍정 주제는 목표, 몰입, 성실(인내), 자신감으로 선정하였다. 프로그램명은 선정된 긍정 주제를 포함하면서 학생들에게 쉽게 다가갈 수 있도록 '계획하고 실천하는 나'로 선정하였다. '계획하고 실천하는 나'는 가능한 한 4D 프로세스를 모두 경험할 수 있도록 하되, 수업 시간을 고려하여 설계하기와 다짐하기를 통합하여 운영할 수 있다. [그림 8-2]에는 4D 프로세스 이후에 성찰 활동이 제시되어 있는데, 프로그램의 특성 상 성찰이 이루어지는 정리 활동은 방학이 끝난 후에 운영한다.

단계	도입	전개			정리
		발견하기	꿈꾸기	설계 및 다짐하기	
주요 활동	• AI 프로그램 소개하기 • 학습주제 안내하기	• '목표, 몰입, 성실(인내), 자신감'을 경험한 구체적인 사례를 찾기 위한 인터뷰하기와 인터뷰 내용 공유하기	• 자신들이 원하는 '방학생활' 모습을 구체적으로 상상하고 표현하기 • 팀별로 발표하기	• 의미 있는 방학생활을 하기 위해 해야 할 일과 실천 계획 도출하기 • 다짐하기	• 성찰하기 • 실천과정과 결과에 대해 점검하기 • 정리하기
방법		1:1 인터뷰	월드 카페	명목집단법	

방학 (정리 단계 세로 표기)

[그림 8-2] '계획하고 실천하는 나' AI 프로그램 진행 절차

〈표 8-8〉〈표 8-9〉는 [그림 8-2]에 제시된 진행 절차에 따라 구체적인 수업 운영 전략을 제시한 교수·학습 과정안이다. 이 프로그램은 125분으로 계획되어 있는데, 창의적 체험 활동의 자율 활동과 방과후학교 시간에 활용할 수 있으며, 학급 담임 시간, 자기주도학습 시간 등을 활용한다면 4D 프로세스의 한 단계씩을 나누어 운영할 수도 있다.

〈표 8-8〉 '계획하고 실천하는 나' 지도 계획

영역	창의적 체험 활동(고)	수업시간	125분
프로그램명	계획하고 실천하는 나		
학습목표	• 의미 있는 방학생활을 보내기 위해 구체적인 실천 계획을 수립할 수 있다. • 토의 시 서로 협동하고 다른 사람의 의견을 존중하고 배려하는 태도를 지니며 자신의 생각을 표현할 수 있다.		
교수·학습 자료	• 준비물: 포스트잇(76×76mm) 팀별 1묶음씩, 12색 유성펜 팀별 1세트씩, 전지 팀별 2장씩, 의견 표시용 스티커, 셀로판테이프 팀별 1개씩 • 질문지 유인물		
지도상의 유의점	• 4인 1팀으로 활동할 수 있도록 책상을 배치한다. • 궁금한 것을 알기 위해 명확하게 질문할 수 있도록 지도한다. • 학생 스스로 방학생활 계획을 수립하여 실천할 의지를 기를 수 있도록 지도한다.		

〈표 8-9〉 '계획하고 실천하는 나' 교수 · 학습 과정안

단계		교수 · 학습 활동	시간	자료 및 유의점

도입	AI 활동 소개 하기	• 팀별로 인사하기
		• 활동 주제 및 방법 소개하기
		  -AI 활동 소개: 좋은 경험을 찾아 이를 토대로 우리가 해야 할 일을 계획하는 활동을 소개한다.
		  -ppt를 보면서 오늘 활동이 무엇인지 인지한다.
		  -오늘 활동 주제가 무엇이며, 왜 이러한 활동을 하는지 이해한다.
		• 주제: 목표 수립 및 실천 능력
			15′	ppt 자료

전개	발견 하기	• 지금까지 경험한 '계획하고 실천했던 경험' 찾기 -미리 준비한 질문지를 활용하여 1:1 인터뷰를 하고, 인터뷰 결과를 팀별로 공유한다.	35′	-질문지 유인물 -인터뷰 내용 공유

	꿈꾸기	• '자신들이 원하는 방학생활'을 구체적으로 상상하기
		  -팀별로 발견하기 단계에서 찾은 계획하고 실천했던 사례와 내용을 토대로 '계획을 실천하고 의미 있게 보내는 방학생활'을 상상하여 그림으로 표현한다.
		• 팀별 활동 발표하기
		  -팀별로 '방학생활' 모습을 표현한 것을 벽에 붙이고, 표현하고자 한 내용을 발표한다.
			30′	팀별로 전지, 12색 유성펜 1세트 활용

	설계 및 다짐 하기	• 계획하고 실천하는 방학을 보내기 위해 해야 할 일 도출하기
		  -잘 계획하고 실천하는 방학생활을 보내기 위해 해야 할 일을 적는 명목집단법 활동을 한다.
		• 의미 있는 방학생활을 하기 위한 실천 계획 수립하기
		  -설계하기 단계에서 도출된 내용 중 방학 기간에 반드시 실천할 사항을 구체적으로 계획한다.
		  -세 가지씩 적은 개인 의견을 모아 공유한다.
			35′	

정리		• 성찰하기
		  -각자 다짐한 일을 어떻게 실천했는지 발표하고 공유한다.
		  -이후에 실천할 사항을 이야기한다.
			10′	

〈표 8-10〉 '계획하고 실천하는 나' 발견하기 단계의 질문지

'계획하고 실천하는 나'에 대한 좋은 경험 찾기

여러분의 초등학교, 중학교, 고등학교 시절의 기분 좋은 추억과 경험을 떠올려 보세요.

기자 : _____   답변한 사람 : _____

1. 목표	지금까지 공부 혹은 어떠한 활동을 하면서 목표를 세우고 노력했던 경험을 떠올려 보세요. ① 당신의 목표는 무엇이었나요? ② 그 목표를 세울 때 가장 중요하게 생각했던 것은 무엇이었나요? ③ 그 목표를 달성하기 위해 어떤 노력을 기울였나요? 설정한 목표와 당신이 했던 노력은 어떤 가치를 가지고 있나요?
답변 내용	
2. 몰입	지금까지 공부 혹은 어떠한 활동을 하면서 가장 몰입했던 경험을 떠올려 보세요. ① 가장 몰입했던 것은 무엇이었나요? ② 그때 몰입이 잘 이루어질 수 있었던 것은 무엇 때문이었나요?
답변 내용	
3. 성실, 인내	지금까지 공부 혹은 어떠한 활동을 하면서 가장 성실하게 수행했던 경험을 떠올려 보세요. ① 가장 성실하게 참여했거나 수행했던 활동은 무엇이었나요? ② 그때 인내하며 성실하게 참여한 것은 무엇 때문이었나요?
답변 내용	
4. 자신감	지금까지 공부 혹은 어떠한 활동을 하면서 가장 자신감을 경험한 순간을 떠올려 보세요. ① 자신감이 생겼거나 성공을 경험했던 활동은 무엇이었나요? ② 자신감이 생겼거나 성공을 경험한 것은 무엇 때문이었나요?
답변 내용	

활용 Tip

• 4D 프로세스를 시작하기 전에 도출한 긍정 주제를 질문지에 먼저 기입하게 한다.
• 기자 이름과 답변하는 사람의 이름을 기입한다.
• 기자는 제시된 질문을 중심으로 질문하고, 답변하는 사람의 특성을 고려하여 다른 표현을 사용해도 된다. 질문에 대한 답변의 주요 내용을 질문지에 기록한다.
• 답변하는 사람은 자신의 경험과 생각을 성의 있게 대답한다.

〈표 8-11〉 '계획하고 실천하는 나' 다짐하기 단계의 활동지

나의 다짐

이번 방학에 잘 계획하고 잘 실천할 수 있도록

다음의 사항을 꼭 지키겠습니다.

1.

2.

3.

4.

5.

20   년   월   일

○○ _____ 학교

(서명)	(서명)	(서명)
(서명)	(서명)	(서명)

활용 Tip

• 다짐 내용에 대해 이름을 쓰고 서명하는 것은 학생들의 실천 의지를 높여 준다. 교사도 함께 서명을 한다면 학생들이 더욱 책임감 있게 행동할 것이다.

• 학생의 실천 의지를 높일 수 있도록 다짐 내용은 반드시 학급에서 발표하도록 지도한다.

• 1~2주 또는 방학 등의 일정 기간이 지난 후 다짐 내용에 대한 실천을 점검하는 성찰 활동을 하는 것이 바람직하다.

'계획하고 실천하는 나' 프로그램 실제 운영 사례

'계획하고 실천하는 나' 프로그램을 A 고등학교에서 실시하였다. A 고등학교에서 자기주도 학습 시간을 이용하여 프로그램 참여를 희망하는 학생 40명을 대상으로 운영하였다. 구체적인 내용은 다음과 같다.

❗A 고등학교의 '계획하고 실천하는 나' 프로그램

단계	구분	세부 활동	시간
도입	오리엔테이션	• AI 프로그램에 대한 소개하기 • 자기소개, 팀명 만들기	
발견하기	나의 최고의 경험 찾기	• 최고의 경험 모으기 −1:1 교차 인터뷰 • 최고의 경험에 대한 인터뷰 내용 공유하기	50′
휴식			10′
꿈꾸기	10년, 20년 후 나의 모습 꿈꾸기	• 최고의 경험으로부터 도출한 내용이 모두 실현된 나의 모습 상상하기 −월드 카페	30′
설계하기 및 다짐하기	무엇을 할 것인가?	• 나는 무엇을 해야 하나? −명목집단법	45′
	구체적인 실천 계획과 선언문 만들기	• 멋진 내가 되기 위한 선언문 작성하기 • 방학 계획을 세우고 다짐하기	
정리		공유 및 성찰하기	

① 도입 단계

도입 단계에서는 프로그램의 취지 및 진행 과정에 대해 안내한 후 학생들이 편안하게 참여할 수 있도록 팀별로 자기소개 및 팀명 만들기 등을 하였다.

② 발견하기 단계

발견하기 단계에서는 주제와 관련한 학생들의 성공 경험을 도출하였다. 학생들은 다음에 제시된 질문지를 활용하여 지금까지 학교에 다니면서 목표, 몰입, 성실(인내), 자신감과 관련된 성공 경험을 서로에게 질문하는 1:1 교차 인터뷰를 하였고, 각자 인터뷰한 내용을 팀별로 공유하였다. 학생들이 인터뷰 활동에서 발견한 성공 경험 사례는 아래와 같다.

❗ '계획하고 실천하는 나' 성공 경험 찾기 인터뷰 질문들

당신의 초등학교, 중학교 그리고 고등학교 시절의 기분 좋은 추억과 경험을 떠올려 보세요.

1. 목표
지금까지 공부 혹은 어떠한 활동을 하면서 목표를 세우고 노력했던 경험을 떠올려 보세요.
① 당신의 목표는 무엇이었나요?
② 그 목표를 세울 때 가장 중요하게 생각했던 것은 무엇이었나요?
③ 그 목표를 달성하기 위해 어떤 노력을 기울였나요? 설정한 목표와 당신이 했던 노력은 어떤 가치를 가지고 있나요?

2. 몰입
지금까지 공부 혹은 어떠한 활동을 하면서 가장 몰입했던 경험을 떠올려 보세요.
① 가장 몰입했던 것은 무엇이었나요?
② 그때 몰입이 잘 이루어질 수 있었던 것은 무엇 때문이었나요?

3. 성실(인내)
지금까지 공부 혹은 어떠한 활동을 하면서 가장 성실하게 수행했던 경험을 떠올려 보세요.
① 가장 성실하게 참여했거나 수행했던 활동은 무엇이었나요?
② 그때 인내하며 성실하게 참여한 것은 무엇 때문이었나요?

4. 자신감
지금까지 공부 혹은 어떠한 활동을 하면서 가장 자신감을 경험한 순간을 떠올려 보세요.
① 자신감이 생겼거나 성공을 경험했던 활동은 무엇이었나요?
② 자신감이 생겼거나 성공을 경험한 것은 무엇 때문이었나요?

❗ 발견하기 단계에서 찾은 성공 경험 사례

긍정 주제	사례
목표	• 내가 하고 싶은 것을 하기 위해 컴퓨터 자격증, 영어 자격증을 취득하였다. • 전교 1등을 목표로 복습을 열심히 했고, 그 결과 전교 1등을 해서 기쁘고 뿌듯하였다.
몰입	• 상을 받고 싶은 마음이 있어서 학습 동아리 프로젝트 PPT를 열심히 만들었다. • 꾸준히 공부했더니 1학기 중간고사에서 좋은 점수를 받았다.

성실(인내)	• 내 주변 환경을 잘 파악하고 싶어서 유네스코(다문화) 활동을 열심히 하였다. • 책임감 때문에 교회 겨울 수련회 조장을 열심히 하였다.
자신감	• 열심히 필기를 해서 선생님께 칭찬받았을 때 자신감이 생겼다. • 수학 성적이 좋지 않아서 열심히 공부했는데, 성적이 올라서 자신감이 생기고 더 열심히 하게 되었다.

③ 꿈꾸기 단계

발견하기 단계 이후에는 자신들이 도출한 성공 경험을 토대로 미래의 모습을 꿈꾸어 보는 활동을 하였다. 이 단계에서는 월드 카페 방식으로 다양한 의견을 공유하고 시각화하여 다음과 같은 결과물이 산출되었다.

❗ 꿈꾸기 단계 활동 결과

④ 설계하기와 다짐하기 단계

꿈꾸기 단계 이후에는 설계하기와 다짐하기 단계가 함께 이루어졌다. 학생들은 자신이 꿈꾸는 모습을 이루기 위해 자신들이 해야 할 일에 대해 의견을 제시·공유하였다. 이 프로그램이 겨울방학을 앞둔 시기에 이루어졌기 때문에 다짐하기 단계에서는 방학 때 자신들이 실천할 계획을 수립하였다.

❗설계하기 단계에서 도출한 의견들 예

- 목표한 성적을 받기 위해 매일 한 시간씩 사회 공부를 하겠다.
- 내가 무엇을 좋아하는지 파악하기 위해 다양한 직업에 대해 알아보겠다.
- 공부할 때 휴대전화를 꺼놓겠다.
- 영어로 회의할 때 잘할 수 있도록 미리 의견을 정리하겠다.
- 비평 논술을 잘할 수 있도록 책을 읽으면서 주요 내용을 정리하겠다.
- 한국사능력시험을 신청하고 꾸준히 공부하겠다.
- 만화가가 되기 위해 만화를 많이 보고 그리겠다.
- 내가 진학하고 싶은 학과에 대한 정보를 찾아볼 것이다.

4D 프로세스가 끝난 후 본 프로그램에 참여하면서 배운 점을 성찰하는 시간을 가졌다. 학생들은 자신들의 좋은 경험을 다시 떠올릴 수 있어서 좋은 시간이었다고 평가하였다.

출처: 장경원(2014a).

앞서 제시한 초등학생 대상 '즐거운 우리 반 만들기' 프로그램과 고등학생 대상의 '계획하고 실천하는 나' 프로그램은 모두 학급 경영 시 중요하게 다루어지는 주제를 다룬 것으로, 초·중·고등학교에서 두루 활용할 수 있다. 다만, 소개된 프로그램은 각각 초등학교와 고등학교의 여러 가지 상황을 고려하여 구성된 것이므로 다른 학교급에 적용할 때는 시간 계획과 내용을 재구성하는 등 학교급에 맞게 변화를 주어야 할 것이다.

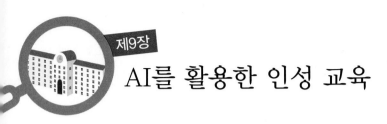

AI를 활용한 인성 교육

제9장

미래 사회는 윤리를 기반으로 하는 역량과 감성을 갖춘 인재를 원한다. 즉, 타인과 소통하고 협력하며 상대방을 배려, 존중, 이해할 줄 아는 인성 요소를 기대하는 것이다. 바른 인성은 자동적으로 형성되는 것이 아니라, 공동체 내 생활 속에서 실천과 습관을 통해 형성된다. 따라서 바른 인성을 형성하기 위한 인성 교육은 실천 과정 속에서 이루어져야 한다. 인성 교육의 중요성이 강조되면서 다양한 인성 교육 프로그램이 개발되어 운영되고 있는데, AI는 인성 교육의 지향점에 부합하는 방법론이 될 수 있다. AI를 활용한 인성 교육은 학생들이 자발적으로 자신의 삶을 돌아보고, 친구들과 대화하며, 실천계획을 세우고 다짐하는 과정을 제시할 것이다.

1. 인성 교육 프로그램의 특성

OECD는 미래 인재가 갖추어야 할 핵심역량으로 다른 사람과의 좋은 관계 맺음, 협동, 갈등 관리 및 해결 능력을 제시하며, 사회적 상호작용과 타인에 대한 배려 등 인성의 중요성을 강조하였다(OECD, 2005). 인성은 도덕적 자질을 포함한 개인의 사고, 태도, 행동 특성으로(이명준, 2011), 바른 인성, 바람직한 인성은 도덕적인 역량과 건전한 사회성, 민주적 시민의식 등을 포함한다(조연순 외, 1996).

인성 교육은 학생들이 바른 인성을 함양할 수 있도록 하는 다양한 교육 프로그램이다. 인성은 공동체 내에서 습관과 실천을 통해 형성되는 것이기 때문에, 인성 교육을 할 때는 바른 인성에 대한 일방적인 강의보다는 교육에 참여한 학생들이 함께 논의하고 체험하고 실천할 수 있는 기회를 제공하는 것이 필요하다. 또한 일반적으로 인성 교육은 초·중·고등학교 학생들을 대상으로 학교에서 이루어지는 것으로 인식되고 있는데, 가정과 사회에서 중요한 역할을 담당하고 있는 교사나 학부모를 대상으로 하는 성인 대상의 인성 교육 또한 함께 이루어져야 한다(장경원, 곽윤정, 2016). 이 장에서는 학생과 성인을 대상으로 인성 교육을 할 때 활용할 수 있는 AI 프로그램 사례를 소개하였다.

2. 인성 교육 프로그램 사례 ①: 학교폭력 없는 행복한 교실 만들기

학교폭력 문제가 심각한 사회문제로 대두되면서 학생, 학부모, 교사는 함께 고민하면서 행복한 학교를 만들고자 노력하고 있다. 초·중·고등학생을 위한 AI 인성 교육 프로그램은 긍정적이고 성공적인 경험을 찾고 공유하는 과정을 통해 긍정적인 학교 문화를 만드는 데 활용할 수 있다. AI를 활용한 인성 교육 프로그램은 학교폭력예방을 주제로 '학교폭력 없는 행복한 교실 만들기'라는 AI 프로그램을 운영할 수 있다. 이 프로그램은 [그림 9-1]에 제시한 것처럼 4D 프로세스를 모두 경험할 수 있도록 하되, 설계하기와 다짐하기를 통합·운영하도록 하였다.

단계	도입	전개				정리
		긍정 주제 찾기	발견하기	꿈꾸기	설계 및 다짐하기	
주요 활동	• AI 프로그램 소개하기 • 학습 주제 안내하기	• 행복한 교실과 관련된 경험, 생각 떠올리기 • 긍정 주제 도출하기	• 긍정 주제 관련 경험을 찾기 위한 인터뷰하기 • 인터뷰내용 공유하기	• '행복한 교실' 모습을 구체적으로 상상하고 표현하기 • 팀별로 발표하기	• 행복한 교실을 만들기 위해 우리가 해야 할 일 도출하기 • 실천 계획 수립하기 • 다짐하기	• 성찰하기 • 실천과정과 결과 점검하기 • 정리하기
방법		명목집단법	1:1 인터뷰	월드 카페	명목집단법	

[그림 9-1] '학교폭력 없는 행복한 교실 만들기' AI 프로그램 진행 절차

〈표 9-1〉 '학교폭력 없는 행복한 교실 만들기' 지도 계획

영역	인성 교육(초등)	수업시간	1차시 80분씩 총 5회
프로그램명	학교폭력 없는 행복한 교실 만들기		
학습목표	• 학교폭력 없는 행복한 교실의 특성을 구체적인 사례를 들어 말할 수 있다. • 우리가 꿈꾸는 학교폭력 없는 행복한 교실의 모습을 그림으로 표현할 수 있다. • 학교폭력 없는 행복한 교실을 만들기 위해 우리가 해야 할 일을 계획하고 실천할 수 있다.		
교수 · 학습 자료	• 준비물: 포스트잇(76×76mm) 팀별 1묶음씩, 12색 유성펜 팀별 1세트씩, 전지 팀별 2장씩, 의견 표시용 스티커, 셀로판테이프 팀별 1개씩 • 질문지 유인물		
지도상의 유의점	• 4~6인이 1팀으로 활동할 수 있도록 책상을 배치한다. • 팀별로 토론이 적극적으로 이루어지도록 분위기를 조성한다. • 각자의 발표 내용을 존중하는 태도를 갖도록 한다.		

〈표 9-1〉은 [그림 9-1]에 제시된 프로그램 진행을 위한 지도계획이다. 이 프로그램은 80분씩 5회로 계획되어 있는데, 창의적 체험 활동의 자율 활동 시간 등에서 블록 수업으로 운영할 수 있다. 학급 담임 시간을 활용할 경우에는 4D 프로세스의 한 단계씩 나누어 운영할 수도 있다. 특히 인성함양을 위한 프로그램으로 진행하는 경우에는 학생들이 다짐한 내용을 실천할 수 있도록 10일 이상의 기간을 준 후 실천 내용에 대해 성찰하는 시간을 갖는 것이 바람직하다.

 '학교폭력 없는 행복한 교실 만들기' 프로그램 실제 운영 사례

'학교폭력 없는 행복한 교실 만들기' 프로그램을 재구성하여 C 초등학교에서 수업을 실시하였다. C 초등학교에서는 프로그램을 5회로 나누어 운영하였다. 한 회 프로그램은 80분(2차시)이고, 총 소요 시간은 400분이다. 이때 학생들이 다짐한 내용을 실천할 수 있는 시간을 주기 위해 4회 차와 5회 차 사이에는 10일의 간격을 두었다.

❗ '학교폭력 없는 행복한 교실 만들기' 프로그램

회차	단계	구분	세부 활동	방법	시간
1	도입	오리엔테이션	• AI 프로그램 소개 • 자기소개 및 팀명 만들고 세우기		20′
		• 행복한 교실의 특징 • 긍정주제찾기	행복한 교실을 만들기 위한 긍정 주제 찾기	명목집단법	60′
2	발견하기	최고의 경험 찾기	• 1:1 교차 인터뷰하기 -긍정 주제와 관련된 즐거운 경험 모으기 • 즐거운 경험 나누기	1:1 교차 인터뷰	80′
3	꿈꾸기	행복한 교실의 미래 모습	• 우리가 꿈꾸는 행복한 교실의 모습을 그림으로 표현하기 • 팀별로 '행복한 교실'의 모습 발표하기	• 그림그리기 • 팀 활동	80′

4	설계 및 다짐하기	무엇을 할 것인가?	행복한 교실을 만들기 위해 우리가 해야 할 일 계획하기	명목집단법	80′
		실천을 위한 다짐하기	행복한 교실을 만들기 위해 오늘부터 내가 실천할 것 계획하고 다짐하기		
5	성찰하기		실천 내용 공유 및 성찰하기	–	80′

① 도입 단계

도입 단계에서는 AI 프로그램을 간략히 소개한 후, 학생들이 자기소개하는 시간을 가졌다. 이후 '행복한 교실을 만들기' 위해 중요한 긍정 주제를 선정하였다. 긍정 주제는 다음 그림과 같이 학교폭력 없는 행복한 교실을 만들기 위해 중요한 요인을 학생들이 3~5개씩 포스트잇에 작성한 후 내용을 분류하는 방식으로 도출하였다. 학생들이 도출한 긍정 주제는 즐거운 수업, 좋은 친구 관계, 휴식이었다. 각 긍정 주제에 포함된 구체적인 내용은 다음과 같다.

❗ '학교폭력 없는 행복한 교실 만들기'의 긍정 주제 도출하기

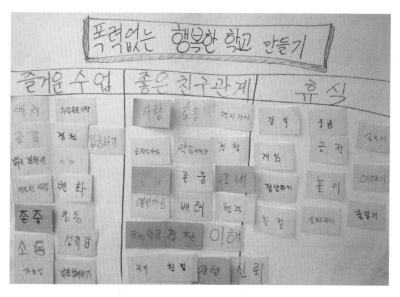

❗ 학생들이 도출한 '학교폭력 없는 행복한 교실 만들기'의 긍정 주제 하위 내용

긍정 주제	하위 내용
즐거운 수업	수업 목표 지향, 이해, 변화, 성취감, 가능성, 경청, 존중, 배려, 공감, 밝은 분위기, 친절한 설명, 소통, 발표 참여하기, 협동, 집중하기
좋은 친구관계	역지사지, 경청, 존중, 배려, 공감, 웃는 얼굴, 칭찬, 인내, 양보, 협력, 친절, 신뢰, 이해, 끈기, 사랑, 호응, 열린 마음, 약속 지키기, 긍정적 마음
휴식	간식, 게임, 웃음, 친절, 긍정, 놀이, 도와주기, 줄넘기, 이야기, 공놀이, 장난하기

② 발견하기 단계

발견하기 단계에서는 학생 모두가 서로에게 질문하고 답하는 기회를 한 번 이상 가질 수 있도록 인터뷰하는 사람과 답변하는 사람을 정해서 인터뷰를 수행한 후, 다시 역할과 대상을 바꾸어 인터뷰하는 방식으로 운영하였다. 이때 학생들이 인터뷰하는 데 어려움을 겪지 않도록 아래와 같이 미리 작성된 질문지를 제시하였고, 이를 활용하여 서로의 경험에 대해 인터뷰하였다. 아래에 제시된 질문지에는 긍정 주제가 빈칸으로 되어 있다. 학생들은 자신들이 도출한 긍정 주제를 빈칸에 기입한 후 1:1 인터뷰를 수행하였다.

❗ 발견하기 단계의 질문지

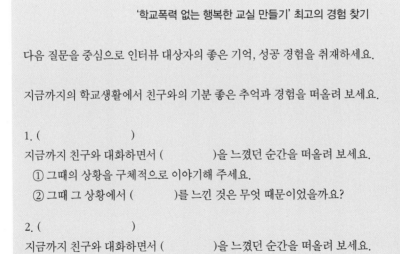

'학교폭력 없는 행복한 교실 만들기' 최고의 경험 찾기

다음 질문을 중심으로 인터뷰 대상자의 좋은 기억, 성공 경험을 취재하세요.

지금까지의 학교생활에서 친구와의 기분 좋은 추억과 경험을 떠올려 보세요.

1. (   )
지금까지 친구와 대화하면서 (   )을 느꼈던 순간을 떠올려 보세요.
   ① 그때의 상황을 구체적으로 이야기해 주세요.
   ② 그때 그 상황에서 (   )를 느낀 것은 무엇 때문이었을까요?

2. (   )
지금까지 친구와 대화하면서 (   )을 느꼈던 순간을 떠올려 보세요.
   ① 그때의 상황을 구체적으로 이야기해 주세요.

② 그때 그 상황에서 (   )를 느낀 것은 무엇 때문이었을까요?

3. (   )
지금까지 친구와 대화하면서 (   )을 느꼈던 순간을 떠올려 보세요.
① 그때의 상황을 구체적으로 이야기해 주세요.
② 그때 그 상황에서 (   )를 느낀 것은 무엇 때문이었을까요?

인터뷰를 수행한 후 학생들은 팀별로 모여 자신들이 취재한 성공 사례를 다른 팀원들에게 소개하였다. 학생들이 서로에게 소개한 성공 사례는 다음과 같다.

! 발견하기 단계에서 찾은 성공 사례

긍정 주제	하위 내용	사례
즐거운 수업	이야기 잘 들어주기	• 친구의 발표를 잘 들어준다. • 이야기가 엉뚱하거나 답답해도 참고 들어준다. • 기분이 안 좋아도 상대방 이야기를 들어주면 친구가 더 편하게 많은 이야기를 한다.
	공감해 주기	• 친구의 이야기에 공감하고 호응해 준다. • 친구가 잘했을 때 칭찬해주고 격려해 준다.
좋은 친구관계	공감 이해	• '아, 그랬어?', '와! 정말 잘했다.'와 같이 맞장구를 친다. • 잘 듣고 반응한다.
	배려	• 역지사지의 입장에서 남을 배려한다. • 웃는 얼굴로 긍정해 준다. • 친구와 이야기할 때 밝은 표정을 지으면서 듣는다.
	우정	• 어려운 처지의 친구를 편 들어준다. • 친구가 왕따가 되었을 때 왕따시킨 친구를 나무란다.
휴식	게임하기, 놀이하기	• 친구와 게임을 하며 시간을 같이 보낸다. • 친구와 재미있는 놀이나 경기를 한다.

③ 꿈꾸기 단계
꿈꾸기 단계는 발견하기 단계에서 찾은 최고의 경험들이 모두 실현된 미래의 모습을 상상해 보는 단계로 학생들이 자신들의 생각을 자유롭게 표현할 수 있도록 그림 그리기 활동을 하

였다. 학생들은 학교폭력 없는 행복한 교실의 모습을 다음과 같이 팀원들이 상의하여 그림으로 표현하였고, 결과물들을 벽에 붙인 후 팀별로 대표가 자신들이 그린 그림에 대해 내용을 설명하였다.

❗ 월드 카페로 진행된 꿈꾸기 단계의 결과물

❗ 꿈꾸기 단계 활동 결과물에 대한 설명 내용

설명 내용
• 친구와 싸우지 않고 사이좋게 지내기 위하여 서로 존중하는 마음으로 대한다. 또한 약속을 잘 지키고 공감하고 이야기를 잘 경청하여 서로 웃고 친절하게 대해 주도록 노력한다.
• 학교 폭력을 가하거나 왕따를 시키는 경우 모두에게 경각심을 일으킬 수 있도록 큰 소리로 '학교 폭력 STOP'이라고 외친다.
• 교장선생님에게 건의하여 좋은 선생님을 모셔 올 수 있도록 한다.
• 좋은 시설, 좋은 환경의 학교를 만들기 위해 학교 예산을 확보할 수 있도록 한다.
• 선행 학생을 표창하여 다른 학생이 본받을 수 있도록 한다.

④ 설계하기 단계

설계하기 단계는 꿈꾸기 단계에서 상상한 미래의 모습이 구현되기 위해 무엇을 할 것인지 아이디어를 도출하는 단계이며, 모든 학생의 의견을 공유하는 것이 바람직하므로 명목집단법을 활용하였다. 학생들은 '학교폭력없는 행복한 교실'을 만들기 위해 무엇을 해야 하는지 구체적인 아이디어를 작성한 후 다음과 같이 의견을 모았다. 학생들의 의견을 살펴보면, 실생활에서 실천할 수 있는 내용들로서 친구들과 내가 할 일, 우리가 할 일, 학교가 해야 할 일로 구분하여 구체적으로 제시하였다.

! 설계하기 단계에서 의견을 제시하는 모습

! 설계하기 단계에서 도출된 내용

구분	내용	
나	• 친구와 싸우지 않기 • 존중하는 마음으로 대하기 • 왕따시키지 않기 • 약속 지키기 • 공감해 주기	• 친절하게 대해 주기 • 경청, 존중, 배려, 긍정, 인내하기 • 짜증 난 표정은 적게 하고, 밝고 환한 웃음 짓기
우리	• 친구와 싸우지 않고 사이좋게 지내기 • 존중하는 마음으로 대하기 • 왕따시키지 않기 • 약속 지키기	• 공감해 주기 • 누구에게나 친절하게 대해 주기 • 경청, 존중, 배려, 긍정, 인내, 웃음 짓기
학교	• 생활지도 철저히 하기 • 좋은 선생님 모셔 오기 • 좋은 시설, 환경을 갖춘 학교 만들기	• 각종 사업의 공모로 예산 가져오기 • 선행학생 표창하기 • 교장선생님에게 건의하기

⑤ 다짐하기 단계

다짐하기 단계에서는 '학교폭력 없는 행복한 교실 만들기'를 실천하기 위해 각자 실천할 사항 열 가지를 정하고 다짐하는 시간을 가졌다.

❗ 다짐하기 단계의 결과물

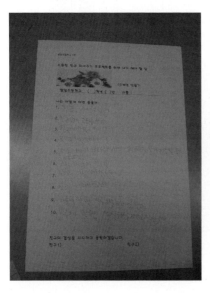 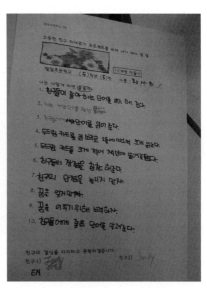

학생들은 친구들 앞에서 선언문을 발표하였다. 학생들이 작성한 선언문의 내용은 다음과 같다.

❗ 다짐하기 단계에서 도출된 선언문

- 친구와 내가 좋아하는 것이 있으면 친구를 배려하고 친구에게 양보하겠다.
- 친구와 싸우면 내가 먼저 화해하려고 노력하겠다.
- 친구의 장점을 칭찬하겠다.
- 전학 온 친구가 있으면 학교에 친숙해지도록 안내하고 도와주겠다.
- 왕따 당하는 친구가 있으면 내가 먼저 손을 내밀어 주겠다.
- 친구 사랑을 마음으로만 표현하지 않고 행동으로 실천하겠다.

> -친구와 함께 꿈을 이루도록 서로 노력하고 격려하겠다.
> -여유를 갖고 주위를 둘러보고 친구를 배려하는 마음을 갖도록 하겠다.
> -항상 긍정적이며 정의롭게 행동하겠다.
> -보람 있는 생활을 하고 노력하는 삶을 살겠다.
> -욕을 하지 않고 하루에 두 명씩 칭찬을 하도록 실천하겠다.
> -친구를 괴롭히지 않고 어려운 일이 있으면 힘을 합하여 협동하겠다.
> -친구의 단점을 놀리지 않고 긍정의 단어를 쓰도록 노력하겠다.

⑥ 성찰하기 단계

AI의 4D 프로세스를 다 마친 후에는 본 프로그램을 통해 배운 점이 무엇인지 정리하고 성찰하는 시간을 가졌다. 학생들은 다른 학생들이 학교폭력 없는 행복한 교실을 만들기 위해 실천할 선언문을 듣고 대화할 수 있어서 매우 좋았으며, 서로의 경험을 이야기하고 공유하는 방식으로 이루어진 교육이 매우 의미 있었다고 이야기하였다. 학교폭력 없는 행복한 교실 만들기 수업이 끝난 후 학생들은 평가서를 작성하였다. 이 과정에서 학생들은 친구와 학교 폭력이라는 것에 대하여 생각해 보고, 남을 배려하는 등 자신의 태도를 되돌아보는 성찰하는 시간을 가졌다.

3. 인성 교육 프로그램 사례 ②: 성인을 위한 인성 교육

성인을 위한 인성 교육은 어떻게 수행할 것인가? 인성은 공동체 내에서 습관과 실천을 통해 형성된다(강선보 외, 2008). 따라서 성인 대상 인성 교육 프로그램 역시 실천과 체험 중심으로 이루어지는 것이 바람직하다.

AI를 활용한 인성 교육 프로그램은 인성과 관련된 긍정 주제를 중심으로 4D 프로세스를 진행하는 과정으로 이루어진다. 성인 대상 인성 교육 프로그램에서는 성인 학습자의 자발성을 고려해야 하므로(Schlossman, 1976), 긍정 주제는 프로그램 내에서 성인 학습자들이 스스로 선정하는 것이 바람직하다. 4D 프로세스를 구성하는 활동은 성인을 대상으로 한 기존의 교육 프로그램에서 활용한 명목집단법, 1:1 교차 인터뷰, 월드 카페 등을 활용하는 것이 적절하다(장경원, 곽윤정, 2016).

성인(학부모 또는 교사)을 위한 인성 교육 프로그램의 지도계획은 〈표 9-2〉와 같다.

〈표 9-2〉 '인성이 바른 사람 모두 모여라!' 지도 계획

영역	인성 교육		대상	학부모
프로그램명	인성이 바른 사람 모두 모여라!			
학습목표	• 인성이 바른 사람의 특성을 사례를 들어 이야기할 수 있다. • 바른 인성을 가진 사람들이 만드는 세상의 모습을 그림으로 표현할 수 있다. • 인성 요소를 실천하기 위해 자신이 해야 할 일을 계획할 수 있다.			
교수 · 학습 자료	• 준비물: 포스트잇(76×76mm) 팀별 1묶음씩, 12색 유성펜 팀별 1세트씩, 전지 팀별 2장씩, 의견 표시용 스티커, 셀로판테이프 팀별 1개씩 • 질문지 유인물			
지도상의 유의점	• 4~6인 1팀으로 활동할 수 있도록 책상을 배치한다. • 팀별로 토론이 적극적으로 이루어지도록 분위기를 조성한다. • 각자의 발표 내용을 존중하는 태도를 갖도록 지도한다.			

'인성이 바른 사람 모두 모여라!' 프로그램 실제 운영 사례

다음은 학부모를 대상으로 '인성이 바른 사람 모두 모여라!'라는 프로그램을 개발하고 실행한 수업 사례다. 구체적인 교육 프로그램 내용은 아래 표와 같다.

❗ **'인성이 바른 사람 모두 모여라!' 프로그램**

구분	단계	세부활동	방법	시간
도입	AI 프로그램 안내하기	• 자기소개, 팀 편성 및 팀명 만들기 • AI 프로그램 소개하기		30′
	강점 찾기	강점 검사하기	검사지	30′
	긍정 주제 도출하기	긍정 경험을 토대로 인성의 중요한 요소 공유 및 정리하기	명목집단법	60′
전개	발견하기	인성에 대한 긍정 주제와 관련된 긍정 경험 발굴 및 공유하기	1:1 인터뷰	60′
	꿈꾸기	발견하기 단계에서 도출된 내용을 토대로 인성의 주요 요소가 모두 갖추어진 사람들이 만드는 세상 상상하기	월드 카페	60′
	설계하기	인성 요소를 실천하기 위해 해야 할 일 도출하기	명목집단법	45′
	다짐하기	• 실천 계획 수립하기 • 다짐하기	명목집단법	45′
정리	성찰하기	• 프로그램을 통해 배운 점과 실천할 내용 공유하기 • 성찰하기	명목집단법	30′

① 도입 단계

도입 단계는 긍정 탐색을 활용하여 프로그램을 운영하기 위한 준비 단계로, 긍정심리학에서 소개한 강점 검사지를 활용하여 자신의 강점을 확인하였다. 강점 검사는 긍정 탐색과 내용적인 면에서는 관련이 없지만, 프로그램의 주요 특성인 '긍정성'을 자신에게 적용해 보는 기회를 제공하여 이후 프로그램에 긍정적 · 적극적으로 참여하게 하는 동기 유발 요인이 되었다.

❗ '인성이 바른 사람 모두 모여라'의 긍정 주제

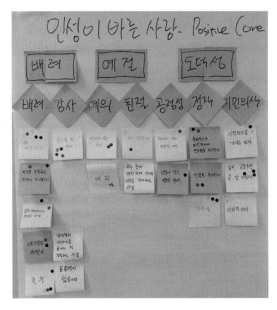

이후 긍정 주제를 명목집단법을 활용하여 선정하였다. 이를 위해 학부모들에게 바른 인성을 가진 사람들의 주요 특징이 무엇인지 질문하여 학부모들의 의견을 수집·분석하고 정리한 결과는 위의 사진과 같다. 즉, 인성이 바른 사람은 다른 사람을 배려(감사)하고, 예절(예의, 친절) 바르며, 도덕성(공정성, 정직, 시민 의식)이 있는 사람이다. 이 긍정 주제를 중심으로 이후 4D 프로세스를 진행하였다.

② 발견하기 단계

발견하기는 다음 표와 같이 미리 질문지를 준비하여 1:1 인터뷰 방식으로 진행하였다. 프로그램에 참여한 학부모들은 자신들이 도출한 긍정 주제인 배려(감사), 예절(예의, 친절), 도덕성(공정성, 정직, 시민 의식)을 괄호 안에 기입한 후 1:1 인터뷰 활동에 참여하였다.

❗ 발견하기 단계의 질문지

'인성이 바른 사람'을 경험한 최고의 순간 인터뷰 질문

* 지금까지 살면서 인성이 바른 사람을 만났거나 자신이 바르게 행동했던 경험을 떠올려 보세요.

1. (   )
지금까지 살면서 본인 또는 다른 사람이 배려의 특성을 가진 바른 사람이었다고 생각되는 경험을
떠올려 보세요.
1) 그때의 상황을 구체적으로 이야기해 주세요.
2) 그때 (   )의 특성을 느낀 것은 무엇 때문이었을까요?

2. (   )
지금까지 살면서 본인 또는 다른 사람이 (   )의 특성을 가진 바른 사람이었다고 생각되는 경험을
떠올려 보세요.
1) 그때의 상황을 구체적으로 이야기해 주세요.
2) 그때 (   )의 특성을 느낀 것은 무엇 때문이었을까요?

3. (   )
지금까지 살면서 본인 또는 다른 사람이 (   )의 특성을 가진 바른 사람이었다고 생각되는 경험을
떠올려 보세요.
1) 그때의 상황을 구체적으로 이야기해 주세요.
2) 그때 (   )의 특성을 느낀 것은 무엇 때문이었을까요?

　　학부모들은 모두 인터뷰하는 사람과 인터뷰받는 사람의 역할을 수행했으며, 서로 인터뷰하는 과정에서 답변자의 경험을 기록하였고, 인터뷰가 끝난 후 팀원들끼리 모여 각자의 취재 내용을 공유하였다.

❗ 발견하기 단계의 결과 공유

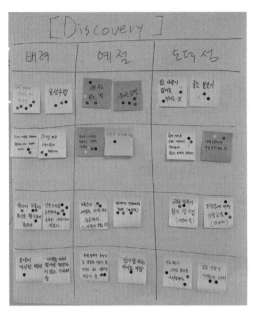

팀별로 인터뷰한 내용을 공유한 후 각 팀에서 최고의 경험이라 생각하는 내용을 선정하여 발표하였다. 발견하기 활동 결과를 살펴보면, 학부모들이 경험한 인성이 바른 사람의 행동은 특별한 행동이 아니라 실생활에서 실천할 수 있으며, 서로에게 가르침이 되는 행동들이었다.

❗ 긍정 주제에 대한 발견하기 활동 결과

긍정 주제	내용
배려	• 상대의 강점까지 생각해 주는 것이 중요하다. • 자신이 먼저 솔선수범하는 행동을 하였다. • 각자의 개성을 인정해서 포용하였다. • 기다림 또한 다른 이름의 배려였다. • 육아 도움을 받아 휴식을 할 수 있어서 좋았다. • 산후조리를 도우면서 돈독한 가정애가 생겼다. • 동생이지만 자상하게 배려해 주었다. • 기대를 저버렸지만 원망하지 않고 기다려 주었다.

예절	• 서로 주고받는 것이 있었다. • 웃어른을 공경하였다. • 가까운 사이이지만 기본적인 예절을 지켰다. • 고운 말을 사용하여 인격체로 대하였다. • 가족 간에 예절을 지키는 것이 중요하다(사춘기 시절은 더욱 그러하다). • 전철에서 노인을 보자마자 자리를 양보했다. • 화장실에서 손 씻기를 양보한 사람의 몸가짐을 보고 생활의 귀감이 되었다. • 인사 잘하는 아이가 보기 좋았다.
도덕성	• 보는 사람이 없어도 질서를 잘 지켰다. • 모범행동으로 다른 사람에게 본보기가 되었다. • 문제 인식 후 공공의 이익을 위해서 그것을 행동으로 실천하였다. • 사회 공동체에서 나눔을 실천하였다. • 교황 방문 때 질서를 잘 지키는 것을 보고 시민 의식이 높아졌다고 생각했다. • 가정교육을 통해 도덕성을 잘 훈련시켰다. • 지갑을 잃어버렸는데, 다시 찾을 수 있었다. • 갈등 상황을 지혜롭게 대처하였다.

③ 꿈꾸기 단계

꿈꾸기 단계는 발견하기 단계에서 공유한 긍정 사례들이 모두 실현된 미래의 모습을 상상해 보는 단계다. 이 프로그램에서는 소규모집단의 친밀한 대화를 서로 연결하여 아이디어를 교차해 보는 월드 카페 방법을 활용하였다. 각 팀에서 제출한 월드 카페 활동 결과는 다음과 같다.

❗ 꿈꾸기 단계의 결과물

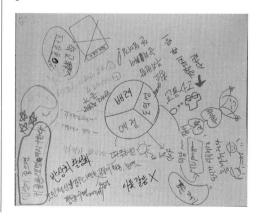

　월드 카페 활동이 끝난 후 결과물을 벽에 붙이고 해당 내용을 설명하였다. 네 팀 모두 강조한 것은 행복한 가정, 갈등 없는 이웃관계, 학교폭력이 없는 평화로운 학교, 경범죄가 없는 사회에 대한 것이었다.

④ 설계하기 단계
　꿈꾸기 단계에서 이미지화한 원하는 미래의 모습이 구현되기 위해서는 노력이 필요하다. 설계하기 단계는 노력에 대한 구체적인 계획을 세우는 단계로 학부모들은 다음과 같이 명목집단법을 이용하여 무엇을 할 것인지 아이디어를 도출하였다. 이때 자신들이 꿈꾼 모습이 가정, 이

！설계하기 단계의 결과물

웃, 사회에 대한 것이었기 때문에 행동의 주체를 나, 행정 기관, 사회 기관(학교 등)으로 구분하였다. 학부모들은 대부분 자신들이 무엇을 할 것인지에 대한 의견을 구체적으로 제시하였다.

바른 인성을 가진 사람들이 만드는 세상은 어렵지 않다. 주차선 지키기, 늦은 밤에 뛰지 않기, 쓰레기 분리수거 잘하기 등 작은 일이지만, 내가 먼저 실천할 때 좋은 사회를 만들 수 있다는 것을 알 수 있게 하였다.

❗ 설계하기 활동의 결과

주제 주체	배려	예절	도덕성
나	• 주차선 지키기 • 밤에 뛰지 않기 • 이사 온 사람 환영하기 • 신호등 지키기 • 쓰레기 무단 투기 안 하기 • 재능 기부하기	• 이웃끼리 인사하기 • 대여 도서 깨끗하게 이용하기 • 엘리베이터에서 인사 나누기 • 이웃 어른에게 인사하기	• 분리수거 잘하기 • 공공기관의 물건 깨끗하게 쓰기 • 질서 잘 지키기 • 차례 지키기 • 음식물 분리수거하기 • 교통신호 지키기
행정 기관	• 비전을 가지고 지속성 있는 사업 전개하기 • 쓰레기 제 날짜에 수거하기 • 친절하게 민원 상담하기 • 웃으며 인사하기	• 제자리에 정돈하기 • 친절하게 대응하기 • 민원인 전화 돌리지 않기	• 불법 주차 안 하기 • 원칙 지키기 • 공무 수행 잘하기
사회 기관	• 종교단체, 복지관 등이 이익집단이 되지 않기 • 청소하기	• 행사 시 주차 공간 지키기 • 주위 주민들에게 양해 구하기	• AI로 인성 교육하기 • 모범 보이기

⑤ 다짐하기 단계

다짐하기 단계에서는 설계하기 단계에서 여러 사람이 작성한 실천 아이디어들을 보고 자신이 실천할 것을 선택 · 다짐하였다. 학부모들이 다짐한 내용은 나보다 상대의 마음을 이해하려고 노력하기, 엘리베이터에서 인사하기, 수업(봉사)에서 AI 활용하기, 친절하기, 미소 짓기, 음식물 분리수거 잘하기, 신호 및 질서 지키기 등이었다.

❗ 다짐하기 단계의 결과물

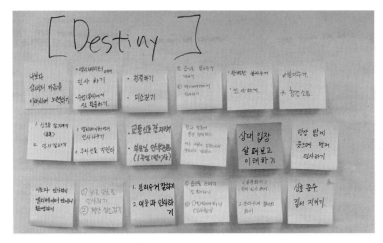

⑥ 정리 단계

긍정 탐색의 모든 과정이 끝난 후에는 프로그램을 통해 배우고 경험한 것에 대해 성찰하는 시간을 가졌다. 성찰하기 역시 학부모들이 내용을 공유할 수 있도록 명목집단법을 활용하였다. 학부모들은 이후 소외 청소년들을 위한 봉사 활동에서 왕따 없애기, 학교폭력 없는 행복한 학교, 청소년 자아성찰 등과 AI를 연계해 볼 것이라는 답변을 하였다.

❗ 성찰 활동의 결과물

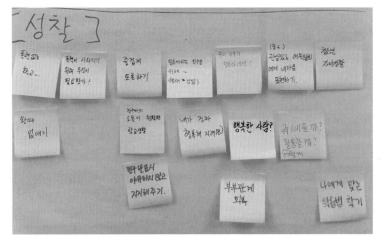

프로그램이 종료된 후 학부모들이 프로그램에 대해 평가하였다. 다음에 제시된 것처럼 학부모들은 본 프로그램을 통해 자신과 주변 사람들의 선함에 대해 생각해 본 것과 작은 일의 실천이 매우 큰 결과를 도출할 수 있음을 알게 된 것이 강점이라고 평가하였다. 또한 노인, 청소년 등 다양한 대상을 위해 긍정 탐색을 활용한 인성 교육이 이루어지는 것이 필요하다고 하였다.

！AI를 활용한 인성 교육 프로그램에 대한 주요 의견

구분	의견
프로그램의 강점	• 나와 주변 사람들이 이미 충분히 바른 인성을 가지고 있다는 것을 알게 된 점이 좋았다. • 딱딱한 강의가 아니라서 함께 이야기할 수 있었다. • AI를 알게 되어 좋다. • 팀별 수업이라 다른 사람의 생각도 알 수 있었다. • 단계별로 진행되어 좋았다. • 작은 실천의 가치를 알게 되었다.
프로그램의 개선할 점	• 이 프로그램이 다양한 대상에게 이루어지면 좋겠다. • AI를 활용할 수 있도록 프로그램 개발 방법을 알려 주면 좋겠다. • 발견하기 단계를 조금 더 길게 해서 미담 사례를 많이 찾으면 좋겠다. • 시간이 길어 조금 힘들었다. • 인성 교육을 위한 다른 방법도 배우고 싶다.

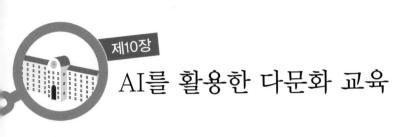

AI를 활용한 다문화 교육

다문화 교육은 미국과 같은 다민족 국가들이 경험하고 있는 이민족 간의 갈등, 이민자들의 자국민으로의 통합, 해외주재 자국민의 동질성 유지 등을 위한 교육적 발상에서 시작되었지만, 현재는 타문화 교육, 문화 간 교육 또는 이(異)문화교육 등으로 다양하게 사용한다. 이러한 다양한 개념들이 공통적으로 강조하는 것은 한 국가의 문화권 내에 존재하고 있는 다양한 집단을 위한 교육 기회균등과 타 문화에 대한 배려이다. AI는 이러한 가치를 실현하는 좋은 방법론이 될 수 있다.

1. 다문화 교육 프로그램의 특성

다문화 교육은 다양한 인종, 문화, 민족, 성 그리고 사회계층과 학생들이 동등한 교육적 기회를 얻고, 긍정적인 문화 교류 태도와 인식, 행동을 발달시키도록 돕는 것을 목표로 한다. 다문화 교육에 대한 정의는 〈표 10-1〉과 같이 다양하다. 이러한 다양한 의견에서 공통적으로 강조하는 것은 한 국가의 문화권 내에 존재하는 다양한 집단을 위한 교육 기회 균등과 타 문화에 대한 배려다.

우리나라의 다문화 학생 수는 전년 대비 20% 이상 빠른 증가세를 보이면서 그 비

〈표 10-1〉 다문화 교육에 대한 정의

구분	다문화 교육의 정의
서종남(2008)	다문화 교육은 문화의 다양성을 존중하고 적어도 한 개 이상의 문화집단에 동시에 소속된 개인이 서로 다른 문화집단과도 상호 관련을 맺는 것이다.
Banks(2008)	다문화 교육은 학교 교육 개혁의 일환으로서 학교나 다른 교육기관을 변화시키고자 모든 사회계층, 성별, 인종 그리고 문화적 집단 등이 학습을 위해 균등한 기회를 갖게 하는 것이다.
Bennett(2007)	다문화 교육은 평등 교육을 목표로 교육과정 개혁을 통하여 주류 집단과 소수 집단의 모든 사람이 다문화적 능력을 배양하여 사회 정의의 실현에 참여할 수 있도록 하는 교육이다.
Koppleman & Goodhart(2005)	다문화 교육은 다원주의에 대한 헌신으로, 학생들이 다양하고 민주적인 사회에 적극적으로 참여할 수 있도록 준비시키는 것이다.

율이 전체 학생 100명당 1명을 넘어선 실정이다. 다문화 청소년들의 의식 조사에서 자신을 한국인이라고 응답한 것은 73.7%이며 '한국 사람과 부모님 나라 사람'이라는 응답도 24.5%였다(김현철, 오상현, 2016). 이와 같이 다문화 청소년의 비율이 증가하고 있음을 볼 때 이들이 긍정적인 정서를 갖고 한국인으로서의 긍지와 자부심을 가질 수 있도록 긍정의 변화가 필요하다.

이 장에서는 긍정적인 문화 교류 태도와 인식을 고양할 수 있도록 '다문화 학생들과 함께 생활하는 평화로운 학급 만들기'와 '우리나라에는 언제부터 외국인들이 이주해 왔을까?'라는 프로그램을 소개하겠다.

2. 다문화 교육 프로그램 사례 ①: 다문화 학생들과 함께하는 평화로운 학급 만들기

　학급은 교사와 학생, 학생과 학생이 상호작용을 통해 가장 인간적인 관계를 가질 수 있는 중요한 계기가 되는 곳이며 성장하는 공간이다. 누구나 학교에서는 '평화로운 학급'을 꿈꾼다. 평화로운 학급은 학급 구성원들의 자율적인 활동, 학급 규칙 준수 등을 통하여 이루어질 수 있다. 이런 점에서 평화로운 학급은 학교 교육의 목표인 '올바른 민주 시민의 자질을 기르는 것'과 일맥상통한다. '올바른 민주 시민의 자질'은 무엇보다 누구나 평등하다는 동기 부여에서 비롯된다. 오늘날과 같이 다문화 학생과 한 학급에서 생활하는 상황에서 학급 구성원들이 누구나 평등하다는 전제 하에 '평화로운 학급'을 만들 필요가 있다. '다문화 학생들과 함께하는 평화로운 활동 만들기' AI 프로그램 진행절차는 [그림 10-1]과 같다.

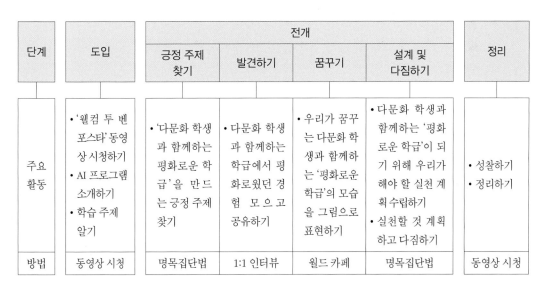

단계	도입	전개				정리
		긍정 주제 찾기	발견하기	꿈꾸기	설계 및 다짐하기	
주요 활동	• '웰컴 투 벤 포스타' 동영상 시청하기 • AI 프로그램 소개하기 • 학습 주제 알기	• '다문화 학생과 함께하는 평화로운 학급'을 만드는 긍정 주제 찾기	• 다문화 학생과 함께하는 학급에서 평화로웠던 경험 모으고 공유하기	• 우리가 꿈꾸는 다문화 학생과 함께하는 '평화로운 학급'의 모습을 그림으로 표현하기	• 다문화 학생과 함께하는 '평화로운 학급'이 되기 위해 우리가 해야 할 실천 계획 수립하기 • 실천할 것 계획하고 다짐하기	• 성찰하기 • 정리하기
방법	동영상 시청	명목집단법	1:1 인터뷰	월드 카페	명목집단법	동영상 시청

[그림 10-1] '다문화 학생들과 함께하는 평화로운 학급 만들기' AI 프로그램 진행 절차

〈표 10-2〉〈표 10-3〉은 [그림 10-1]에 제시된 진행 절차에 따라 구체적인 수업 운영 전략을 제시한 교수 · 학습 과정안이다. 이 프로그램은 총 90분으로 계획되어 있는데, 주제의 성격상 창의적 체험 활동의 자율 활동이나 방과후 학교 프로그램 중 하나로 활용할 수 있다. 운영 방법은 블록 수업 또는 두 개의 차시로 운영하거나 4D 프로세스 중 한 단계씩을 나누어 운영할 수도 있다.

〈표 10-2〉 '다문화 학생들과 함께하는 평화로운 학급 만들기' 지도 계획

영역	창의적 체험 활동	수업시간	90분
프로그램명	다문화 학생들과 함께하는 평화로운 학급 만들기		
학습목표	• '다문화'와 '평화'의 개념을 설명할 수 있다. • 다문화인에 대한 자신의 경험을 명확하게 말할 수 있다. • '틀림과 다름'의 차이를 구분하여 설명할 수 있다. • '평화로운 학급'이 되기 위한 전략을 그림으로 표현할 수 있다.		
교수 · 학습 자료	• 준비물: 포스트잇(76×76mm) 팀별 1묶음씩, 12색 유성펜 팀별 1세트씩, 전지 팀별 2장씩, 의견 표시용 스티커, 셀로판테이프 팀별 1개씩, A4용지 다수 • 질문지 유인물		
지도상의 유의점	• 6인 1팀으로 활동할 수 있도록 책상을 배치한다. • 학생들이 적극적으로 활동에 참여하도록 유도한다. • 다문화 학생들과 함께 활동할 수 있도록 팀 편성에 유의한다. • 활동 과정에서 차별과 편견이 없도록 한다.		

〈표 10-3〉 '다문화 학생들과 함께하는 평화로운 학급 만들기' 교수 · 학습 과정안

단계		교수 · 학습 활동	시간	자료 및 유의점
도입	AI 활동 소개 하기	• 인사하기 －'네임 텐트(Name Tent)'를 만들어 팀별로 자신을 소개한다. －팀 구성은 다문화 학생과 일반 학생을 같이 편성한다. 〈네임 텐트 예시〉 별칭 쓰기　　　　　　내가 아는 다문화(일반) 학생 친구 이름 　　　　(본인 이름) 취미, 특기　　　　　　다문화 가정(일반) 학생과 하고 싶은 일	10′	'웰컴 투 벤포스타' 동영상(EBS 지식채널 e)

| 전개 | 긍정
주제
찾기 | • 학습 주제 및 활동 소개하기
　－학습 주제: 다문화 학생들과 함께 생활하는 평화로운 학급 만들기
　－인종과 민족이 다른 여러 학생이 평등하고 민주적으로 살아가는 '웰컴 투 벤포스타'의 동영상을 보여 주고 느낀 점을 발표한다.
　－평화로운 학급에 대한 동기부여를 한다.
　－AI 활동 소개: 좋은 경험을 찾아 이를 토대로 우리가 해야 할 일을 계획하는 활동을 소개한다.

• 다문화 학생들과 함께하는 평화로운 학급에 대해 알아보기
　－'다문화'와 '평화'의 개념에 대해 질문한다.
　　① 다문화: 아직 명백하게 공론화된 개념은 없지만 일반적으로 성별, 종교, 직업, 계층, 인종 등에 따라 각 사회집단의 고유한 문화적 특성이 다양하게 존재하고 있음을 의미함
　　② 평화: 전쟁이나 갈등 없이 평온함. 평온하고 화목함
　－다문화 학생들과 함께하는 평화로운 학급을 만들기 위해 가장 필요한 요소를 각자 세 가지 이상 생각하여 포스트잇에 작성한다.
　－팀별로 의견이 적힌 포스트잇을 모은 후 각자 그중 중요하다고 생각하는 요소를 개인별로 세 개씩 골라 해당 요소에 스티커를 붙인다.
　－팀별로 스티커를 가장 많이 받은 것 네 개씩 교사에게 제출한다.
• 긍정 주제 도출하기
　－학생들이 제출한 포스트잇을 모아 학생들의 의견을 듣고 유목화하여 긍정 주제를 도출한다. | 20′ | 포스트잇을 모은 후 중요한 것에 투표한다. |
| | 발견
하기 | • 다문화 학생과 함께하는 학급에서 평화로웠던 경험 찾기
　－자신의 삶 속에서 다문화 학생과 함께 생활해 본 경험을 떠올려 본다. 다문화 학생과의 경험이 없는 학생들은 학급에서 평화로웠던 경험을 상상한다.
　－기자를 선정하여 미리 준비된 질문지를 활용하여 1:1 인터뷰로 자세하게 묻고 이야기한다.
　　① 그들과 함께하면서 가장 신났을 때가 언제였나요?
　　② 그때 그들과 함께하면서 어떤 기분이 들었나요?
　　③ 그때 그들과 함께하면서 그들과의 관계에서 어떤 점을 가장 높게 평가했나요?
　－팀별로 인터뷰 내용을 공유하면서 가장 좋은 경험을 선정하여 발표한다. | 20′ | • 질문지 유인물
• 인터뷰 내용 공유 |

	꿈꾸기	• 우리가 꿈꾸는 10년 후의 다문화 학생과 함께하는 '평화로운 학급' 모습 상상하기 　-팀별로 발견하기 단계에서 찾은 내용을 토대로 10년 후의 다문화 학생들과 함께하는 평화로운 학급을 상상하여 그림이나 글 등으로 표현하도록 안내한다. 　-학생의 창의적인 생각, 확산적 사고가 표현되도록 한다. • 팀별 활동 발표하기 　-팀별로 활동한 것을 벽에 붙이고, 발표하도록 안내한다.	25′	팀별로 전지, 12색 유성펜 1세트 활용
	설계 및 다짐 하기	• 다문화 가정의 학생들과 함께하는 평화로운 학급이 되기 위해 우리가 해야 할 일 설계하기 　-다문화 가정의 학생들과 함께하는 평화로운 학급이 이루어지기 위해 우리는 무엇을 어떻게 해야 할까요? 　-각자 세 가지씩 의견을 적는다. • 다문화 가정의 학생들과 함께하는 평화로운 학급이 되기 위한 실천 계획 수립하기 　-다문화 가정의 학생들과 함께하는 평화로운 학급이 되기 위한 실천 계획을 세운다. 　-제시된 의견을 모아 팀별로 '우리의 다짐'을 작성하도록 안내한다. 　-실천 의지를 갖도록 증인을 선정하여 사인을 받는다. 　-팀별로 '우리의 다짐'을 개인적으로 구성원들에게 발표한다.	10′	포스트잇
정리		• 성찰하기 　-두 명씩 짝을 지어 오늘 활동을 통해 배운 점을 한 가지씩 서로 이야기한다. 　-팀별로 한 명의 학생이 전체 학생 앞에서 발표한다. • 정리하기 　-EBS 동영상 '다름과 틀림'을 보면서 다문화 가정 학생들도 우리 사회의 구성원임을 재인식하며 오늘 활동한 내용을 정리한다.	5′	'다름과 틀림' 동영상(EBS)

〈표 10-4〉 '다문화 학생들과 함께하는 평화로운 학급 만들기' 평가 계획과 학교생활기록부 기록 예시

평가 계획	평가방법	일화기록법, 활동의 기록분석법
	평가준거	우리나라의 다문화적 요소를 역사적으로 말할 수 있는가?
		귀화인들이 우리 역사에 끼친 영향을 구체적인 사례를 들어 설명할 수 있는가?
		우리나라의 과거와 현재 귀화인들의 차이점을 구분하여 말할 수 있는가?
		다문화 사회를 대비하여 상생과 공존의 방안을 제시할 수 있는가?
창의적 체험 활동 특기 사항 기록 예시		• 우리나라 다문화 역사에 관심을 갖고 역사 동아리 활동에 임원(○○ 부장)으로 참여하여 인간의 존엄성과 공조의 중요성을 홍보하는 능력이 뛰어남 • 다문화 축제(20○○. ○. ○○.~○. ○○.)에 적극적으로 참여하여 문화의 다양성과 인권 존중을 홍보하며 다문화 사회에 상생할 수 있는 방안을 제시함 • 문화재 지킴이 활동(20○○. ○. ○○.~○. ○○, 20시간)에 1년간 참여하여 우리나라가 세계에 자랑하는 문화재 중 일부가 귀화인들에 의해 이루어진 것과 관련해 다문화인들에 대한 차별과 편견의 인식을 감소시키기 위한 활동을 함

〈표 10-5〉 **발견하기 단계의 질문지**

'다문화 학생들과 함께하는 평화로운 학급'에 대한 좋은 경험 찾기

기자 : _____   답변한 사람 : _____

1. ( )	지금까지 다문화 학생들과 함께 생활했던 경험 중 ( )을 돌아보면서 당시의 일들을 떠올려 보세요. ① ( ) 한 일을 자세하게 이야기해 주세요. ② 그때 그들과 함께하면서 어떤 기분이 들었나요?
답변 내용	
2. ( )	지금까지 다문화 학생들과 함께 생활했던 경험 중 ( )을 돌아보면서 당시의 일들을 떠올려 보세요. ① ( ) 한 일을 자세하게 이야기해 주세요. ② 그때 그들과 함께하면서 어떤 기분이 들었나요?
답변 내용	
3. ( )	지금까지 다문화 학생들과 함께 생활했던 경험 중 ( )을 돌아보면서 당시의 일들을 떠올려 보세요. ① ( ) 한 일을 자세하게 이야기해 주세요. ② 그때 그들과 함께하면서 어떤 기분이 들었나요?
답변 내용	

활용 Tip

- 4D 프로세스를 시작하기 전에 도출한 긍정주제를 질문지에 먼저 기입하게 한다.
- 기자 이름과 답변하는 사람의 이름을 기입한다.
- 기자는 제시된 질문을 중심으로 질문하고, 답변하는 사람의 특성을 고려하여 다른 표현을 사용해도 된다. 질문에 대한 답변의 주요 내용을 질문지에 기록한다.
- 답변하는 사람은 자신의 경험과 생각을 성의 있게 대답한다.

〈표 10-6〉 **다짐하기 단계의 활동지**

우리의 다짐

우리는 평화로운 학급을 위해 다문화 학생들과 생활할 때

다음의 사항을 꼭 지키겠습니다.

1.

2.

3.

4.

5.

20   년   월   일

○○ _____ 학교

(서명)	(서명)	(서명)
(서명)	(서명)	(서명)

활용 Tip

- '우리의 다짐'은 가능하면 팀별로 작성하는 것이 바람직하지만, 개별적으로 작성할 수도 있다.
- 다짐 내용에 대해 이름을 쓰고 서명하는 것은 학생들의 실천 의지를 높여 준다. 교사도 함께 서명한다면 학생들이 더욱 책임감 있게 행동할 것이다.
- 학생의 실천 의지를 높일 수 있도록 다짐 내용은 반드시 학급에서 발표하도록 지도한다.
- 1~2주 또는 방학 등의 일정 기간이 지난 후 다짐 내용에 대한 실천을 점검하는 성찰 활동을 하는 것이 바람직하다.

3. 다문화 교육 프로그램 사례 ②: 언제부터 외국인들이 우리나라로 이주해 왔을까?

우리나라에서는 역사적으로 상고시대부터 수많은 외국인이 귀화하여 살아 왔다. 그럼에도 여전히 우리 민족을 단일민족이라고 생각하는 사람이 많다. 학생들과 교사들에게 우리나라가 예로부터 다문화적 요소가 많은 나라였는지, 우리 역사의 어느 부분에서 다문화적 요소가 있는지에 대해 질문을 해 본 결과 정확히 답변하는 비율이 극히 적었다. 오늘날 학교 현장에도 다문화 가정 자녀들의 비율이 점점 높아지고 있고 외국인 근로자, 유학생, 상사 주재원 등 전체 인구의 약 5%가 외국인이라는 현시점에서, 우리나라는 예로부터 다문화적 요소가 많은 민족이었다는 인식의 제고와 함께 민족의 정체성을 바로 알아야 할 필요가 있다.

이런 필요에 따라 '언제부터 외국인들이 우리나라로 이주해 왔을까?' 프로그램

단계	도입	전개				정리
		긍정 주제 찾기	발견하기	꿈꾸기	설계 및 다짐하기	
주요 활동	• '서프라이즈' 동영상 시청하기 • AI 프로그램 소개하기 • 학습 주제 알기	• 역사적으로 본 우리나라의 다문화적 요소 찾기	• 귀화인들이 우리 역사에 끼친 영향에 대한 경험 찾기 인터뷰와 내용 공유하기	• 우리가 꿈꾸는 '상생하는 다문화 사회'의 모습을 그림으로 표현하기 • 팀별로 발표하기	• '상생하는 다문화 사회'가 되기 위한 실천 계획 수립하기 • 다짐하기	• 성찰하기 • 정리하기
방법	동영상 시청	명목집단법	1:1 인터뷰	월드 카페	명목집단법	명목집단법

[그림 10-2] '언제부터 외국인들이 우리나라로 이주해 왔을까?' AI 프로그램 진행 절차

[그림 10-2]와 같이 구성하였다.

〈표 10-7〉〈표 10-8〉은 [그림 10-2]에 제시된 진행 절차에 따라 구체적인 수업 운영 전략을 제시한 교수·학습 과정안이다. 이 수업은 100분으로 계획되어 있으므로, 블록 수업으로 운영하거나 두 개 차시로 나누어 운영할 수 있다. '언제부터 외국인들이 우리나라로 이주해 왔을까?' 프로그램은 우리나라의 다문화적 요소를 역사 속에서 찾아 그 내용을 공유한다. 다문화 사회로 진입하는 우리 사회에서 학생들 스스로 다양성과 공존성, 세계 시민으로서의 역량을 기를 수 있도록 구성하였다.

〈표 10-7〉 '언제부터 외국인들이 우리나라로 이주해 왔을까?' 지도 계획

영역	창의적 체험 활동 한국사	수업시간	100분
프로그램명	언제부터 외국인들이 우리나라로 이주해 왔을까?		
학습목표	• 자신의 성씨 유래를 말할 수 있다. • 우리나라가 단일민족 국가가 아닌 이유를 설명할 수 있다. • 우리나라에 귀화한 귀화인들이 우리나라 역사에 끼친 영향을 구체적인 사례를 들어 설명할 수 있다. • 다문화 사회의 미래 모습을 그림으로 표현할 수 있다.		
교수·학습 자료	• 준비물: 포스트잇(76×76mm) 팀별 1묶음씩, 12색 유성펜 팀별 1세트씩, 전지 팀별 2장씩, 의견 표시용 스티커, 셀로판테이프 팀별 1개씩 • 질문지 유인물		
지도상의 유의점	• 4~6인 1팀으로 활동할 수 있도록 책상을 배치한다. • 팀별로 토론이 적극적으로 이루어지도록 분위기를 조성한다. • 서로의 의견을 존중하는 태도를 갖도록 지도한다.		

〈표 10-8〉 '언제부터 외국인들이 우리나라로 이주해 왔을까?' 교수ㆍ학습 과정안

단계		교수ㆍ학습 활동	시간	자료 및 유의점
도입	AI 활동 소개 하기	• 인사하기: '걸 그룹' 사진을 보여 주며 이름 맞히기를 한다. 그리고 각 걸 그룹의 인원수를 '+, −, ×, ÷' 등 다양한 방법으로 문제를 내고 답을 말한다. • 학습 주제 및 활동 소개하기 　−학습 주제: 언제부터 외국인들이 우리나라로 이주해 왔을까? 　−'우리 민족은 단일민족인가? 아니라면 과거에 우리나라에 귀화한 사람들이 있었을까? 있다면 언제부터, 어디에서 온 사람들인가? 그 중에는 흑인도 있었을까?'하는 계속적인 질문을 던지며 학생들의 호기심을 유발한다. 　−'서프라이즈'의 동영상을 보여 주고 흑인도 귀화한 사실이 있다는 점을 통해 학습 동기를 부여한다. 　−AI 활동 소개: 최고의 경험을 찾아 이를 토대로 우리가 해야 할 일을 계획하는 활동을 소개한다.	10′	'서프라이즈' 동영상
전개	긍정 주제 찾기	• 역사적으로 본 우리나라의 다문화적 요소 찾기 　−다음의 내용을 질문하면서 자연스럽게 자신의 생각을 도출한다. 　① 어떤 사람들이 우리나라에 귀화하였을까? 　　−귀화: 정치적ㆍ경제적인 이유, 포로, 문화 흠모, 표류 등으로 중국, 왜, 유구국 등 우리나라 주변 국가에서 왕족, 지배계층, 평민들이 귀화함 　② 귀화한 외국인에 대한 처우와 정책은 어떠하였을까? 　　−회유(토지, 노비, 집, 관직, 사성 등 수여/여인과의 혼인, 면세와 면역 등)와 강경책(거주 이전 통제 등) 　　−동화주의, 샐러드 볼, 다문화주의 　③ 우리나라에 귀화한 외국인 중에는 어떤 인물들이 있었을까? 　④ 귀화인들이 우리 역사에 끼친 영향은 어떤 것들이 있을까? 　　−문화 발달(장영실 등), 군사적 무기 발달(조총 등 신무기 제작 등) 등 • 귀화인들이 우리 역사에 기여한 점을 각자 세 가지 이상 생각하여 포스트잇에 작성하기 　−팀별로 의견이 적힌 포스트잇을 모은 후 각자 그중 중요한 것 세 개를 골라 스티커를 붙인다. 　−팀별로 스티커를 가장 많이 받은 것 네 개씩 교사에게 제출한다.	20′	포스트잇을 모은 후 중요한 것에 투표한다

		• 긍정 주제 도출하기 　－학생들이 제출한 포스트잇을 모아 학생들의 의견을 듣고 유목 　화하여 긍정 주제를 도출한다.		
전개	발견 하기	• 귀화인들이 우리 역사에 끼친 영향에 대한 내용과 사례 찾기 　－'귀화인들이 우리나라에 끼친 영향이 있다면 어떤 것들이 있었 　을까?' 질문지를 활용하여 1:1 인터뷰를 하고, 인터뷰 결과를 팀 　별로 공유한다.	15′	• 질문지 유인물 • 인터뷰 내용 　공유
	꿈꾸기	• 20년 후의 상생하는 다문화 사회 모습 상상하기 　－팀별로 발견하기 단계에서 찾은 내용을 토대로 20년 후 상생하 　는 다문화 사회가 된 우리 사회의 모습을 상상하여 창의적인 글 　과 그림으로 표현한다. • 팀별 활동 발표하기 　－팀 별로 작업한 것을 벽에 붙이고, 각 팀의 논의 내용을 발표 　한다.	25′	팀별로 전지, 12색 유성펜 1세트 활용
	설계 및 다짐 하기	• 상생하는 다문화 사회가 되기 위해 우리가 해야 할 일 설계하기 　－상생하는 다문화 사회가 되기 위해 학급 구성원들인 우리는 　무엇을 어떻게 해야 할까요? 　－각자 세 가지씩 의견을 제시한 후 의견을 모아 팀별로 '우리의 　다짐'을 작성한다.	20′	A3 양식 준비
정리		• 성찰하기 　－배운 점, 느낀 점, 앞으로 해야 할 점 등이 기재된 유인물을 보면 　서 오늘 배운 내용을 되돌아본다. 　－팀원 간에 상호 공유하면서 발표한다. • 정리하기 　－드라마 '장영실' 중 장영실이 조선 사회에 남긴 과학적인 활동 　부분을 동영상으로 보고 오늘 활동의 의미와 주요 내용을 요약 　한다.	10′	－유인물 －드라마 '장영실' 　동영상

〈표 10-9〉 '언제부터 외국인들이 우리나라로 이주해 왔을까?' 평가 계획과 학교생활기록부 기록 예시

평가 계획	평가방법	일화기록법, 활동의 기록분석법
	평가준거	다문화와 평화의 개념을 정확하게 인지하고 있는가?
		다문화 학생들과 공존하기 위해 차별과 편견이 없으며 민주적이고 평화로운 학급을 잘 구성하고 있는가?
		토의 시 서로 협동하고 다른 사람의 의견을 존중하며 자신의 생각을 표현하고 있는가?
창의적 체험 활동 특기 사항 기록 예시		• 더불어 살아가는 학급 환경을 조성하기 위해 차별과 편견이 없는 민주적인 방법을 스스로 계획하고 실천하는 능력이 뛰어나며 다문화 환경 조성을 위해 적극적으로 참여함 • 학급 내 다문화 활동(20○○. ○. ○.~20○○. ○. ○.)에 전시 및 공연을 기획하는 한편, 다문화 학생과의 공존에 대한 설문조사를 통해 자료를 수집하여 발표함 • 방과 후 시간(20○○. ○. ○.~20○○. ○. ○. 15시간)에 학급 내 다문화 가정 자녀의 한국어 습득을 스스로 돕고 학교생활을 잘 할 수 있도록 배려하고 도와주는 역할을 함

〈표 10-10〉 발견하기 단계의 질문지

귀화한 외국인에 대한 내용과 사례 찾기	
기자 : _____ 답변한 사람 : _____	
1. ( )	과거 우리나라에 귀화한 외국인들의 ( )에 대한 내용들을 떠올려 보세요. 1. 해당 사례를 세 가지 이상 자세하게 이야기해 주세요. 2. 그 내용을 들었을 때 어떤 생각을 했나요?
답변 내용	
2. ( )	과거 우리나라에 귀화한 외국인들의 ( )에 대한 내용들을 떠올려 보세요. 1. 해당 사례를 세 가지 이상 자세하게 이야기해 주세요. 2. 그 내용을 들었을 때 어떤 생각을 했나요?
답변 내용	
3. ( )	과거 우리나라에 귀화한 외국인들의 ( )에 대한 내용들을 떠올려 보세요. 1. 해당 사례를 세 가지 이상 자세하게 이야기해 주세요. 2. 그 내용을 들었을 때 어떤 생각을 했나요?
답변 내용	

활용 Tip

• 4D 프로세스를 시작하기 전에 도출한 긍정 주제를 질문지에 먼저 기입하게 한다.
• 기자 이름과 답변하는 사람의 이름을 기입한다.
• 기자는 제시된 질문을 중심으로 질문하고, 답변하는 사람의 특성을 고려하여 다른 표현을 사용해도 된다. 질문에 대한 답변의 주요 내용을 질문지에 기록한다.
• 답변하는 사람은 자신의 경험과 생각을 성의 있게 대답한다.

〈표 10-11〉 **다짐하기 단계의 활동지**

다양성을 존중하는 우리의 다짐

우리는 역사적으로 우리나라에 많은 영향을 끼친 귀화인을
생각하며 다문화 학생들과 생활할 때 다음의 사항을 꼭 지키겠습니다.

1.
2.
3.
4.
5.

20   년   월   일
○○ _____ 학교

(서명)	(서명)	(서명)
(서명)	(서명)	(서명)

활용 Tip

• '우리의 다짐'은 가능하면 팀별로 작성하는 것이 바람직하지만, 개별적으로 작성할 수도 있다.
• 다짐 내용에 대해 이름을 쓰고 서명하는 것은 학생들의 실천 의지를 높여 준다. 교사도 함께 서명한다면 학생들이 더욱 책임감 있게 행동할 것이다.
• 다짐 내용은 반드시 학급에서 발표하도록 한다.
• 1~2주 또는 방학 등의 일정 기간이 지난 후 다짐 내용에 대한 실천을 점검하는 성찰 활동을 하는 것이 바람직하다.

강선보, 박의수, 김귀성, 송순재, 정윤경, 김영래, 고미숙(2008). 21C 인성교육의 방향설정을 위한 이론적 기초 연구. 교육문제연구, 30, 1-38.

경기도교육청(2014). 중학교 역사마당.

경기도교육청(2015). 자유학기제 운영매뉴얼 일반편 Ⅰ.

교육부(2015). 초·중등교육과정 총론. 교육부 고시 제2015-80호[별책1].

교육부(2015). 국어과 교육과정. 교육부 고시 제2015-74호[별책5].

교육부(2015). 도덕과 교육과정. 교육부 고시 제2015-74호[별책6].

교육부(2015). 사회과 교육과정. 교육부 고시 제2015-74호[별책7].

교육부(2015). 과학과 교육과정. 교육부 고시 제2015-74호[별책9].

교육부(2015). 실과(기술·가정)/정보과 교육과정. 교육부 고시 제2015-74호[별책10].

교육부(2015). 체육과 교육과정. 교육부 고시 제2015-74호[별책11].

교육부(2015). 바른 생활, 슬기로운 생활, 즐거운 생활 교육과정. 교육부 고시 제2015-74호 [별책15].

교육부(2015). 창의적 체험 활동(안전한 생활 포함) 교육과정. 교육부 고시 제2015-74호[별 책42].

교육부(2017). 2015 개정 교육과정 창의적 체험 활동 해설. 고등학교.

교육부(2017). 학교생활기록부 기재예시. 중·고등학교.

교육부·대전광역시교육청(2015). 자유학기활동 운영 매뉴얼. 대전교육 2015-155.

권금상, 김성일, 선우현, 성용구, 엄수영, 이광규, 이용승, 조광제, 차성관, 남춘오(2017). 10가 지 접근 다문화사회의 이해. 서울: 태영출판사.

권이종, 김용구, 김혜자(2011). 초임교사를 위한 학급 경영의 길라잡이. 서울: 교육과학사.

김현철, 모상현(2016). 다문화 청소년의 다문화 정체성 발달 특성 분석. NYPI 청소년 통계 브리프, 26(3), 2.

김희정(2014). 긍정적 탐색(AI) 기반 학교 변화를 위한 학교 조직 개발 사례 연구. 경기대학교 대학원 박사학위논문.

김희정, 장경원(2015). 강점 탐구 기반 학교 변화 사례 연구. 교육학연구, 53(1), 137-165.

문승호, 김영천, 정정훈 역(2009). 다문화교육의 탐구: 다섯 가지 방법들. 서울: 아카데미프레스.

박병량(2006). 학급 경영. 서울: 학지사.

박상곤, 이태복(2011). 긍정조직혁명. 경기: 물푸레.

송기창, 김도기, 김민조, 김민희, 김병주, 김병찬, 김성기, 김용, 나민주, 남수경, 박상완, 박수정, 오범호, 윤홍주, 이정미, 이희숙, 정성수, 정수현, 정제영, 조동섭, 조석훈, 주현준, 홍창남(2014). 중등 교직실무(2판). 서울: 학지사.

유병열, 윤영돈(2014). 인성교육 공고화를 위한 제도적 방안. 윤리연구, 99, 151-183.

유준희(2010a). 긍정혁명 A.I.를 통한 조직의 가치 정립과 내재화. 월간 Recruit, 10. 한국AI연구회.

유준희(2010b). 긍정혁명 A.I. 기반의 PMI(합병 후 조직문화통합)프로그램. 월간 Recruit, 11. 한국AI연구회.

유준희(2010c). 긍정혁명 A.I. 기반의 팀단위 조직개발. 월간 Recruit, 11. 한국AI연구회.

유준희(2010d). 새로운 시대, 창조적 조직변화를 이끄는 긍정혁명 A.I. 월간 Recruit, 9. 한국AI연구회.

윤병오(2011). 긍정심리학의 '성격 강점과 덕목'의 도덕교육적 함의. 도덕윤리과교육연구, 33, 155-182.

윤정일, 송기창, 조동섭, 김병주(2008). 교육행정학원론(5판). 서울: 학지사.

이득기(2010). 학교 · 학급 경영. 서울: 동문사.

이명준(2011). 교과교육과 창의적 체험 활동을 통한 인성교육 활성화 방안. 서울: 교육과정평가원.

이상훈(2011). 간디대안학교 비전수립 워크숍. available at http://facilitationcase.springnote.com/pages/8945266?print=1.

이종미(2014). 교사 경험 반영 수업 컨설팅 모형 개발: AI(Appreciative Inquiry)기법을 활용하여. 경기대학교 대학원 박사학위논문.

이종미, 장경원(2015). 교사 경험 반영 수업 컨설팅 모형 개발. 한국교원교육연구, 32(1), 251-278.

조연순, 김아영, 김인전(1996). 정의교육과 인성교육 구현을 위한 기초 연구: 교사와 학부모가 지각하는 인성교육의 현황 및 문제점. 교육과학연구, 29(1), 329-347.

장경원 (2011). 학습자 중심 교육에서 '블랭크 차트'의 활용전략에 대한 연구. 한국교육방법 학회지, 23(2), 299-321.

장경원(2012a). AI(Appreciative Inquiry) 기반 수업 역량 향상 프로그램 개발 연구. 열린교육연구, 20(2), 157-186.

장경원(2012b). 토의 수업을 위한 월드 카페 활용 가능성 탐색. 교육방법연구, 24, 523-545.

장경원(2014a). 초중고등학생을 위한 AI 프로그램 개발 및 운영 지침 개발 연구. 학습자중심교과교육연구, 14(11), 119-148.

장경원(2014b). AI(Appreciative Inquiry)를 활용한 대학의 좋은 수업 특성 분석. 한국교육문제연구, 32(1), 137-160.

장경원, 고수일(2014). 액션러닝으로 수업하기(2판). 서울: 학지사.

장경원, 곽윤정(2016). 긍정적 탐색을 활용한 성인대상 인성교육 프로그램 사례 연구. 학습자중심교과교육연구, 16(4), 1-24.

장경원, 이종미(2014). 긍정적 탐구((Appreciative Inquiry)를 활용한 참여형 학부모 교육 사례 연구. 한국교육문제연구, 32(4), 55-81.

정문성(2017). 토의토론수업방법84. 경기: 교육과학사.

정은진(2015). 특성화고 학생을 위한 긍정적 탐색(AI) 기반 진로교육 프로그램 개발 및 효과. 경기대학교 대학원 박사학위 논문.

조순옥, 이정숙, 이경화, 김정원, 배인자(2010). 유아사회교육. 서울: 창지사.

한국교육개발원(2014). 연구자료 CRM 2014-56 자유학기제 운영 종합매뉴얼.

최정임, 장경원(2015). PBL로 수업하기. 서울: 학지사.

Brown, J., & Isaacs, D. (2005). The World cafe: Shaping Our Futures Through Conversations That Matter. Ingram Pub Services. 최소영 역(2007). 월드카페: 7가지 미래형 카페식 대화법. 서울: 북플래너.

Centers for Disease Control and Prevention(2006). Gaining consensus among stakeholders through the nominal group technique. Evaluation Briefs, 7.

Clarke, H., Egan, B., Fletcher, L., & Ryan, C. (2006). Creating case studies of practice through appreciative inquiry. *Educational Action Research, 14*(3), 407-422.

Conklin, T. A. (2009). Creating classrooms of preference-An exercise in appreciative inquiry. *Journal of Management Education.* 33(6), 772-792.

Cooperrider, D. L., & Whitney, D. (2000). A positive revolution in change: Appreciative Inquiry. In D. L. Cooperrider., P. F. Sorenson., D. Whitney., & T. F. Yeager. (Eds). *Appreciative Inquiry*(3-28). Champaign. IL: Stipes.

Cooperrider, D. L., & Whitney, D. (2005). Appreciative Inquiry : A Positive revolution in change. 유준희, 강성룡, 김명언 역(2009). 조직 변화의 긍정혁명. 서울: 도서출판쟁이.

Cooperrider, D., Whitney, D. D., & Stavros, J. M. (2008). *The appreciative inquiry handbook: For leaders of change.* Berrett-Koehler Publishers.

Dale, D. C., Silvert, J. H., Mann, A. J., & Whitney, D. (2008). *Positive family dynamics.* Ohio: Taos Institute Publications.

Darch, C. B., Carnine, D. W., & Kammeenui, E. J. (1986). The role of graphic organizers and social structure in content area instruction. *Journal of Reading Behavior, 18*(4), 275-295.

Hanson, S. D., & Mann, M. (2003). Incorporating appreciative inquiry methods to evaluate a youth development program. *New directions for evaluation, 100,* 63-74.

Hoy, W. K., & Woolfolk, A. E. (1993). Teachers'sense of efficacy and the organizational health of schools. *The elementary school journal, 93*(4), 355-372.

James, L., & James, N. (2007). *Principals of classroom management: a professional decision-making model* (5th ed.). New Jersey: Pearson Education.

Knox, A. B. (1980). *Developing, administering, and evaluating adult education.* San Francisco, CA: Jossey-Bass Publishing.

Kolb, D. A. (1984). *Experiential learning: Experience as the source of learning and development.* Englewood Cliffs, NJ: Prentice Hall.

Lopez, S. J., Janowski, K. M., & Wells, K. J. (2005). *Developing strengths in college students: Exploring programs, context, theories, and research.* Lawrence: University of Kansas.

Luckcock, T. (2007). The soul of teaching and professional learning: an appreciative into the Enneagram of reflective practice. *Educational Action Research, 15*(1), 127-145.

Marianne, M. B., Heiko, R., & Marianne, K. (2008). Mapping Dialogue: Essential Tools for Social Change. Ohio: Taos Institute Publications.

Martin, C. (2010). What works: Using appreciative inquiry to examine inclusion in public schools. (Doctoral dissertation) Available from ProQuest Dissertations and Theses database. (UMI No. 3431683)

Miller, D. W. (2011). The power appreciative inquiry: Discovering the latent potential of an urban high school. (Doctoral dissertation) Available from ProQuest Dissertations and Theses database. (UMI No. 3528955).

Moody, R. C., Horton-Deutsch, S., & Pesut, D. J. (2007). Appreciative inquiry for leading in complex systems: Supporting the transformation of academic nursing culture. *Journal of Nursing Education, 46*(7), 319-324.

Norum, K. E. (2009). Appreciative instructional design(AiD): a new model. In W. W. Jerry(Ed.). *Constructivist instructional design(C-ID: foundations, model, and examples)*. IAP-Information Age Publishing, INC.

OECD (2005). The Definition and selection of key competencies: Executive summary. http://www.deseco.admin.ch/bfs/deseco/en/index/02.parsys.43469. downloadlist.2296.DownloadFile.tmp/2005.dskcexecutivesummary.en.pdf.

Preskill, H., & Catsambas, T. T. (2006). *Reframing Evaluation through appreciative inquiry*. Sage Publications.

Preziosi, R. C., & Gooden, D. J. (2002). Using appreciative learning in executive education. *New Horizons in Adult Education, 16*(1), 10-16.

Repede, E. (2009). A conceptual exploration from a unitary appreciative inquiry perspective. *Nursing Science Quarterly, 22*(4), 360-368.

Schieffer, A., Isaacs, D., & Gyllenpalm, B. (2004a). The world cafe: Part one. *World Business Academy, 18*(8), 1-7.

Schieffer, A., Isaacs, D., & Gyllenpalm, B. (2004b). The world cafe: Part two. *World Business Academy, 18*(9), 1-9.

Schlossman, S. L. (1976). Before hone-start: notes toward a history of parent education in America 1897-1929. *Harvard Educational Review, 46*, 89-102.

Tan, S., & Brown, J. (2005). The world cafe in Singapore: Creating a learning culture through dialogue. *The Journal of Applied Behavioral Science, 41*(1), 83-90.

Whitney, D., & Trosten-Bloom, A. (2010). *The power of appreciative inquiry*. San Francisco: Berrett-Koehler Publishers, Inc.

Yballe, L., & O'Connor, D. (2000). Appreciative pedagogy: Constructing positive models for learning. *Journal of Management Education, 24*(4), 474-483.

학교로 간 AI
찾아보기

내용

저자 소개

장경원(Chang Kyung-Won)

홍익대학교를 졸업한 후, 서울대학교 대학원에서 교육공학 전공으로 석사학위와 박사학위를 받았다. 경희대학교 교수학습센터 교수를 거쳐 현재 경기대학교 인문사회대학 교직학과 교수로 재직하고 있다. 문제중심학습(Problem Based Learning), 액션러닝(Action Learning), 프로젝트학습(Project Based Learning), 토의와 토론 등 학습자 중심 교수 · 학습방법과 긍정탐색(Appreciative Inquiry), PDM(Project Design Matrix), 학교컨설팅 등 학교와 조직의 문제해결 및 조직개발 분야에 대한 연구와 강연 등의 활동을 하고 있다. 주요 저서로는 『PBL로 수업하기(2판)』 『액션러닝으로 수업하기(2판)』 『교육공학의 원리와 적용』 『창의적 리더십이 교육과 세상을 바꾼다』 『학습자 참여형 교수 · 학습방법 이해』 『창의기초설계』 등이 있다.

경혜영(Kyung Hae-Young)

동국대학교를 졸업한 후, 고려대학교 교육대학원과 성균관대학교 대학원에서 석사학위를, 경기대학교 대학원에서 다문화교육 전공으로 박사학위를 받았다. 경기도 시흥 은행중학교와 안산 성포고등학교 교장을 역임하였고, 현재 경기대학교와 세경대학교에서 강의하고 있다. 또한 호야지리박물관 부관장으로 재직하면서 학예사를 겸임하고 있으며, 한국걸스카우트경기남부연맹장으로 청소년활동과 다문화교육, 박물관교육, 교사교육 분야에서 연구와 강의를 하고 있다. 주요 저서로는 『다문화 사회의 이해』 『신박물관학』 『생활예절』 등이 있다.

김희정(Kim Hee-Jung)

중앙대학교를 졸업한 후, 경기대학교 대학원에서 교육정책 전공으로 박사학위를 받았다. 중등교사, 경기도 여주교육지원청과 수원교육지원청 장학사를 거쳐 현재 대평고등학교 교감으로 재직하고 있다. 긍정탐색을 활용한 학교 조직 개발과 학교문화의 긍정적 변화에 대한 연구를 하고 있다. 주요 논문으로 「긍정적 탐색(AI) 기반 학교 변화를 위한 학교조직 개발 사례 연구」 「학습자중심교육을 위한 교사역량요소 도출 및 예비교사와 현직교사의 인식 비교」 등이 있다.

이종미(Lee Jong-Mi)

경인교육대학교를 졸업하고 일본 지바대학교(千葉大學) 교육학부에서 연수 후, 중앙대학교 교육대학원에서 일본어교육, 한국교원대학교 교육정책대학원에서 인적자원 전공으로 석사학위를 받았고, 경기대학교 대학원에서 교육정책 전공으로 박사학위를 받았다. 경기도 교육정보연구원 연구사, 경기도 수원교육지원청 장학사를 거쳐 현재 안양시 연현초등학교 교장으로 재직하고 있다. 그리고 수업 컨설팅, 액션러닝, 긍정탐색 등에 대한 연구와 강연, 경기교육 정책 모니터링단, 지역화 교과서 개발위원, 청소년 해외문화탐방 평가위원, 안전교육연구단 등의 활동을 하고 있다.

고희정(Ko Hee-Jung)

제주교육대학교를 졸업한 후, 한국교원대학교 대학원에서 초등교육 전공으로 석사학위를 받았으며 경기대학교 대학원에서 교육정책 전공으로 박사학위를 받았다. 초등교원으로서 교수·학습 방법 개선, 경기과학교육 발전 공로, 교육과정 운영 공로 등의 표창을 수상하였고 창의적 학습 결과물 대회, 전국 창의력 경진대회, 컴퓨터 창의성 대회에서 다수의 지도교사 상을 받았다. 현재 오산 원당초등학교 교장으로 재직하고 있다. 또한 액션러닝, 긍정탐색, 잡크래프팅 등에 대한 연구와 강연을 하고 있다.

AI로 수업하기

공유와 실천이 있는 학교 만들기

Teaching & Learning Using Appreciative Inquiry

2018년 3월 15일 1판 1쇄 인쇄
2018년 3월 20일 1판 1쇄 발행

지은이 • 장경원 · 경혜영 · 김희정 · 이종미 · 고희정
펴낸이 • 김진환
펴낸곳 • ㈜ **학지사**

　　　　04031 서울특별시 마포구 양화로 15길 20 마인드월드빌딩
대표전화 • 02-330-5114　　팩스 • 02-324-2345
등록번호 • 제313-2006-000265호

홈페이지 • http://www.hakjisa.co.kr
페이스북 • https://www.facebook.com/hakjisabook

ISBN 978-89-997-1537-2　93370

정가 18,000원

이 도서의 국립중앙도서관 출판시도서목록(CIP)은 서지정보유통지
원시스템 홈페이지(http://seoji.nl.go.kr)와 국가자료공동목록시스템
(http://www.nl.go.kr/kolisnet)에서 이용하실 수 있습니다.
(CIP 제어번호: CIP2018008416)

교육문화출판미디어그룹 **학지사**
심리검사연구소 **인싸이트** www.inpsyt.co.kr
원격교육연수원 **카운피아** www.counpia.com
학술논문서비스 **뉴논문** www.newnonmun.com
간호보건의학출판 **정담미디어** www.jdmpub.com